조선전기 한일관계, 약탈과 공존

조선전기 한일관계, 약탈과 공존

손승철 지음

景仁文化社

프롤로그

21세기가 시작되는 2000년 1월, 한일양국에서는 한일관계의 새천년을 만들어 가기를 굳게 다짐했다. 그 첫 번째 사업으로 2002년에 월드컵을 공동주최했고, 2005년에는 한일우정의 해를 약속하면서 새천년의 원년을 삼자고 했다. 그러나 그해 초에 일본 시마네현[島根縣]에서는 이른바 '다케시마의 날'을 제정했고, 문부과학성에서는 극우파의 역사교과서를 원안대로 검정 통과시켰다. 결국 '우정의 해'는 空約이 되고 그야말로 빛 좋은 개살구가 되어버렸다.

더구나 한일수교 50주년이던 2015년에 양국정상은 회담도 제대로 하지 못하고, 두 나라 관계는 날이 갈수록 악화되고 있다. 하루 1만 명 이상이 오가는 시대에 한·일 두 나라의 역사시계는 거꾸로 가는 것은 아닐까. 이러한 불협화음은 두 나라가 지난 2천 년간 쌓아온 역사적 경험을 무의미하게 만드는 한심한 일이다. 모두 역사에 대해 무지하고 무관심해서 비롯되는 상황이다. 이제라도 지나 온 역사를 제대로 살펴봐야 하는 이유가 여기에 있다. 갈수록 악화되는 한일 관계를 개선할 실마리는 바로 역사 속에 정답이 있기 때문이다.

2010년 '국권침탈 100년'을 맞아 KBS와 NHK에서는 지난 2천 년간 한일관계의 일면들을 소재로 특집방송 '한국과 일본'을 제작했다. 아쉽게도 공동제작은 하지 못했지만, 이때 나는 마치 조선통신사가 된 기분으로 두 방송국을 오가며 프로그램 제작에 참여했다. 그 과정에서 두 방송사 제작진의 마음이 하나라는 것을 확인할 수 있었다. 신숙주가 유언한 것처럼 한국과 일본은 '공존'해야 한다. 그러나 한일 양국이 공존을 위해서는 역사인식의

'공유'가 전제가 되어야 하고, 미래에 대한 '공생'의 비전을 갖지 않으면 안 된다. 그래서 양국은 어떤 경우라도 서로 소통해야 한다. 역사의 답은 조선시대의 한일관계에 있다고 나는 감히 선언하고 싶고, 이 책들을 발간하는 이유가 여기에 있다.

조선시대 5백년간의 한일관계를 돌아보면서 느끼는 바가 적지 않다. 무엇보다 '우호와 적대는 별개가 아닌 한 몸'이라는 사실이다. 그렇기 때문에 아무리 적대적인 상대라도 관계를 끊어서는 안 된다. 오히려 상대가 그런 나라로 느껴질수록 적극적, 능동적으로 관계해야 한다.

조선에서는 일본에 대해 적대를 적대로 되갚지 않고 조선이 주도하는 交隣 정책으로 약탈을 공존으로 바꾸고, 전쟁을 평화로 바꾸었다. 한국에게 일본은 여전히 '가깝고도 먼 나라'이며 '멀고도 가까운 나라'이다. 일본이 한국에게 멀게 느껴지는 때일수록 교린의 의미를 되새기며 먼저 나서보자.

이 책은 지난 30년간 한일관계사를 공부하면서, 그동안 썼던 글을 재구성하여 출간한 6권 중 한권이다. 여섯 권의 책은 세 그룹으로 구분했다. 한 권은 본인의 박사학위 논문이고, 세 권은 조선시대 한일관계사의 여러 모습을 조명한 것이며, 나머지 두 권은 현재 한일관계의 현안이 되고 있는 주제를 다루었다.

세분하면 한 권은 『조선시대 한일관계사 연구, 교린관계의 허와 실』이고 세 권은 『조선전기 한일관계, 약탈과 공존』, 『조선후기 한일관계, 전쟁과 평화』, 『조선통신사, 타자와의 소통』이다. 나머지 두 권은 『독도, 그 역사적 진실』, 『한·일 역사교과서, 왜곡과 인식의 공유』이다.

내용을 요약하면, 제1권은 박사학위논문 『조선후기 대일정책의 성격 연구』를 증보한 책이다. 이 책의 키워드는 '中華的 교린체제에서 脫中華로'이다. 조선의 대일정책의 기본 틀은 交隣이었는데, 교린의 구조와 성격을 밝힌 글이다. 누차 하는 이야기지만 한국과 일본의 숙명적 관계는 더 이상의 설명이 필요 없다. 두 나라의 관계는 역사 이래 그래왔고, 현재에도 그러하며 또한 미래에도 그럴 수밖에 없다. 그래서 어쩌면 두 민족의 역사는 서로가 서로의 '關係'를 어떻게 정립하는 가에 따라서 결정된다고 보아도 무리가 없다. 관계를 어떻게 설정할 것인가, 제1권에서는 조선이 일본에 대해 5백년간 취했던 관계의 형태를 交隣으로 되짚어 본 것이다.

제1권은 2006년에 '경인한일관계 연구총서'로 이미 발간하였다.

제2권은 조선전기의 한일관계인데 부제가 '약탈과 공존'이다. 부제를 이렇게 붙인 이유는 한일관계는 왜구의 약탈로부터 시작되었기 때문이다. 그리고 한일관계의 쟁점은 이 약탈의 문제를 어떻게 풀어 가느냐 였고, 그것은 공존이라는 공동의 목표를 지향하고 있다.

제3권은 조선후기의 한일관계를 다루었다. 조선후기 한일관계는 임진왜란으로부터 시작되었다. 7년간의 전쟁이 끝난 후, 한일관계의 쟁점은 전쟁을 마무리 짓고 새로운 관계를 시작하는 것이었다. 결국 전쟁을 평화로 바꾸어 가는 것이었다. 평화를 추구하려는 여러 모습을 관계 속에서 투영하고자 했다.

제4권은 조선통신사를 키워드로 양국 간의 갈등을 소통과 통섭으로 풀어가려고 했던 노력을 살펴보았다. 조선통신사는 한일 양국이 함께 연출한 성숙한 국제인식의 표현이다. 그점에서 통신사의 개념과 연구사는 매우 중요하다. 아울러 조선인의 국가관과 대외인식을 통하여 조신인은 일본을 어떻게 이해하고 있었는가를 『海東諸國紀』와 각종 『使行錄』들을 통해 타자와의 소통과 교린관계의 실상과 허상을 그려보고자 했다.

제5권과 제6권은 한일관계의 현재적 관심이라는 측면에서 양국의 최대현안인 '독도'와 '일본역사교과서'의 왜곡문제를 다루었다.

제5권에서는 조선시대 사람들은 독도에 대하여 어떻게 인식했고, 또 어떠한 영토인식을 가지고 있었는가를 살펴보았다. 신라장군 이사부와 우산국, 조선인의 도서인식과 경계인식, 안용복사건, 수토사문제 등을 통해 검토했다. 독도 영토주권 확립과 수호에는 여러 측면의 노력이 필요하다. 영토주권의 문제를 한일관계사 연구자로서 접근한 논문으로 매우 유효한 글들로 생각한다.

제6권에서는 일본 역사교과서의 왜곡 실상과 개선을 위한 노력을 살펴보았다. 먼저 2002년 역사왜곡문제의 기폭제였던 扶桑社발행 교과서와 自由社발행 교과서의 중·근세 분야의 왜곡 내용을 분석하였고, 이어 중·근세 분야 쟁점사항의 공통점과 차이점을 비교했다. 그리고 일본의 역사왜곡의 사적 전개과정과 양국의 교과서문제 개선을 위한 노력을 소개했다.

역사교과서의 서술은 한국에서도 아주 중요한 문제이다. 특히 한국의 대외관계사를 전쟁사나 국난극복사로 간주하는 범주에서 벗어나 세계화와 국제화에 부응하여 외부 세계와 교류하고 미래지향적으로 발전하는 역사상을 구현하는데 매우 필요한 분야이다. 그러한 문제의식에서 한국에서 사용되고 있는 현행 중·고등학교 검인정 역사교과서의 조선시대 대외관계분야 서술을 분석하여 문제점과 개선책을 제시하였다. 이 논문들이 양국인의 올바른 역사인식과 역사교육을 위한 기본 자료로 활용되었으면 좋겠다.

물론 위의 6권이 조선시대 한일관계사의 전모를 밝힌다고는 생각지 않는다. 그러나 평소에 點의 역사가 線을 만들고, 線의 역사가 面을 만들어 역사의 實像을 그려간다는 생각으로 엮은 책들이다. 전적으로 나의 주관적인 생각에서 조선시대 한일관계의 주요한 키워드를 약탈, 교린, 공존, 전쟁, 평화, 통신, 배신 등으로 설정하고, 이것을 점으로 삼아 선을 만들고 면을 만들어 조선시대 韓日關係像을 그리고자 했다. 그러나 이 글들 만으로 조선시대 한일관계의 모습을 그려내는 건 아직 요원하다고 생각한다. 하지만 전연 불가능한 것만도 아니다. 비록 편린이기는 하지만 조직검사를 통해 몸의 상태와 병명을 밝혀내듯이 나름대로의 진단은 가능하지 않을까, 조심스럽게 말하고 싶다.

이 책은 제2권 『조선전기 한일관계, 약탈과 공존』이다.

이 책에서는 모두 9개의 논문을 3편으로 나누어 편집했다.

제1편, '왜구와 倭館'에서는 왜구의 실체를 파악하기 위해 강원도 지역에 대한 왜구약탈의 현황을 살펴보았다. 약탈의 주체는 왜구였기 때문에 왜구의 실체를 파악하는데 중점을 두었다. 그리고 왜구를 통교자로 전환시키기위해 서울로 상경시켜 체류시켰던 동평관의 역할과 기능을 살펴보았다. 또한 공존의 場이었던 삼포가운데 가장 번성했던 제포의 기능과 역할, 그리고 현재의 모습을 살펴보고자 했다. 약탈에서 공존으로 바뀌어 가는 조선전기 한일관계의 추이를 가늠하고자 했다.

제2편, '일본의 表象'에서는 조선시대 사람들은 일본인들을 어떻게 묘사했는가, 그리고 그들을 어떻게 인식했던가. 조선에 왕래한 일본인가운데 주류를 구성하고 있었던 대마도는 어떤 속성을 가지고 있는가 등을 살펴보았다. 일본인들의 구체적인 모습을 단적으로 잘 묘사한 자료로 각종 '行實圖'을 통하여 일본인의 모습을 구체화시켰다. 또한 일본천황에 대한 인식은 지금도 우리의 천황인식과 대비해 유효한 사례가 될 것이다.

제3편, '조선과 琉球'는 조선과 현재의 오키나와가 하나의 독립된 관계를 유지하고 있음을 고증한 글들이다. 필자가 90년대 초반부터 5-6차례에 걸쳐 오키나와를 오가면서 『歷代宝案』 사료를 수집했고, 국사편찬위원회의 연구비를 받아가면서 완성한 글들이다. 현재는 일본에 속해 하나의 현으로 되어 있지만, 조선시대에는 하나의 독립국가로서 조선과 통교를 했던 조·유 관계는 한일관계의 한 유형으로 많은 시사점을 던져주고 있다.

이 책에 실린 논문들은 이미 각종 학술지에 수록된 글들을 재구성한 것이다. 뿐만 아니라 이들 논문이 처음부터 한권의 저서로 기획된 것도 아니다. 그래서 수록된 논문들이 자연스럽게 연결되지는 않는 점이 있고, 또한 중복 서술된 부분도 있으나 각 논문의 이해를 위해 그대로 수록했음을 양해해 주기 바란다.

　이 책들을 내기까지 많은 분들의 은혜를 입었다. 故 백종기 선생님과 부모님, 각종 자료와 답사를 가능하게 해주신 여러분들, 故 田中健夫, 北島万次, 村井章介선생 등 일일이 열거하기도 힘들다. 한일관계사학회 여러 동학, 東京大學과 九州大學의 朝鮮王朝實錄輪讀會 회원들, 강원대학교의 선배 동료 교수님들, 그리고 제자들, 특히 '처음처럼 영원히 - 長毋相忘 -'에 글을 써준 분들께 감사드린다. 무엇보다 40년을 뒷바라지 해주는 아내 선옥, 아들 민규, 손녀딸 시아, 아우 승구와 승태를 비롯한 가족들에게 고마움을 전한다.
　끝으로 학회논문집 『한일관계사연구』, 『한일관계사료집성』, 『경인한일관계연구총서』 100권을 발간해주고 있는 경인문화사 한정희대표에게 진심으

로 감사드린다. 그는 부친 한상하회장님과 더불어 한국학과 한일관계사의
출판을 위해 태어난 사람이다.

　앞의 모든 분들과 함께 한국과 일본이 교린의 새 천년을 열어갈 것을 기
원한다.

2017년 8월 일

손 승 철 謹識

목   차

제3편 조선과 유구

제1편
왜구와 왜관

제1장
고려시대 강원지역에 대한 왜구의 침탈과 대응

1. 들어가는 말

고려시대, 특히 13세기에서 15세기에 이르는 시기에 한반도와 중국의 연안지대에는 일본인 해적집단이 출몰하여, 약탈과 살육을 일삼았고, 그로 인해 고려와 중국에서는 커다란 위협을 느꼈다. 이들 일본인 해적집단을 倭寇라고 한다.

왜구의 약탈이 가장 극심했던 시기는 고려 말에서 조선 초에 이르는 약 100년간이다. 그 가운데 고려 말 40여 년간은 피해가 극심하여 고려를 쇠망하게 하는 하나의 요인이 되기도 했다. 고려시대에 왜구가 처음 출현하는 것은 1223년부터 수차례였으나, 1227년 고려에서는 일본에 사신을 파견하여 왜구 금압에 성공했고, 이후 100여 년간의 왜구 침탈 기사는 보이지 않는다.

그러나 14세기 중엽이 되면, 1350년부터 전국적으로 왜구가 창궐하여, 경상·전라도 및 서해안의 강화 교동지역은 물론이고 강원·함경도 해안지역에 이르기까지 침탈지역이 되었다. 특히 1380년부터는 내륙으로 진출하면서, 심지어는 수도인 개경부근까지 왜구가 출현하여 고려 조정에서는 한때 도읍을 옮기자는 遷都論까지 거론되었다.

이 글에서는 고려시대, 특히 고려 말 왜구 창궐의 극성기에 왜구가 강원지역에 어떻게 출몰했으며, 왜구 침탈에 대해 고려는 어떻게 대응했던가를 살피려 한다. 또한 동시기 한반도 전역에 출몰했던 왜구와 대비하여, 강원지역에 출몰한 왜구의 특징과 대응책에 관해 지역사의 관점에서 검토하고자 한다.

2. 왜구침탈의 개황

왜구가 우리나라 사료에 처음 등장하는 것은 1223년(고종 10)이다. 당시의 상황을 『고려사』는 다음과 같이 기록하고 있다.

"왜가 금주를 노략질했다."(1223년 5월 22일(갑자))

"여름 4월 왜인의 배 두 척이 경상도 연해 지대의 주, 현들을 침략하므로 군사를 발동시켜 그들을 모조리 사로잡았다."(1225년 4월 8일(무술))

"왜가 경상도 연해 지대 주, 군을 침략하였다. 거제 현령 陳龍甲이 수군을 거느리고 沙島에서 교전하여 적 두 명의 목을 베었더니 적들이 야간에 도망하였다."(1226년 1월 27일(계미))

"왜가 金州를 침략하였다."(1226년 6월 1일(갑신))

"왜가 金州를 침략하므로 방호 별감 盧旦이 군사를 출동시켜 적의 배 두 척을 노획하고적 30여 명을 죽였으며 노획한 병기를 바쳤다."(1227년 4월 15일(갑오))

"왜인이 熊神縣을 침략하므로 별장 鄭金億 등이 산 속에 숨었다가 갑자기 내달아 적 7명을 죽이니 적들이 도망하였다."(1227년 5월 2일(경술))

이러한 상황에서 그해 7월에 일본에서는 서계를 보내어 통상을 요청해왔고, 이에 고려에서는 예빙사 급제 박인을 일본에 파견했다.

당시의 상황을 『고려사』에는 다음과 같이 기록하고 있다.

"일본국에서 편지를 보내 적선이 우리 변경을 침략한 죄과를 사례하는 동시에 우호 관계를 맺고 통상할 것을 청하였다."(1227년 5월 17일(을축))

"이 해에 박인을 일본에 파견했다. 이때에 왜가 주·현들을 침략하므로 국가에서 이것을 걱정하여 박인에게 공문을 주어 보내어, 대대로 우호관계를 가지고 있는 만큼 노략질해서는 안된다고 타일렀더니, 일본에서 노략질을 일삼던 왜를 찾아내어 죽였다. 이리하여 그들의 노략질이 잠잠해졌다." (『고려사』 권22. 고종 14년)

당시 박인을 구주의 大宰府에 파견하여 왜구금지를 요청했는데, 이에 대해 大宰少貳였던 무토스케요리(武藤資賴)는 박인 일행이 보는 앞에서 왜구 90인을 처형했다고 한다. 그 결과 왜구의 노략질이 진정되었다고 기록하고 있다.

그러나 고려 말, 동아시아 삼국의 혼란기가 되면서 왜구는 다시 극성을 부리기 시작했다.

당시 중국은 원·명 교체기였고, 일본은 천황이 두 명이던 남북조시대였다. 고려도 원의 지배에서 벗어나면서 정치적으로 매우 불안정한 시기였다.

고려 말, 왜구가 본격적으로 노략질을 시작하는 것은 1350년부터이다. 『고려사』에는,

"왜구가 固城·竹林·巨濟 등지를 노략질했다. 합포 천호 최선과 도령 양관 등이 이를 격파하고, 3백여 명의 적을 죽였다. 왜구가 우리나라에 침입한 것이 이때부터 시작되었다."(『고려사』 권37. 충정왕 2년 2월)

고 기록하여, 1350년부터 왜구의 노략질이 다시 시작한 것으로 기록하고 있다. 1350년이 경인년이므로, 일반적으로 '庚寅倭寇'라 하며, 이 용어가 학계에서는 왜구시작을 의미하는 역사용어로 정착되었다.

그러면 1350년부터 시작된 왜구침탈의 규모와 횟수는 어느 정도 일까. 『고려사』에 등장하는 몇 차례의 예를 들어 보자.

"왜적의 배 50여척이 합포를 노략질 했다."(1352년 9월 2일(임신))

"왜선 213척이 교동에 침입했다."(1363년 4월 20일(기미))

"왜선 350척이 경상도 합포에 침입하여 군영과 병선을 불살랐으며 군인의 피살자가 5천여명이었다."(1374년 4월 17일(임자))

왜선 500척이 진포 어귀에 들어와 … 각 주군으로 흩어져 들어가서 마음대로 불사르고 노략질하니, 시체가 산과 들을 덮었다.(『고려사절요』1380년 8월)

위의 기록을 보면, 왜구는 적을 때는 몇 십 척, 많을 때는 500척에 이르는 대선단을 구성했다. 일본 동경대학 사료편찬소에 소장되어 있는 『倭寇圖卷』[1]에 묘사된 왜선에 탄 왜구의 수를 세어보면, 한 배에 10명내지 30명이 탔다. 배 한척에 20명이 탔다고 가정하면, 500척인 경우 적어도 1만 명의 왜구가 몰려왔던 것이다. 이 규모는 이미 약탈의 수준을 넘어서 고려의 정규군과도 대항할 수 있는 병력이다. 실제로 1377년 왜구는 양광도(지금의 경기도)를 침입하여 수도인 개성의 병력을 유인하고, 수도를 공격하려고 했기 때문에, 수도를 더깊은 내륙지방으로 옮기자는 논의도 했다.[2]

---

1) 16세기 중반, 명나라 화가 仇英이 세로 32cm, 가로 520cm의 비단 두루마기에 그린 그림. 원래 제목은 『明仇十洲臺灣奏凱圖』라고 되어 있는데, 십주는 화가 구영의 호다. 그림은 왜구 선단의 출현, 상륙, 형세의 관망, 약탈과 방화, 명나라 사람의 피난, 왜구와의 접전, 승전보, 명나라 관병의 출격이라는 순서로 총 8장면이 그려져 있다.
2) 『고려사절요』권 30. 신우 3년 5월,「경성이 바다에 인접하고 있어, 왜적의 침입을 헤아릴 수 없기에, 도읍을 내륙지방으로 옮기려고 기로 윤환 등을 모아 놓고 動·止 두 글자를 써서 가부를 의논하였다. 여러 사람이 이전을 좋아하지는 않았지만 후에 만일 변이 있으면 화가 자기에게 미칠까 두려워하여 모두 動자에 점을 찍고 서명하였으나, 오직 최영은 반대하고 군사를 징집하여 굳게 지킬 계책을 말하였다. 이인임이 말하기를, "지금 한재를 당하여 온 땅이 텅 비어 있어, 농부들이 밭가는 것을 멈추고 하늘만 바라보고 있는데, 또 군사를 징발하여 농사짓지 못하게 하는 것은 나라를 위하는 계책이 아니다." 하였다. 경복홍·최영 등이 태조의 眞殿에 가서 動·止를 점쳐 止자를 얻었다. 우가 이르기를, "도적이 매우 가까이 왔는데 점만 좇

그러면 고려말, 1350년부터 시작된 왜구의 침구는 어느 정도였을까.

<왜구의 고려 출몰 일람표>3)

연도	西紀	A	B	C	연도	西紀	A	B	C
高宗 10년	1223	1	1	1	16	1367	1	1	0
12	1225	1	3	1	17	1368	0	0	0
13	1226	2	2	3(2)	18	1369	2	2	1
14	1227	2	1	2	19	1370	2	2	2
元宗 4	1263	1	1	1	20	1371	4	4	1
6	1265	1	1	1	21	1372	19	11	10
忠烈王 6	1280	1	1	1	22	1373	6	7	3
忠烈王16	1290	1	1	1	23	1374	12	13	10(11)
忠肅王10	1323	2	2	2	禑王 1	1375	10	16	11(7)
忠定王 2	1350	7	6	6	2	1376	46	20	39(12)
3	1351	4	3	4	3	1377	52	42	54(29)
恭愍王 1	1352	8	12	7	4	1378	48	29	48(22)
2	1353	0	0	0	5	1379	29	23	37(15)
3	1354	1	1	1	6	1380	40	21	40(17)
4	1355	2	2	2	7	1381	21	19	26(19)
5	1356	0	0	0	8	1382	23	14	23(12)
6	1357	4	3	4	9	1383	50	28	47(24)
7	1358	10	10	6	10	1384	19	16	20(12)
8	1359	4	5	4	11	1385	13	16	12
9	1360	8	5	5	13	1386	0	0	0
10	1361	10	4	3	14	1387	7	5	7(4)
11	1362	1	2	1	(昌王) 1	1388	20	17	14(11)
12	1363	2	2		恭讓王 1	1389	5	11	5
13	1364	11	12	8(10)	2	1390	6	2	1
14	1365	5	3	5(3)	3	1391	1	1	2
15	1366	3	3	0	4	1392	1	2	1
					합계		530	408	484

(1) A는 羅鍾宇의 통계.
　(羅鍾宇, 『韓國中世對日交涉史硏究』, 원광대학교 출판국, 1996, p.126.)
(2) B는 田村洋幸의 통계.
　(田村洋幸, 『中世日朝貿易の硏究』, 三和書房, 1967, pp.36~37.)
(3) C는 田中健夫의 통계.
　(田中健夫, 『倭寇と勘合貿易』, 至文堂, 1961. ( )는 『中世海外交涉史の硏究』, 東京大學出版會, 1957의 통계)

───────────

을 수 있는가.” 하고, 정당문학 권중화를 鐵原에 보내어 집터를 살펴보게 하였다」.
3) 김보한, 「중세 여일관계와 왜구 발생 원인」 『왜구·위사문제와 한일관계』, 한일관계
　사연구논집 4, 경인문화사, 2005, 108~109쪽.

　기존 연구에 의하면, 규모에 차이가 있지만, 나종우는 1223년부터 1392년까지 169년간 총 530회, 특히 1350년부터 40년간 516회로 기록했다. 이현종은 같은 기간 중 395회, 다나카 다케오는 471회를 기록했다.

　한편 어느 지역을 얼만큼 약탈했을까. 왜구의 약탈지역에 대해 『고려사』에는 다음과 같은 기록들이 있다.

　　1357년 5월 14일(무자)
　　왜가 교동에 침입하였으므로 서울(개경)이 계엄 중에 있었다.

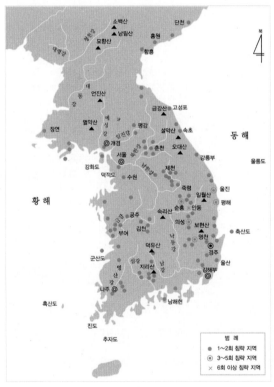

1380년대 왜구약탈지역

1355년 3월 14일(경자)
왜가 전라도를 노략질했다.

1358년 4월 29일(정유)
왜가 韓州와 鎭城倉을 노략질했다.

1359년 2월 29일(임진)
왜가 海南縣을 노략질했다.

1361년 4월 16일(병신)
왜가 고성, 울주, 거제를 노략질했다.

1374년 5월 28일(계사)
왜가 삼척을 노략질했다.

1378년 6월
왜가 청주를 침범했는데, 그 기세가 강성하여 아군이 소문만 듣고도 도망쳤다.

1380년 3월
왜가 삼척, 울진, 우계현에 침입하다. …왜적이 영월, 예안, 영주, 순흥, 보주, 안동 등 고을에 침입하다.

1383년 10월
왜적과 양구, 춘주, 가평현에서 싸웠다. 왜적이 청평산에 들어가 웅거했다.

　물론 위의 기사는 극히 일부분이지만, 이 내용만으로 보아도, 왜구의 침탈지역은 남해 및 서해는 물론 동해안이나 내륙 깊숙한 지역까지도 약탈을 감행하고 있다.
　왜구는 무엇을 약탈했던 것일까. 왜구의 침탈지역은 남해안지역의 섬과 경상도의 낙동강, 전라도의 섬진강 곡창지대, 그리고 농산물의 집산지였던

漕倉이 대상 지역이었다. 즉 식량을 약탈해 갔던 것이다. 그 외에도 소와 말 등 가축의 약탈이었고, 노동력으로 활용할 수 있는 사람을 납치해 갔고, 부녀자와 어린아이를 살해했다. 그리고 관청을 습격하여 방화하였다. 왜구가 극심했던 1382년에는 "서너 살짜리의 여자아이의 배를 갈라 내장을 꺼내고 쌀을 넣고 고사를 지낸 뒤 그 쌀로 밥을 해 먹었다."는 기록도 있다.[4] 그 밖에도 사찰의 종이나 벽화 불화 등 수많은 문화재를 약탈해갔다.[5]

3. 강원지역의 침탈

강원지역에 왜구 침탈의 기사가 처음 등장하는 것은 1352년 6월이다. 『고려사절요』 권26에는,

「왜가 江陵道에 침입하였다.」[6]

는 기사가 있다. 그런데 『고려사』에 의하면, 같은 6월 25일, 전라도 茅頭梁에 왜구가 침입한 기사가 있다.

---

4) 『태조실록』 권1, 총서. 「辛禑 6년(1380) 경신 8월, 왜적의 배 5백 척이 鎭浦에 배를 매어 두고 下三道에 들어와 침구하여 연해의 주군을 도륙하고 불살라서 거의 다 없어지고, 인민을 죽이고 사로잡은 것도 이루 다 헤아릴 수 없었다. 시체가 산과 들판을 덮게 되고, 곡식을 그 배에 운반하느라고 쌀이 땅에 버려진 것이 두껍기가 한 자 정도이며, 포로한 자녀를 베어 죽인 것이 산더미처럼 많이 쌓여서 지나간 곳에 피바다를 이루었다. 2, 3세 되는 계집아이를 사로잡아 머리를 깎고 배를 갈라 깨끗이 씻어서 쌀·술과 함께 하늘에 제사지내니, 三道 연해 지방이 쓸쓸하게 텅 비게 되었다. 왜적의 침구 이후로 이와 같은 일은 일찍이 없었다」.

5) 『고려사』 권39, 공민왕 6년(1357) 9월 무술, 「왜적이 승천부의 흥천사에 들어와서 충선왕과 한국공주의 초상화를 떼어 가지고 갔다」, 권41, 공민왕 14년(1365) 3월 기사. 「왜적이 창릉에 들어와서 世祖의 초상을 훔쳐가지고 돌아갔다」.

6) 『고려사절요』 권26, 공민왕 1년(1352) 6월.

왜적이 전라도 茅頭梁에 침입하였는데 지익주사 金輝가 수군을 거느리고 가서 적을 공격하였으나 이기지 못하였다. 沃溝監務 鄭子龍이 앉아 머무적거리면서 나아가지 않았으므로 형장을 치고 突山의 烽率로 귀양 보내었다. 왜적이 강릉도에 침입하였다.[7]

따라서 『고려사절요』의 6월 기사는 『고려사』의 6월 25일 기사로 볼 수 있으며, 이에 의하면 기록상 왜구가 강원지역에 처음 등장하는 것은 1352년 6월 25일이다. 그런데 기존 연구들은 당시 강릉도에 침입한 왜구를 모두량에 침입한 왜구의 일단이 동해안으로 진로를 바꾸었거나 또는 모두량에 침입한 왜구가 달아나 동해안에 침입한 것으로 기술하였다. 같은 날짜에 기록된 것을 감안하면 정확한 기술이라고 볼 수는 없다.[8] 모두량의 왜구와 전연 관계가 없을 수도 있다.

그 후 강원지역에 대한 왜구침탈 기록은 1372년에 등장한다. 그 사이에는 주로 남해안과 서해안을 침탈한 왜구의 기사만 등장한다. 1372년 강원지역을 포함하여 동해안에 대한 왜구침탈 기사는 5건이다.

> 4월 15일 : 「왜가 鎭溟倉을 약탈하였다.」[9]
> 6월 6일 : 「왜가 江陵府와 盈德 및 德原의 두 현을 침범하였다.」[10]
> 6월 : 「왜가 江陵府와 盈德·德原의 두 현에 쳐들어왔다.」[11]
> 6월 10일 : 「왜가 安邊과 咸州를 침범하였다.」[12]
> 6월 26일 : 「왜가 東界의 安邊 등지를 침범하여 부녀자를 잡아가고 창고의 미곡 1만여 석을 약탈하여 갔다.」[13]

---

7) 『고려사』권38, 공민왕 1년(1352) 6월 25일(병인).
8) 국방군사연구소, 『왜구토벌사』1993, 69쪽. 김정현, 「고려시대 영동지방의 해방유적 연구」, 강원대석사학위논문, 2011, 14쪽.
9) 『고려사』권43, 공민왕 21년(1372) 4월 15일(임진). 鎭溟倉은 현재의 원산지역에 있다.
10) 『고려사』권43, 공민왕 21년(1372) 6월 6일(신사).
11) 『고려사절요』권29, 공민왕 21년(1372) 6월.
12) 『고려사』권43, 공민왕 21년(1372) 6월 10일(을유).
13) 『고려사』권43, 공민왕 21년(1372) 6월 26일(신축).

진명창, 덕원, 안변, 함주 등은 함경남도 지역이므로 현재의 강원도로 볼 수는 없으나, 모두 동해에 인접한 지역으로 강원도와 무관하지 않다. 위의 3번째 사료는 『고려사절요』의 사료로 두 번째 사료와 일치한다.

당시 동해안 지역으로 왜구가 침입하게 된 정확한 이유는 알 수 없지만, 해안지역의 漕倉을 내륙지방으로 옮기고, 해로를 이용했던 漕運을 폐지한 것이 하나의 원인이 되었을 것으로 짐작된다. 그 후 이제까지 주로 남해나 서해지역을 약탈했던 왜구가 동해안에 나타나기 시작했다. 4월에 진명창을 약탈했던 왜구가 6월 6일에는 강릉과 영덕, 덕원을 약탈했다.

『고려사절요』에는 이때의 상황을 자세히 기록했다.

> 「이때 李春富의 아들 沃이 東界의 관노가 되었는데, 왜적이 쳐들어오니, 우리 군사는 풍문만 듣고 패하여 달아났다. 부사와 안렴사가 옥이 용맹스럽다는 말을 듣고 군사를 주어 이를 치게 하니, 옥이 힘을 다하여 싸워 적을 물리쳤다. 왕이 안장 갖춘 말을 내려 주고 역을 면제해 주었다.」14)

고 한다. 이어 6월 10일에는 안변과 함주를 약탈했다. 그러자 고려 조정에서는 이성계를 화령부윤으로 임명하여 왜를 방어하게 했다. 6월 26일에는 다시 안변 등지에 침범하여 부녀자와 미곡 1만여 석을 약탈해가자, 조정에서는 존무사 李子松을 파면하여 고향에 돌아가게 하였다. 이어 6월 27일에 왜가 다시 왜적이 咸州와 北青州를 침범하였는데, 만호 趙仁璧이 복병을 하여 왜를 크게 격파하고 70여 명을 베어 죽이었으므로 그에게 奉翊大夫의 위계를 주었다.

1372년 7월부터는 왜구가 양광도 일대를 침탈하기 시작했고, 9월에는 서해안의 龍城, 10월에는 한강을 거슬러 내륙으로 陽川을 침입하였다. 1373년에는 다시 남해안의 河東을 약탈했고, 6월이 되면 개경의 관문인 동강과 서

---

14) 『고려사절요』 권29, 공민왕 21년(1372) 6월.

강으로 몰려 들어 개경으로 통하는 수로를 봉쇄했다. 그러자 왜구는 강화도
를 약탈하여 교동을 함락하기도 했다.

1374년에 접어들면서 왜구의 침탈은 더욱 거세어졌다. 4월 23일에 왜구
는 전선 350척의 대선단으로 합포에 쳐들어 왔다.

「왜적의 배 350척이 경상도 合浦에 침입하여 군영과 병선을 불살랐으며
군인 피살자가 5천여 명이었다. 趙琳을 파견하여 도순문사 김횡을 베게 하
고 그 팔다리를 뜯어 여러 도에 조리 돌렸다. 서해도 만호 李成과 그의 부사
韓方道와 崔思正이 왜적과 木尾道에서 싸워서 패하여 죽었다.」15)

이어 5월 20일에 강릉에 침범했다.

1374년에는 강원도 침입기사가 4건이 있다.

5월 20일 : 「왜가 江陵을 침범하였다.」16)
5월 28일 : 「왜가 三陟을 침범하였다.」17)
6월 10일 : 「왜가 襄州에 침범하였다. 아군이 싸워서 머리 100급을 베었
다.」18)
8월 4일 : 「왜가 淮陽에 침범하였다.」19)

1372년에 침구한 왜구가 강릉부였던 것에 비해, 1374년에는 삼척, 양양
지역으로 확대되었으며, 내륙인 회양에까지 침입하였다. 1374년의 왜구는
한반도의 거의 모든 해안지역에 출몰하여 피해가 심했을 뿐만 아니라, 서해
와 동해에 동시 다발적으로 약탈을 감행하고 있다. 그들은 종전까지는 주로
남해안과 서해안에 침구하여 조운선을 탈취하거나 연해지역의 주민을 약탈

15) 『고려사』권44, 공민왕 23년(1374) 4월 17일(임자).
16) 『고려사』권44, 공민왕 23년(1374) 5월 20일(을유).
17) 『고려사』권44, 공민왕 23년(1374) 5월 28일(계사).
18) 『고려사』권44, 공민왕 23년(1374) 6월 10일(갑진).
19) 『고려사』권44, 공민왕 23년(1374) 8월 4일(정유).

하면서 수도 개경으로 접근하는 것이 통례였으나, 이번의 왜구는 그 전과 달리 서해안과 동해안의 양방행으로 분산하여 침구하였다. 이러한 침구형 태의 변화는 고려가 漕運을 폐지하고 조세 운송수단을 陸運으로 전환함에 따라 식량의 탈취가 어려워지자, 직접 연해지역이나 내륙으로 침투하여 약 탈을 감행했기 때문이다.[20]

왜구의 약탈행위는 공민왕의 대를 이어 우왕이 즉위하면서 더욱 기세를 부렸다. 1374년 9월, 왜구는 도성의 지근거리에 까지 약탈을 자행했고, 고 려 조정은 개경일원에 계엄을 선포하였다. 이듬해에도 왜구는 계속하여 남 해와 서해 연해지역을 약탈했고, 1376년에 이르면 경상도의 낙동강 하구, 전라도의 영산강 하류, 금강연안 지역에 침투하여 강을 타고 내륙으로 들어 왔다. 그해 7월 금강하구인 홍산에 침입한 왜구를 최영이 섬멸하는 대전과 를 올렸다.[21] 최영은 이 홍산대첩에서 승리함으로써, 금강 연안의 내륙으로 진출하려는 왜구의 기도를 저지했을 뿐만아니라 양광도 일대에 침구한 왜 구의 세력을 위축시키는 결과를 가져왔다. 이어 1377년 2월에는 왜구에 의 해 강화가 점령당하는 화를 입었고, 3월에는 경상도의 울주, 양산, 밀양에 침구했고, 5월에는 지리산과 황산강 침구가 있었다. 1378년, 1379년, 1380 년에도 경상, 전라, 양광도의 내륙지역으로 왜구의 침구가 계속되었다.

그런데 1379년 7월, 왜가 武陵島(울릉도)에 와서 반달간이나 머물다가 물 러갔다는 기록이 있다.[22] 울릉도에 왜가 침구했다는 기록으로 왜가 동해안 침구의 거점으로 울릉도를 이용했다는 기록이다. 이 사건이 계기가 되어 조 선왕조가 되면, 조선조정은 동해안의 왜구 침구에 대응하여 울릉도 주민을 섬에서 쇄출하여 울릉도에 사람을 살지 못하게 한다. 즉 1403년 8월, 강릉 감사는 강릉도의 무릉도 거민을 육지로 나오도록 했는데, 이 내용으로 본다

---

20) 앞의 『왜구토벌사』 89쪽.
21) 『고려사절요』 권30, 신우 2년(1376) 7월.
22) 『고려사절요』 권31, 신우 5년(1379) 7월.

면 동해안지역의 왜구약탈을 미연에 방지하기 위해, 울릉도가 중간거점이 되는 것을 막기위한 조처로 볼 수 밖에 없다.[23]

한편, 1380년 5월부터 7월까지 금강 상류지역으로 약탈지역을 확대한 왜구는 금강하구의 鎭浦를 내륙진출의 교두보로 삼기 위해 무려 500척에 달하는 대규모 선단을 집결시켰다. 8월에 해도원수 羅世와 崔茂宣 등이 이끄는 1백척의 고려 선단은 화포를 사용하여 왜구 선단을 불살랐고, 배를 잃은 왜구들은 금강을 따라서 내륙 깊숙이 숨어 들었다. 9월에 이르러 왜구는 남원산성을 공격했으나 많은 사상자를 낸채 운봉현으로 퇴각하여 引月驛을 거점으로 삼아 저항을 했지만, 이성계가 이끄는 고려군의 공격을 받아 왜장 阿其拔都가 죽자 괴멸되면서 겨우 70여명이 살아남아 지리산으로 달아났다고 한다.[24]

진포전투와 황산전투에서 고려군의 타격을 입은 왜구는 남·서해안의 침투에 한계를 느꼈는지, 1381년이 되면 다시 동해안에 침투하기 시작했다. 1381년, 82년, 83년에 걸쳐 연속적으로 강원지역에 대한 침탈기사가 이어서 나타난다.

> 1381년
> 3월 : 왜가 강릉도에 침범하다.[25]
> 3월 : 왜가 송생, 울진, 삼척, 평해, 영해, 영덕 등지에 침범하여 삼척현을 불살랐다.[26]
> 6월 : 왜가 울진현에 침범하다.[27]

---

23) 손승철, 「조선시대 '空島政策'의 허구성과 '搜討制' 분석」, 『이사부와 동해』 창간호 2010, 278~288쪽.
24) 『고려사절요』 권31, 신우 6년(1380) 9월.
25) 『고려사절요』 권31, 신우 7년(1381) 3월.
26) 『고려사』 열전 47, 신우 7년(1381) 3월.
27) 『고려사절요』 권31, 신우 7년(1381) 6월.

1382년

3월 : 왜가 삼척, 울진, 우계현에 침입하다. …왜적이 영월, 예안, 영주, 순
  흥, 보주, 안동 등 고을에 침입하다.28)

5월 : 왜가 회양부를 침범하다.29)

5월 : 왜가 영춘현에 침입하다. … 왜가 회양부에 침입하다.30)

1383년

7월 : 교주강릉도 도체찰사 최공철이 芳林驛에서 왜적을 쳐서 8급을 베었
  다.31)

8월 : 왜적 1천여명이 春陽, 寧越, 旌善 등의 군현을 침범하다.32)

9월 : 왜적이 강릉부, 회양부, 금화현, 평강현, 홍천현에 침구하다.33)

10월 : 왜적과 양구, 춘주, 가평현에서 싸웠다. 왜적이 청평산에 들어가
  웅거했다.34)

즉 1381년에는 강릉, 삼척, 울진, 평해, 영덕 등 동해안 지역을 집중적으
로 약탈했는데, 당시의 상황을 『고려사』에는 다음과 같이 기록하였다.

「왜적이 강릉도에 침입하였으므로 첨서 밀직 南佐時와 밀직부사 權玄龍
을 보내 적을 공격하게 하였다. 그러나 이 지방의 대기근으로 인하여 방어
가 대단히 불충분하였으므로 동지밀직 李崇을 교주도에 보내 군사를 영솔
하고 가서 협조하라 하였다. …… 왜적이 송생, 울진, 삼척, 평해, 영해, 영덕
등지에 침입하여 삼척현을 불살랐다. 강릉도 부원수 남좌시가 보고하기를
"왜적이 삼척, 울진에 침입해서 우리 나라의 오근, 답곡 두 창고의 곡식을

---

28) 『고려사』 열전 47, 신우 8년(1382) 3월.
29) 『고려사절요』 권31, 신우 7년(1381) 5월.
30) 『고려사』 열전 47, 신우 8년(1382) 5월, 永春縣은 충북 단양군 일대에 있던 조선
  후기의 행정구역. 고구려 때 乙阿旦縣, 통일신라 때 子春縣이라고 하다가 고려시대
  에 영춘현으로 고쳐 原州에 속하게 하였다.
31) 『고려사절요』 권32, 신우 9년(1383) 7월. 방림역은 지금의 평창이다.
32) 『고려사절요』 권32, 신우 9년(1383) 8월.
33) 『고려사』 열전 48, 신우 9년(1383) 9월.
34) 『고려사절요』 권32, 신우 9년(1383) 10월.

탈취하려다가 목적을 이루지 못하고 퇴각하였습니다. 그리하여 지금 지방의 굶주린 주민들을 징집하여 창고를 경비하고 있으니 얼마간 창고의 양곡을 내어서 기아에 빠진 그들에게 대여했다가 가을에 회수하기를 바랍니다"라고 하였다. 강릉도 助戰元帥의 보고에 이르기를 "교주도에서 뽑은 군인이 모두 허약하여 쓸 수 없기 때문에 지금 뽑은 보병은 이미 다 보내었습니다. 烟戶軍을 제외하고 먼저 閑散官을 뽑으며 삭방도의 기병 2백 명으로 하여금 와서 협조케 하기를 바랍니다"라고 하니 신우가 이를 승낙하였다.」35)

그러나 1382년에는 영월, 예안 영주, 순흥, 보주, 안동 등지에 그리고 83년에는 평창, 영월, 정선, 홍천 등 내륙 깊숙한 곳에서 약탈을 자행한다. 그런데 이들의 일부는 왜구가 아니라, 고려의 천민인 禾尺, 才人 등으로 불리는 고려인들이었다. 이 내용을 『고려사』에는 다음과 같이 기록하였다.

1382년 4월의 경우는,

「… 禾尺들이 집결하여 왜적으로 가장하고 영해군에 침입하여 관청과 민가들을 방화 약탈하므로 판 밀직 임성미, 동지밀직 安沼, 밀직부사 皇甫琳, 전 밀직부사 姜筮 등을 보내 추격하여 잡았다. 임성미 등이 포로로 되었던 남녀 50여 명과 말 2백여 필을 바치었다. 그런데 禾尺이란 즉 楊水尺이다. …… 강릉도 상원수 趙仁璧, 부원수 권현룡이 왜적과 싸워 적 30명을 죽였다.」36)

또, 1383년 6월의 경우는,

「… 교주, 江陵道 禾尺, 才人 등이 왜적으로 가장하고 平昌, 原州, 順興, 橫川 등지를 약탈하였다. 원수 金立堅과 체찰사 崔公哲이 50여 명을 잡아 죽이고 그들의 처자를 각 고을에 나누어 주었다.」37)

---

35) 『고려사』 열전 47, 신우 7년(1381) 3월.
36) 『고려사』 열전 47, 신우 8년(1382) 4월.
37) 『고려사』 열전 47, 신우 9년(1383) 6월.

는 기록이 있다.

이 기록을 둘러싸고 현재 한일간에는 왜구의 구성과 주체문제를 둘러싸고 많은 논쟁이 있다. 예를 들면, 『日本史辭典』(岩波書店)에는,

> 「왜구의 활동은 14세기 후반에서 15세기 초에 걸쳤는데, 그 성원은 対馬·壱岐·北部九州의 일본인을 중심으로 했고, 禾尺·才人이라고 불리는 조선반도의 천민 등을 포함하고 있다. 근년에는 제주도민까지도 주목하고 있다. 활동한 지역은 조선반도·산동반도 등을 중심으로 했고, 식료의 약탈과 인간을 포획했다.」[38]

라고 하여, 왜구에 고려천민을 포함시켰고, 최근에는 제주도민까지도 주목하고 있다고 기술하고 있다. 이러한 견해는 田中 稔의 <日本における倭寇研究の學術史的檢討>에서 제시한 바와 같이, 1980년대 주목을 받기 시작했는데, 그간의 여러 지적에도 불구하고 검증의 절차 없이 학계의 정설처럼 인용되고 있다.[39]

그리하여 이 내용이 중학교 교과서에도 그대로 인용이 되어 「왜구란 14세기후반, 조선반도나 중국의 연안에 출몰했던 해적집단이다. 그들은 일본인 외에 조선인도 다수 포함되어 있다.」라고 서술되어 있다.[40]

그런데 『고려사』에는 682건, 『고려사절요』에는 583건, 총 1,265건의 왜구 및 일본관련 사료가 수록되어 있다. 그 가운데 <고려인설>의 근거로 제시하는 고려 천민에 관계되는 사료는 단 3건이다. 그 예를 보면, 위의 두 기사와 1388년 8월의 기사다.

> 「… 水尺과 才人은 밭갈고 씨뿌리는 것을 일삼지 않고, 앉아서 백성의 곡

---

38) 岩波書店, 『日本史辭典』, 1999, 1214쪽.
39) 田中 稔, <日本における倭寇研究の學說史的檢討>, 제2기 한일역사공동연구위원회 보고서 제2권에 수록.
40) 『新らしい 歷史敎科書』, 扶桑社版, 2009, 79쪽.

식을 먹으며, 일정한 산업도 없고, 일정한 마음도 없으므로 서로 산골에 모여서 왜적이라 사칭하는데, 그 형세가 무시할 수 없으니 일찍 도모하지 않을 수 없습니다.」[41]

이 사료를 볼 때, 고려천민이 왜구화하여 약탈을 감행한 것은 앞의 2건뿐이다. 이들이 출몰한 때는 1382년과 83년 2차례 뿐이며, 그 지역도 강원도 영월을 중심으로 한 깊은 산속이다. 뿐만 아니라 이들이 출몰한 직후 모두 토벌을 감행했다. 물론 사료 3의 기사가 1388년이므로 천민의 假倭活動이 계속될 수도 있겠으나, 실제로 1383년 6월 이후 假倭의 출현은 없었다.

따라서 이 사료만으로 보면 고려천민의 假倭活動을 부정할 수는 없다. 그러나 가왜활동이 아주 일시적이며, 강원도 산속 영월지역 근처에 한정되었던 점을 생각하면 이들의 가왜활동을 일반화시켜 왜구의 주체나 구성에 포함시키는 것은 잘못된 견해임을 알 수 있다. 제2기 한일역사공동연구위원회(2007년부터 2010년 3월까지 2년간 활동)에서도 왜구의 구성에 고려, 조선인을 포함시키는 것은 무리가 있다는 결론에 합의한 바 있다.[42]

어쨌든 이 시기에 왜구의 활동은 아주 극심하여 강원도 지역의 내륙 깊숙이 춘천이나 홍천에까지 왜구의 약탈이 자행되고 있다. 즉 1383년 8월에는 왜적 1천여명이 춘양, 영월, 정선에 출몰했으며, 9월에는 왜적이 金化縣에 침입하였으며 平康縣을 함락시켰으므로 경성이 계엄 상태에 놓이게 되었다. 당시 洪川縣을 함락한 왜적은 원수 김입견과 이을진이 싸워서 적 5명을 죽였다. 또 9월에는 왜적이 강릉부와 김화현을 침략하고, 회양부와 평강현을 함락하니, 경성에 계엄을 실시하고 평양과 서해도의 정병을 불러들여와 호위하게 하며, 전 정당상의 南佐時, 지밀직 安紹, 밀직상의 王承貴, 王承寶, 鄭熙啓 등을 보내어 그들을 치도록 하였으나 김화에서 싸워 패전하였다.

---

41) 『고려사절요』 권33, 신우 14년(1388) 8월.
42) 제2기 『한일역사공동연구보고서』제2권, 좌담회 토론문, 120~127쪽.

그리고 10월에는

> 「도체찰사 崔公哲이 狼川에 이르렀는데, 왜적이 갑자기 나와 습격하여 그 아들을 사로잡았다. 체복사 정승가가 왜적과 양구에서 싸우다가 패전하여 물러가 춘주에 주둔하니, 적이 춘주까지 추격하여 함락시키고, 드디어 加平縣에 침입하였다. 원수 朴忠幹이 싸워서 쫓아 버리고 머리 6급을 베었는데, 적은 淸平山에 들어가 웅거하였다. 찬성사 상의 禹仁烈을 도체찰사로 삼고, 전 밀직 林大匡을 조전원수로 삼아, 가서 적을 치게 하였다.」43)

라는 기록을 통해서 보면, 양구에 침입한 왜구가 고려군을 추격하여, 춘천, 가평, 청평 등 내륙 깊숙이 약탈을 감행하는 등, 왜구의 약탈이 가장 극심했던 시기였다. 같은 내용을 『고려사』에는 보다 소상히 기록하였다.44)

〈강원지역 침구현황표〉

연도	월	지역	출전
1352년(공민왕 원)	6월	강릉도(강릉)	『고려사』, 『고려사절요』
1372년(공민왕 21)	6월	강릉부(강릉)	『고려사』, 『고려사절요』
1374년(공민왕 23)	5월	강릉	『고려사』
	5월	삼척	『고려사』
	6월	襄州(양양)	『고려사』
1381년(신우 7)	3월	강릉도(강릉)	『고려사절요』
		삼척	『고려사절요』
1382년(신우 8)	3월	삼척	『고려사절요』
		영월	『고려사절요』
1383년(신우 9)	7월	방림(평창)	『고려사절요』
	8월	영월	『고려사절요』
		정선	『고려사절요』
	9월	홍천	『고려사절요』
	10월	강릉	『고려사절요』

---

43) 『고려사절요』 권32, 신우 9년(1383) 10월.
44) 『고려사』 열전 48, 신우 9년(1383) 10월.

		양구, 春州(춘천)	『고려사』, 『고려사절요』
1385년(신우 11)	4월	襄州(양양)	『고려사』

기록에 의하면, 고려말 왜구의 강원지역에 대한 침구는 조선시대에 들어가 다시 계속되지만 1385년 2차례가 마지막이다.

1385년
4월 : 왜적이 襄州에 침입하였다.[45]
7월 : 왜적이 평해부에 침입하다.[46]

즉 4월에 양양, 7월에 평해를 침입하였는데, 평해에 침입하였을 때는 강릉도 도체찰사 睦子安이 적을 격퇴하였다. 이어 9월에는 전 知門下事 이을진을 강릉도 원수로 임명하여 왜적을 잡게 하였다.

이후 『고려사』나 『고려사절요』에 강원지역에 왜구 침탈기사는 보이지 않는다.

이상의 강원지역에 대한 왜구침탈을 지도에 표시하면 다음과 같다.

---

45) 『고려사』 열전 48, 신우 11년(1385) 4월.
46) 『고려사절요』 권32, 신우 11년(1385) 7월.

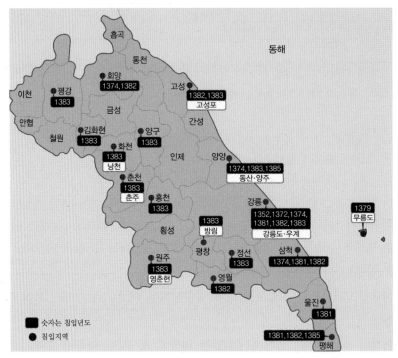

강원지역 왜구침탈도

4. 침탈의 특징과 대응

고려말, 1350년부터 본격화 된 왜구 침탈은 공민왕때에 이르러 더욱 기세를 떨쳤다. 나종우의 통계에 의하면 무려 516차례나 출몰하여 경상 전라 충청도는 물론 경기 강원 함경도에 이르기까지 해안은 물론이고 내륙에까지 침탈을 자행했다. 이 시기에 고려는 왜구의 침탈에 의해 침구지역 일대가 폐허가 되는 극심한 피해를 입었다.

왜구의 침탈에 대해, 고려 조정은 다양한 대응을 구사했다. 우선 왜구에 대해 군사적으로 대응했다. 그러나 초창기에는 무력대응이 쉽지 않아 1227

년 박인을 구주 대재부에 파견하여 왜구의 노략질을 진정시킨 경험을 통해, 우선 외교적인 교섭을 통해 왜구에 압력을 근절시키기 위한 노력을 경주했다. 그리하여 고려에서는 1363년 金龍, 1366년 金逸, 1375년 羅興儒, 1377년 安吉祥, 鄭夢周, 1379년 尹思忠, 1391년 宋文中 등을 7차례에 걸쳐 파견하여 왜구금지를 요청했다. 그러나 당시 일본의 중앙정권이던 무로마치(室町)막부에서는 "고려를 침략하는 것은 시코쿠(四國), 규슈(九州)의 해적들이 저지른 행위로 교오토(京都)에서는 단속할 수 없지만, 금지대책을 강구해 보겠다."는 회신을 보내는 정도였다.

한 예로 1366년 김일의 경우를 보자. 고려조정은 1366년 11월, 검교중랑장 김일을 파견하여 室町막부에 왜구 금압을 요청했다. 고려의 왜구금압 요청을 받은 막부에서는 1368년 정월 梵盪과 梵謬를 보빙사로 고려에 파견하여 막부의 회답서를 전달하였다.[47] 그러나 막부에서는 왜구를 금지하겠다는 적극적인 의사는 보이지 않고, '왜구는 九州, 四國에서 할거하는 무리인 만큼, 교토의 막부에서는 그들에게 영향력을 행사할 수 없다'는 답변이었다. 이에 따라 고려는 대왜교섭의 방향을 전환하여, 왜구를 통제할 능력이 없는 막부와의 교섭 보다는 왜구의 소굴인 대마도의 도주를 직접 회유하여 왜구를 금압하는 방안을 모색했다. 그 결과 이 해 윤7월에는 강구사 李夏生을 대마도에 보내어 이들을 회유했으며, 11월에는 대마도 만호 崇宗慶이 고려에 입조하자 쌀 1천석을 주어 이들을 회유했다.

고려는 이와 동시에 고려에 귀화를 원하는 왜구에게는 거제도와 남해현을 비롯한 남해 도서지방의 일부를 거주지로 허용하기도 했다.[48] 그러나 이러한 조치들은 일시적으로 효과는 있었지만 그다지 성과가 없었다. 당시 일본은 南北朝時代의 혼란기로 정치적인 통일을 미처 이루기 전이었기 때

---

47) 『고려사』 권41, 공민왕 15년(1368) 춘정월 무자.
48) 『고려사』 권41, 공민왕 18년(1369) 7월 9일(신축)에는 「거제 남해현에 있는 귀화한 왜인들이 배반하여 자기 나라로 돌아갔다」는 기록이 있다.

문에 고려사절이 장군이 있던 교토까지 가기도 어려웠을 뿐만 아니라, 막부 장군에게는 왜구통제나 왜구 주세력과의 교섭능력도 없었던 시기였기 때문에 사절파견의 효과는 기대할 수 없었다.

외교적인 교섭이 그다지 성과가 없자, 고려에서는 노략질을 해오는 왜구에 대해 군사적인 대응책을 강구했다.

고려는 공민왕 말년에 이르러 적극적인 왜구근절책으로 군의 전략 및 무기체계의 전반적인 개편에 착수했다. 1371년 7월, 나주목사 李進修는 지휘체계가 확립되어야 군기가 바로잡혀 효율적인 왜구토벌이 가능하다고 건의했다. 이어 12월에는 간관들이, "무기를 정비하여 왜구를 막고, 상벌을 중히 하여 군사들의 사기를 진작시키자."는 내용의 상소를 올렸다. 그 결과 府兵制를 복구하여 군사력을 확보할 수 있는 경제적 기반을 확립하고, 군의 사기를 진작시켜가면서 적극적인 국방정책안을 수립해 갔다.

또 공민왕은 군사들의 군기상태를 점검하고, 사기를 진작시키기 위해 친히 五軍을 거느리고, 경기 근교일대에 순행을 실시했다. 공민왕의 순행은 국왕이 직접 군사들의 군기와 사기를 점검하는 실질적인 군사 활동이었고, 이러한 자세는 대왜구작전을 적극적인 공세로 이끌어 간다는 데에 의미가 있었다.

아울러 고려는 水軍의 재건을 추진하고 대량으로 전함을 건조했고, 1380년에는 崔瑩을 海道都統使로 임명하여, 왜구침입에 적극적으로 대응토록 했다. 또한 무기체계의 획기적인 변화를 위해, 화약무기를 대량으로 확보하기 위한 노력을 기울이기 시작했다. 그리하여 1377년에는 崔茂宣의 건의에 따라 화통도감을 설치하여 대장군·이장군·삼장군포·육화석포·화포·신포·화통·화전·철령전·피령전·철탄자·천산오룡전·유화·주화·촉천화 등의 화기를 제조하여 왜구를 격퇴하는 데 사용했다.

고려말 40년간 왜구와의 대표적 전투는 최영의 鴻山大捷(1376), 최무선의 鎭浦大捷(1380), 이성계의 荒山大捷(1380), 정지의 觀音浦大捷(1382), 박위의

對馬島征伐(1389)이다.

아울러 강원지역에 대한 왜구의 침탈은 1352년 강릉도에 처음 나타나나, 초창기에는 주로 함경도의 덕원, 안변, 함주나 영덕지역이었고, 강릉, 삼척, 양양 등지에 대한 약탈은 1374년부터이다. 그리고 1379년에는 울릉도에 보름간 머물렀다는 기록이 나오는데, 이를 통해 강원도지역의 약탈 거점으로 울릉도가 이용되었음을 알 수 있다. 이어 1380년대가 되어 내륙지역으로 왜구의 약탈이 확산되면서, 1381년 강릉, 양양, 삼척, 울진, 평해, 영덕 등 강원도 해안 전지역을 대상으로 했고, 점차 내륙으로 진출하여, 영월, 정선, 평강, 회양, 금화, 홍천, 양구에 출몰했고, 양구에 침구한 왜구는 고려군을 추격하여 홍천, 춘천, 가평, 청평에까지 강원도 전지역을 유린하였다.

이에 대해 고려조정에서는 이성계를 비롯하여 조인벽, 박수경, 남좌시, 권현룡, 김입견, 안소, 왕승귀, 왕승보, 정희계, 인해, 왕복명, 곽선, 이을진, 우인열, 곽충보, 최공철, 목자안, 조준 등의 장수를 파견하여 왜구를 진압하도록 했다.

또한 동해안지역의 방어를 위해 兵船을 배치하거나 해안지역에 축성을 하면서 왜구를 대비하였다. 최근 조사된 바에 의하면 동해안지역에는 총 45개의 성곽이 존재하는데, 이 중 고려시대 여진과 왜구의 대비를 위해 19개의 산성을 새로 쌓거나 보수한 것으로 파악했다. 19개의 성곽은 고성의 고성산성, 고성산석성, 양양의 오봉산고성, 대포영성, 석성산성, 광성진성, 후포매리산성, 강릉의 석교리토성, 명주성, 칠봉산성, 제왕산성, 삼한성, 고려성, 괘방산토성, 금강산성, 우계산성, 삼척의 갈야산성, 오화리산성, 죽령산성 등이다.49)

---

49) 김정현, 앞의 논문, 14쪽.

5. 맺음말

이상에서 고려시대 왜구의 강원지역 침구 양상 및 그 특징과 대응에 대해 지역사의 관점에서 살펴보았다. 고려시대의 왜구 침입은 1223년부터 시작되고 있으나, 본격적으로 침구가 시작되는 것은 1350년 경인왜구부터이다.

그리고 강원지역에 처음 왜구가 출몰하는 것은 1352년 6월, 강릉도로 기술되어 있다. 이 지점이 어디인지는 정확히 알 수 없지만, 강릉으로 추측된다. 그 후 강원지역의 왜구 침탈은 1372년 6월이며, 함경도의 안변, 함주, 강릉, 영덕을 대상으로 했다. 1374년에는 강릉, 양양, 삼척, 회양이 대상이 되었다. 1370년대에 들어와 강원지역의 출몰이 급증하는 것은 고려가 남해안이나 서해를 이용한 조운제도를 폐지하고, 육로 운송으로 바뀌어 가면서, 일부는 동해안지역으로, 그리고 점차 내륙지방으로 확산되어가는 추세와 무관치 않다고 본다.

그 후 1380년대로 접어 들면서 왜구의 피해가 극심해지면서, 1381년에는 강릉, 울진, 삼척, 평해 등 해안지역에 출몰했고, 1382년에는 영월, 원주, 회양 등 내륙지방으로 침구했다. 1383년에는 영월, 정선, 양구, 홍천, 춘천, 가평에 이르기까지 강원도 전지역을 유린했다. 영월 등지의 왜구가운데는 假倭가 포함되었던 것으로 가왜에 관한 기사가 2개나 있으나, 이들을 왜구의 구성세력에 포함시키는 것은 부당하다. 고려시대 강원지역에 출몰한 왜구 기사는 1385년에 양양과 평해를 마지막으로 자취를 감추지만, 조선시대에 들어와서도 강원지역에 대한 왜구의 침구는 계속된다.

한편 고려조정은 강원지역의 왜구침구에 대해, 중앙차원에서 군제개편, 수군재건, 무기체제의 전환 등으로 대응하면서, 이성계를 비롯한 장수들을 파견하여 왜구를 진압하는 한편, 동해안 지역에 19개에 달하는 성곽을 재건하거나 새로 쌓으면서 대응해 나갔다.

제2장
조선전기 서울의 東平館과 倭人

1. 머리말

지금 우리가 살고 있는 서울에 언제부터 외국인이 왕래하였으며, 거주가 허용되었을까. 일반적으로 우리 역사에서는 조선을 쇄국의 나라, 외부세계에 대해 닫혀져 있었던 폐쇄적인 사회로 이해해 왔다. 그래서 조선시대 서울의 외국인 왕래에 관한 내용은 생각지도 않고 있으며, 또 그 실태에 관해서도 거의 알려져 있지 않다. 그러나 이러한 인식은 잘못된 것으로, 실상 조선은 개국초기부터 외부세계에 대해 열려져 있던 사회였다.

예를 들면 북으로 중국의 명나라는 물론, 만주의 여진족과도 공식적으로 외교와 무역관계를 맺고 있었으며, 남으로 일본의 幕府政權을 비롯하여 지금은 일본에 정복당한 琉球國 및 동남아의 泰國(暹羅斛國), 쟈바(爪蛙國), 久邊國 등과 사신이 왕래하는 등 사실상 주변의 모든 나라들과 교류를 하였다.[1] 뿐만 아니라 서울에는 이들 나라의 사신들이 조선을 방문했을 때, 전용으로 묵는 객관(太平館, 東平館, 北平館 등)을 지어 관리했을 정도로 왕래가 빈번하였다. 따라서 조선이 쇄국의 나라였다는 인식은 잘못된 것이며, 개항기 조선침략을 합리화하려는 의도적인 편견임을 지적하고 싶다.

이 글에서는 이러한 문제의식을 가지고, 조신전기에 일본인들이 무슨 목적으로 서울에 왔으며, 서울에서는 어디에 머물면서, 어떠한 행동들을 했고, 또 조선 측에서는 그들을 어떻게 생각하고 대우했던가를 살펴봄으로써, 조

---

1) 국사편찬위원회편, 『한국사』 22, 조선왕조의 성립과 조선초기의 대외 관계.

선전기 일본인들의 서울왕래와 그 실태에 관해 살펴보고자 한다.

2. 왜인들의 入京

고려의 뒤를 이은 조선왕조는 건국직후부터 대외정책을 체계화해 갔다. 그래서 중국대륙의 신흥제국이었던 명에 대해서는 事大政策을 취하여 강대국에 대한 자존책을 확립하였고, 그 외의 주변국에 대하여는 交隣政策을 취하여 평화적인 교류를 지속하였다.[2]

특히 일본과의 관계에 있어서는 고려말기에 극성을 부리던 왜구문제가 아주 심각하였다. 조선은 국내정세가 안정되어 감에 따라 군사적인 방법보다는 왜인의 요구를 들어주면서 그들을 회유하여 평화적인 통교자로 전환시키려는 노력을 경주하였다. 그 결과 조선의 연해안을 노략질하던 왜구가 점차 평화적인 통교자로 전환되어 갔다. 그들은 크게 세 종류로 나뉘는데, 使送倭人·興利倭人·向化倭人이 그것이다. 使送倭人이란 사자의 명칭을 띠고 도항해오는 자를 말하며 客倭라고도 한다. 興利倭人이란 무역을 위하여 도항해오는 자를 말하는데, 商倭 또는 販賣倭人이라 하였다. 그리고 왜구로서 연해안 지방에 침입했다가 조선측의 귀순종용에 따르는 경우나 왜구는 아니더라도 대마도인이 바다를 건너 조선에 귀화하는 경우가 많았다. 조선에서는 이들이 조선의 德을 숭모하여 귀화하였다고 하여 向化倭人이라고 했다. 한편 이들을 포함하여 조선의 회유책에 협조한 세력자들에게 조선의 관직을 하사해 주는 受職制度가 있었는데, 受職을 받은 왜인을 受職倭人이라고 했다.

왜인들이 서울에 오는 경우는 크게 두 경우이다. 즉 使人의 형태로 사송

---

2) 손승철, 『조선시대 한일관계사연구』 제1장 동아시아 국제질서와 교린체제, 지성의 샘, 1994 참조.

왜인의 형식을 갖추던가, 아니면 향화왜인이나 수직왜인으로 서울에 오는 것이다. 사송왜인은 서울을 임시로 방문하는 것이고, 향화왜인은 서울에 와서 사는 경우가 많았다.3) 이들을 각기 來往倭人과 來住倭人이라고 부를 수 있다.

조선전기 일본으로부터 온 도항자의 총 수는 알 수 없지만, 『조선왕조실록』에 기록된 통교자에 관한 기록을 도표화하면 다음과 같다.

〈표 1〉 조선전기 각 지역별 통교횟수4)

	1392~1419	1420~1443	1444~1471	1472~1510	1511~1592	계
室町 幕府	16	7	12	11	25	71
本州·四國	42	43	91	144	28	348
九州	94	178	184	370	19	845
肥前·壹岐	112	91	355	605	3	1,166
對馬島	155(36%)	492(60%)	607(48%)	1,056(48%)	75(49%)	2,385(49%)
기타	13	7	5	2	2	29
계	432	816	1254	2,188	152	4,842

물론 이들 모두가 상경을 하여 서울에 왔다고는 볼 수 없다. 그러나 이들 중 대부분이 기본적으로 조선에 도항하는 목적이 통교였고, 통교를 위해서는 국왕을 알현하는 사행의 형식를 띠어야 하므로 상당수가 상경하였을 것이다. 그 한 예로 1439년(세종 21) 예조에서 대마도주에게 보낸 서계에 의하면, 1년에 오는 자가 1만 명이나 되었고, 그들에게 지급한 쌀이 거의 10만석에 이른다고 했다.5) 또한 성종대에 편찬된 『해동제국기』에 기록된 것

---

3) 수직왜인의 경우, 向化를 하여 완전히 조선에 살면서 上京하는 경우가 있고, 通交倭人으로서 대마도에 거주하면서 연 1회 도항하여 상경하는 왜인이 있었다(본서의 제2편 제1장 대마도의 조·일 양속관계 참조).

4) 한문종, 『조선전기 대일외교정책 연구』전북대학교박사학위논문, 1996, 27쪽.

5) 『세종실록』 권87, 21년 10월 병신.
　　「(전략)…그런데 근년에는 商船들도 식량을 받으려고 증빙문서를 받아 가지고 오

을 보면, 1년에 입국한 선박수가 220척이나 되고, 입국왜인수가 5,500명내지 6,000여명, 무역을 제외한 순수한 접대비만도 2만 2천 석에 달했다고 한다.[6] 『해동제국기』에는 사절로서 상경이 허락된 왜인들을 네 가지로 구분하고 있다. 즉 「諸使定例」의 장에서

> 여러 사자를 館待하는 4가지의 예가 있으니, 국왕의 사신이 한 예가 되고, 여러 큰 추장(거추)의 사자가 한 예가 되고, 구주절도사·대마도주의 특송이 한 예가 되고, 여러 추장과 대마도 사람으로서 관직을 받은 사람이 한 예가 된다.[7]

라고 하여, 막부장군의 사절, 중소영주의 사절, 대마도주의 사절, 그리고 수직왜인 등 4종류로 구분하였다. 이들은 당시 왜인들이 입항할 수 있는 항구인 三浦(釜山浦, 內而浦, 鹽浦)로 입국한 후, 각기 정해진 인원만이 서울로 상경할 수 있었다. 규정된 상경인수는 다음과 같다.

> 국왕사자 25인, 여러 추장의 사자 15인, 구주절도사와 대마도 특송사자는 각 3인이다. 짐이 5바리(駄)가 넘으면 1인을 증가한다. 매양 5바리가 되면 인원을 증가하되 5인을 초과하지 못한다. 여러 추장의 사자는 1인이다. 짐이 5바리가 되면 1인을 증가하되 3인을 넘지 못한다. 수직인의 경우 당상관은 3인을 보내고 상호군 이하는 2인을 보낸다. 대마도에서는 해마다 배 50척을 보낸다. 배 1척마다 1인을 보내며, 짐이 5바리가 되면 1인을 증가하되,

---

되, 右波羅는 사신행차의 식량을 청하니, 각 선의 船軍으로 말하면 많은 것은 7~80명이나 되는데, 그밖에도 혹 佛經·鐘·磬·돗자리·인삼·목면·皮物 등을 달라고 여러 모로 청구하고, 혹은 친족을 만나 보겠다든가, 혹은 친족의 분묘에 제사지내겠다는 등 긴급하지 않은 일로써 증빙문서를 가지고 오는 자도 많아 거의 1만 명에 가깝소. 그들이 여러 달 동안 묵으면서 돌아가지 아니하고 조석으로 먹을 것을 받고서도, 또 돌아가는 길에서 먹을 양식까지 받으매, 그 지공하는 비용과 주는 잡물도 또한 그와 비등하게 되니, 그 공경하여 섬긴다는 뜻에 어떻겠소.」

6) 이현종, 『조선전기 대일교섭사연구』 한국연구원, 1964, 61쪽.
7) 『해동제국기』(『海行摠載』 제1권) 민족문화추진위원회, 1974, 152쪽.

2인을 초과하지 못한다.[8]

고 하였다. 상경이 허락되면 이들은 정해진 상경도로를 통하여 서울로 가야 했다. 즉 삼포에서 정해진 입국절차를 밟은 후, 상경인수가 정해지면 각기 등급에 따라 국왕사와 諸酋使(여러 추장의 사자)는 京通事, 그 나머지 는 鄕通事의 인솔하에 상경하였다.[9] 상경로는 크게 육로와 수로가 있었다.

왜인상경로

육로

• 내이포에서 금산·청주를 거쳐 서울까지 가는데, 하루에 세참씩 간다면 13일 길이 되고, 대구·상주·괴산·광주를 거쳐 서울까지 가는데는 14일 길이 된다.
• 부산포에서 대구·상주·괴산·광주를 거쳐 서울까지 가는데는 14일 길이 되고, 영천·죽령·충주·양근을 거쳐 서울까지 가는데는 15일 길이 된다.
• 염포에서 영천·죽령·충주·양근을 거쳐 서울까지 가는데는 15일 길이 된다.

수로

• 내이포에서 수로로 김해(황산강에서 아래 낙동강까지)·창녕·선산·충주 (김천에서 한강까지)·광주를 거쳐 서울까지 가는데는 19일이 걸린다.
• 부산포에서 수로로 양산(황산강에서 아래로 낙동강까지)·창녕·선산·충 주(김천에서 한강까지)·광주를 거쳐 서울까지 가는데 19일 길이 된다.
• 부산포에서는 수로로 양산(황산강에서 낙동강까지)·창녕·선산·충주(김 천에서 한강까지)·광주를 거쳐 서울까지 가는데 21일 길이 된다.
• 염포에서 수로로 경주·단양·충주·광주를 거쳐 서울까지 가는데는 15일 길이 된다.
• 국왕의 사신은 기한이 없으나, 여러 큰 추장의 사자들 이하는 기한이

---

8) 『해동제국기』, 上京人數, 154쪽.
9) 『해동제국기』, 諸使迎送, 153쪽.

지나면 날 수를 계산하여 料를 감한다. 혹 병이 나거나, 물이 창일하거
나, 짐을 운반하지 못하여, 부득이 머무르는 자는 그 소재지의 관청에
서 明文을 받아오게 한다.10)

또한 상경왜인에게는 상경도중에도 각기 등급에 따라 연회가 베풀어지는
데, 이를 路宴이라고 한다. 노연 역시 사신의 등급에 따라서 각기 차이가 있
다. 즉,

- 국왕의 사신에게 경상도에서는 세 곳에서 노연을 차리는데, 한 곳은 관
  찰사가 차리고, 두 곳은 수령이 차리며, 충청도·경기도에서는 각각 한
  곳인데, 관찰사가 차린다.
- 여러 추장의 사자는 경상도에서는 두 곳인데, 한 곳은 관찰사가 직접
  차리고, 한 곳은 수령이 차리며, 충청도와 경기도에서는 각각 한 곳인
  데, 관찰사가 직접 차린다. 돌아갈 때도 이와 같다.
- 절도사의 특송사자에게는 경상도와 충청도에서 각각 한 곳이다. 돌아갈
  때도 이와 같다(수령이 차림).
- 여러 추장의 사자 이하는, 일기도 이외의 사람에게는 경상도와 충청도
  에서 각각 한 곳이고, 대마도 사람에게는 경상도 한 곳뿐이다. 돌아갈
  때도 이와 같다(수령이 차림).
- 관찰사의 연회물품은 삼포 선위사의 연회와 같고, 수령의 연회물품은
  삼포 차사원의 연회의 물품과 같다(국왕의 사신 이하도 이와 같음).11)

한편 상경왜인들은 모두가 경기도 광주를 거쳐서 한강에 이르게 되는데,
서울에 들어오기 위해서는 한강을 건너야 했다. 이들이 한강을 건너면 곧바
로 영접을 하며 환영연회를 베풀었다.

- 국왕의 사신은 한강에서 영접하여 연회한다. 上官人·副官人에게는 車食

---

10) 『해동제국기』, 上京道路, 152쪽.
11) 『해동제국기』, 路宴, 156쪽.

七果床을 차리고, 정관 이하는 車食五果床을 차리는데, 모두 네 가지 點點果와 油密果 五星二部·실과·나물과 고기를 교합한 오성이부(이상은 예빈시에서), 大肉 乾猪 3마리(사재감), 술(사온서) 등을 차린다.

- 여러 추장의 사자가 처음 사관에 도착했을 때의 영접 연회물품은, 국왕 사신을 한강에서 영접하는 연회의 물품과 같다. 돌아갈 때에는 모두 한강에서 전송한다.[12]

조선시대 외국의 사신이 入京을 하는 경우, 반드시 정해진 입경로가 있었는데, 왜인의 경우는 光熙門을 통해서 입경하도록 되어 있었다. 따라서 왜인들은 광주에 이르게 되면 두무깨(豆毛浦 : 옥수동)나루로 한강을 건넌 다음, 소위 시구문으로 알려진 광희문을 통해 도성 안으로 들어왔다.

3. 東平館과 접대

서울에 입경한 왜사들은 일단 왜인들의 전용 숙소인 동평관에 여장을 푼다. 당시 서울에는 입경하는 외국사신을 위한 여러 客舍가 있었는데, 입국 왜인을 위한 숙소가 동평관이었다.

동평관의 설립에 관하여는 1409년(태종 9) 2월에,

민무구와 민무질의 서울에 있는 집을 헐어서 그 재목과 기와로 東平館과 西平館을 짓고, 그 값을 주도록 명하였다.[13]

는 기록을 통하여 볼 때, 1409년에 처음 지었음을 알 수 있다. 그런데 동평관과 서평관은 서로 다른 위치에 있는 것이 아니라, 한 장소에 두 건물이

---

12) 『해동제국기』, 京中迎餞宴, 156쪽.
13) 『태종실록』 권17, 9년 2월 기해.

있었기 때문에 그 명칭이 혼란이 되어 1438년에는 동평관을 동평관 1소, 서평관을 동평관 2소로 부르도록 하였다. 동평관의 위치에 관하여는 현재 자세히 알 수는 없으나, 여러 기록에 南部 樂善坊 倭館洞[14]으로 되어 있는 것으로 보아, 지금의 중구 충무로4가 부근으로 추측된다. 동평관의 정확한 위치에 관하여 서울문화사학회의 김영상 회장은 지금의 중구 인현동 2가 192번지 일대로 충무로 4가 파출소 북쪽에서 덕수중학교 앞에 이르는 중간 지점쯤에 해당된다고 하였다.[15]

동평관의 규모에 관한 기록은 전혀 남아 있지 않아서 알 수 없지만, 실록에 의하면 1496년(연산 3) 10월 14일 「동평관의 왜인이 모두 58인인데……」라는 기록과 1509년(중종 4) 2월 7일 「동평관 왜인 40여인이……」라는 기록이 있어 적어도 50여인 정도는 한 번에 머물 수 있는 크기였다고 생각된다. 그러나 이곳은 항상 비좁았던 모양으로, 1422년(세종 4) 11월 일본국왕사 圭籌일행 135명이 상경하였을 때는 동평관과 서평관 외에 墨寺라는 절을 객사로 이용하였으며, 이후에도 인원이 많을 때는 묵사가 왜인객관으로 이용되었던 것 같다. 그래서 1434년에는 동·서평관을 합하여 하나의 관으로 하고, 관의 남쪽에다 두 곳을 더 짓도록 하였으며[16), 1445년에 묵사를

---

14) 『通文館志』에는 「館于東平館 館在南部 樂善坊 今之 倭館洞也」로 되어 있으며, 『新增東國輿地勝覽』에는 「東平館 在南部樂善坊 待日本諸國使」, 『宮闕志』에는 「東平館 在南部樂善坊 接待日本諸國使之所 今廢」, 『文獻備考』에 「東平館 在南部 樂善坊 接待日本使之所 今廢」, 『東國輿地備考』에 「在南部樂善坊 國初置 接待日本諸國使之所 壬辰兵燹燬遂廢 今稱其地爲 倭館洞」, 『漢京識略』에 「東平館 在南部薰陶坊 接待日本使之所 今廢」라고 되어 있다.

15) 김영상, 『서울六百年』 제2권, 한국일보사, 1995, 129쪽.

16) 예조에서 아뢰기를, 「성상의 하교를 받자와 倭館의 禁防條件을 상고하오니 ≪六典≫에 갖추어 실려 있사오매, 謄錄을 거듭 밝혀 거행하겠나이다. 東西平館 및 墨寺에 나누어 들은 客人이 무시로 서로 찾고 서로 왕래하옵는데, 근처에 사는 사람과 모리배들이 인연을 따라 서로 통하여 몰래 숨어서 貿易을 하므로 그 폐단을 막기 어렵사오니, 동·서관을 합하여 한 館으로 하시고, 빈집을 더 짓되, 사면의 난간과 담을 높이 쌓고서, 해가 돋은 뒤에 문을 열고, 해가 질 때에 문을 닫아 출입을 엄히

해체하여 왜관을 수리하도록 하였다.[17] 그리고 왜인들의 동평관 체재기간
을 정하되, 짐의 양이 30바리 이하는 10일 이내, 40바리 이상은 20일 이내,
80바리 이상은 30일 이내로 하였다.[18]

동평관의 직제에 관하여는 監護官을 책임자로 하되, 現任 散官으로 3품이
하 6품이상으로 하며, 監護官 3인에 錄事 2인을 두되, 감호관 3인중 1인은
의금부 관원으로 임명하였다. 그리고 동평관은 5품관아로 하였다. 당초 동
평관은 단순히 상경 왜인들의 숙소였으나 점차 숙소의 기능을 초월하여 倭
人行政 일반에 이르는 업무도 담당하였다. 예를 들면 1444년(세종 26) 11월
예조에서는 동평관의 공문에 의거하여 부산포 왜인들이 동래온천에서 목욕
하는 것을 허락하였으며,[19] 1464년(세조 10) 6월, 예조에서는 동평관의 牒
文에 의하여 삼포왜인들의 동정을 보고하고 있는 것을 볼 수 있다.[20]

이것으로 볼 때, 상경한 모든 왜인들은 그들의 상경목적이 끝날 때까지

하며, 왜인의 물건을 무역하는 閑雜人 등은, 公廳에서 무역하는 때 이외에는 館內나
館外를 막론하고 客人 등과 더불어 몰래 숨어서 대화하는 자는 언제든지 즉시 구속
하여, 違令律에 의하여 과죄함으로써 潛通하는 폐단을 막게 하옵소서」하매, 상정소
로 하여금 이를 의논하게 하니, 황희 등이 의논하기를, 「예조에서 아뢴 바에 따라
시행하되, 단지 해가 돋아 밝아 올 때에만 문을 열고, 해가 져서 어두워 질 때에
문을 닫는 것이 어떻겠습니까」 하고, 허조는 의논하기를, 「마땅히 예조에서 아뢴
바에 따라 동·서관을 합쳐서 한 館으로 만들고, 빈집을 더 짓되, 사면의 난간과 담
을 높이 쌓아서 출입의 금지를 엄하게 하고, 단지 그 體制만은 신이 지난해에 중국
에 갔을 때에 본 바, 金陵館舍의 제도를 생각하옵건데, 會同館의 북쪽에 나아가면
客館을 4區에 나누어졌으되, 구마다 각각 前後廳이 있고, 廳의 좌우에는 침실이
있으며, 또 각각 대문이 있고, 後廳으로부터 대문 좌우에 이르는 곳에는 각각 行廊
이 있어, 이름을 「吳蠻驛」이라 하였는데, 제1소·제2소·제3소·제4소가 함께 한 담
안에 있었습니다. 이제 이 제도에 의하여 舊館은 그대로 두고 관의 남쪽에다가 두
곳을 더 지어, 舊館과 아울러 네 곳[所]이 되게 만들되, 관의 크고 작음은 땅의 형편
에 따라서 참작하여 배치하여 짓게 하옵소서.」하니, 허조의 의논에 따랐다.

17)『세종실록』권64, 16년 6월 기사, 권110, 27년 11월 정축.
18)『세종실록』권82, 20년 9월 갑오.
19)『세종실록』권106, 26년 11월 병자.
20)『세조실록』권33, 10년 6월 병신.

는 동평관에 머물면서 지냈으며, 조선측에서 정한 규율에 따라 행동이 제한
되었음은 물론이다. 예를 들면 동평관에 머무는 동안 왜인들은 5일에 한 번
씩 식량과 연료 등을 조선으로부터 무상으로 지급받았다.[21] 그리고 이들에
게는 예조에서 정해진 규정[22])에 의하여 공식적인 연회를 베풀어주었으

21) 국왕사신에게는 早飯과 세끼 식품이 삼포에서와 같다. 식품을 그냥 받기를 원하면,
조반은 익힌 음식으로 주고, 나머지 세 끼니는 5일에 한 번씩 합해서 준다. 정관
이상은 한 사람에게 中米 2말, 黃豆 6말(船主押物侍奉은 콩 5말), 밀가루 7되, 마른
고기 150개, 조기 5마리, 청어 20마리, 새우젓 3되, 준치 2마리, 생선 5마리, 소금
5홉, 참기름 2홉, 간장 3되, 초 1되 5홉, 미역 10냥, 芥子 2홉, 차 2홉이다. 僧에게는
생선과 젓을 빼고 참버섯, 표고버섯, 죽순, 吾海召 각 5홉씩을 준다. 청주는 3병, 땔
나무 35근, 탄은 2월부터 9월까지는 2말 5되, 10월부터 정월까지는 5말 5되를 준
다. 수행원은 한 사람에게 중미 2말, 황두 4말, 메밀 5홉이고 나머지는 위와 같다.
여러 추장의 사자는 조반과 세끼 식품을 그냥 받는데, 국왕사신의 예와 같다. 대마
도 특송절도사의 사자도 또한 국왕의 사신과 같다(도급할 적에는 밀가루·말린 고
기·준치·생선·차·참버섯은 없음). 여러 추장의 사자 이하는 1일 두끼 식품을 그냥
도급받는데, 중미 1말 5되, 황두 3말(수행원은 2말), 청주 2병이고, 잡물은 특송사
의 예와 같다. 조반은 익힌 것으로 대접한다. 싸리 홰는 국왕사신에게는 매일 3자
루씩 제공한다(『해동제국기』 앞의 책, 157쪽, 京中日供).
22) 국왕사신의 연회의식은 兼判書·判書·參判은 동벽에서 交椅에 앉고(각기 차례대로
조금씩 뒷편으로 가서 앉음), 상관인과 부관인은 서벽에서 교의에 앉는다. 정관은
서벽 뒷줄에, 수행원은 月臺 위에서 북쪽을 향하여 모두 승상에 앉는다. 객사는 서
쪽 협문으로부터 들어와서, 겸판서·판서·참판 앞에 나아가 모두 재배하고(모두 답
배한다), 각기 자리에 나아가서 앉는다. 정관은 서쪽 뜰로부터 들어오고, 서쪽 섬돌
로 올라가, 동벽에 나아가서 재배하고(답배는 없음), 수행원은 중앙 섬돌위에 나아
가서 북쪽을 향하여 재배하고, 각기 자리에 나아가서 앉는다. 연회가 끝나면 각기
재배하기를 처음의 의례와 같이하고 나간다. 여러 큰 추장 사신의 연회의식은 겸판
서는 북벽에, 판서는 동벽에, 참판은 조금 뒷편에서, 모두 교의에 앉고, 상관인과
부관인은 서벽에, 정관은 뒷줄에, 수행원은 월대 위에서 모두 승상에 앉는다. 상관
인과 부관인은 서쪽 섬돌로 들어와서, 겸판서 앞에 나아가서 재배하면, 겸판서는
읍으로 답한다. 또 동벽에(판서·참판에게) 나아가서 재배하기를 위와 같이 하고,
자리에 나아가서 재배한다(모두 답례는 없음). 수행원은 중앙 섬돌위에 나아가서
북쪽을 향하여 재배하고, 동쪽을 향하여 재배한다. 각기 차례대로 자리에 나아가
서, 각기 술잔을 드리고 연회를 행한다. 연회가 끝나면, 각기 재배하기를 처음의 의
례대로 하고 나간다. 여러 추장의 사신의 연회의식도 우두머리 추장의 사신의 연회

며23), 사신과 사자들에게는 3일에 한 번씩은 주간에 술대접을 하였다.24) 숙
배일이 정해지면 궐내에 입시하여 국왕에게 배알하는데, 국왕의 숙배 때에
도 궐내에서 공식적인 연회25)를 베풀어주었으며, 특별히 선물도 주었다.26)

의식과 같다(답배는 없음)(『해동제국기』앞의 책, 165쪽, 禮曹宴儀).
23) 국왕사신의 위로연은 상관인·부관인은 散子(모시로 만든 조화) 외에 小一果四行床,
紵布花를 차리며(勸花도 같음), 정관은 長車食四行床, 紙花를 차린다(勸花도 같고 수
행원도 또한 같음). 예조 당상관은 馬蹄車食三行床을 차리며, 수행원은 馬蹄車食九果
床을 차리는데 모두 네 가지 탕과 點點果(이상은 예빈시에서)·大肉(司畜署에서 줌은
떡을 주는데 예빈시에서 맡음)·술(사온서에서)이 있다. 기생 2명은 常例의 배이며,
近枝使令 30명은 모두 皂隷의 의관을 착용한다(병조에서 맡음). 전송하는 연회도
이와 같다. 여러 추장의 사자는 국왕사신의 예와 같다. 대마도 특송과 구주절도사
의 사자에 대한 연회물품은 국왕사신과 같으며 紙花도 있다(권화도 같음). 여러 추
장의 사신이하는 상관인은 長車食四行床을 차리고, 수행원은 마제거식구과상을 차
리는데, 모두 네 가지 탕과 점점과·대육이 있고 지화도 있다(『해동제국기』위의
책, 159쪽, 禮曹宴).
24) 국왕사신에게는 3일에 한 번씩 차린다. 상관인·부관인·정관·對客(禮賓寺正이 사고가
있으면 內資寺正이나 內贍寺正이 대행함)은 거식칠과상을 차리고, 수행원에게는 거
식오과상을 차리는데, 모두 세 가지 탕·點點果(예빈시에서 차림)·술(사온서에서) 등
을 차린다. 여러 추장도 국왕의 사신과 같다(『해동제국기』위의 책, 157쪽 晝奉杯).
25) 국왕의 사신은 진상 숙배한 다음에 궤향한다. 상관인·부관인은 茶食외에 안주를 차
리고, 小一果四行床에 絲虛乙巨皮·絲表花纓絡·炷香具를 배설하며, 正官對客(내시부관
원)은 馬蹄車食 안주를 차리고 四行床을 배설한다. 수행원 대객은 마제거식 구과상
을 차리는데, 모두 네 가지 탕·점점과·술·대육을 차린다. 하직 숙배할 때의 궤향도
진상 숙배의 예와 같다. 여러 추장의 사자는 국왕 사신의 예와 같다. 대마도 특송
사신과 구주절도사의 사신은 상관인·부관인에게는 다식 외에 안주를 차리고, 小一
果四行床을 배설한다. 허을거피는 국왕사신의 예와 같다. 대객정관은 마제거식사행
상을 차리고, 수행원은 마제거식구과상을 차리는데, 모두 네 가지 탕·점점과·대육
을 차린다. 수행원대객은 마제거식구과상을 차리는데, 모두 네 가지 탕·점점과·건
대육을 차린다(『해동제국기』위의 책, 158쪽, 闕內宴).
26) 국왕의 사신은 상관인·부관인에게는 각각 아홉새 검은 무녕 장삼 한 벌(홑과 겹은
철에 따름), 아홉새 흰무명 장삼 한 벌, 아청색 비단으로 안 넣은 남초 승관 하나,
검은 말가죽 운혜 한 켤레, 아홉새 명주·흰모시·검은 삼베 각 한 필을 준다. 여러
큰 추장들의 사자에게는 국왕사신의 예와 같다. 구주절도사의 사자에게는 의복·
관·신이 국왕사신의 예와 같다(나머지는 물품이 없음)(『해동제국기』, 위의 책, 160

배알이 끝나면 가져온 물건들을 進上하였고, 조선에서는 진상품에 대하여 回賜의 형식으로 하사품을 주었으며 이 방법을 통하여 공무역이 이루어졌다. 그리고 정해진 기일이 지나면 상경하였던 길을 되돌아가는데, 역시 정해진 규정에 따라서 환송연으로 下程과 別下程이라는 연회를 열어주었다.[27]

그렇다면 조선정부에서는 왜, 무슨 이유에서 이렇게 많은 왜인들을 상경시켜서 복잡한 절차와 비용을 들여가면서 이들을 접대하였을까.

왜인들이 상경을 하여 행하는 가장 큰 의식은 역시 국왕을 알현하고 숙배하는 일이었다. 이것은 중국에서 漢代이후 일반화된 朝貢과 같은 성격을 가진 것으로서, 조선주변의 이민족들이 조선에 臣禮行爲를 취하는 일종의 외교적인 행위로 조선에 복속하는 의미를 지닌다. 즉 조선에서는 명 이외의 주변국에 대하여는 교린정책을 취하여 왔는데, 그 교린관계의 구조와 성격을 구체적으로 살펴보면, 일본의 중앙정권인 막부장군에 대하여는 조선국왕과 對等關係를 맺지만, 그 외의 일본의 제세력과 유구, 여진에 대하여는 羈縻關係라고 하는 조선이 우위에 있는 특수한 관계를 설정하였던 것이다.[28] 따라서 조선과 통교무역을 원하는 모든 자들에게는 조선이 정한 규정에 따라서 입국하여 조선국왕을 알현하는 외교적인 절차를 밟게 함으로서 조선을 大國으로 섬기는 자세를 취하게 했다. 특히 수직왜인의 경우는 반드시 연 1회 삼포를 통해 조선에 입국하여 상경을 한 후, 조선국왕을 알현하는 것을 의무화했다. 그리고 이 절차에 따라야만 무역을 허가하였으며, 그것을 公貿易이라고 했다. 따라서 이들은 무역을 위해서라도 상경을 해야

쪽, 例賜).

27) 국왕의 사신과 큰 추장의 사절은 모두 3회, 구주절도사의 사자와 특송사에게는 2회를 하는데, 매회에 술·떡·과일·소채·海菜·말린 버섯·죽순·두부·밀가루·꿀·건어육·생어육·젓·겨자·오미자·차·기름·간장·초 등의 물품을 예조에서 위에 아뢰어 급여한다. 그 회수와 물품은 접대의 후박, 인원수의 과다, 체류일수의 많고 적음으로 가감하여 작정한다. 별하정도 또한 이와 같이 승정원에서 아뢰어 물품을 급여한다(『해동제국기』 앞의 책, 160쪽, 下程).

28) 孫承喆, 『朝鮮時代 韓日關係史硏究』 제2장 1. 조·일 교린 체제의 구조와 성격 참조.

했고, 또 국왕을 알현해야만 했다.29)

왜인과 여진인(野人)이 나란히 서서 조선국왕을 알현한 기록은 1398년
정월 초하루에 처음 나온다.

> 이날 태조는 근정전에 나앉아 백관의 朝賀를 받았다. 여러 도의 軍民官이
> 각각 方物을 바치고, 吾都里의 吾郎哈 만호가 또한 방물을 바쳤다. 禮가 끝
> 나매 군신에게 잔치를 베풀었는데, 일본국 사자와 一岐·對馬·霸家臺 사자가
> 오도리 오랑합과 함께 잔치에 참여하여 매우 즐기고 파하였다.30)

고 기록하고 있다. 그후 1426년(세종 8)에는 왜인·야인 뿐만 아니라 이슬
람의 승려인 回回僧徒도 참가하여 경회루에서 이들과 함께 연회를 베풀고
있다.31) 이후의『朝鮮王朝實錄』에는 해마다 정월 초하루의 朝賀에 왜인과
야인의 모습이 묘사되어 있다. 그 수도 일정치 않은데, 많은 경우 1459년
(세조 5) 정월 초하루 조하에는 왜인·야인이 500여 인에 달하였다고 기록하
고 있다.32) 왜인과 야인의 자리 위치는 초기에는 야인이 위에 위치하였다.
그러자 1431년의 朝賀에서 왜인이 화를 내자, 이후 동서로 나누어 왜인이
동쪽(문반의 열)에 그리고 야인은 서쪽(무반의 열)에 배열하였다.33)

당시 왜인과 야인에 대한 조선인의 인식은 매우 비판적이었다. 그럼에도
불구하고 정월 초하루의 朝賀儀式에 이들을 참석시키는 이유는 무엇일까.
그것은 조선으로서는 남으로는 왜인, 북으로는 야인을 복속시켜 왕권의 장
엄함을 고양하며, 조선 중심의 中華意識을 고취시키는 것이었다.34)

---

29) 韓文鐘,『朝鮮前期 對日外交政策研究』전북대학교박사학위논문, 1996, 제3장 참조.
30)『태조실록』권13, 7년 정월 기유 삭.
31)『세종실록』권31, 8년 정월 병신 삭.
32)『세조실록』권13, 2년 1월 신미.
33)『세종실록』권51, 13년 1월 병술.
34) 高橋公明은 이렇게 형성되는 외교관계를 총체적으로「朝鮮外交秩序」라고 명명하였
    다(高橋公明,「外交儀禮よりみた室町時代の日朝關係」『史學雜誌』91~8, 1982, 67쪽).

또한 이들 왜인과 야인에게 조선이 大國이라는 인식도 심어주었다. 예를 들면 1444년(세종 26) 정월초하루에는 일본국왕사 光嚴 등 80인과 야인 浪卜兒罕 등 49인에게는 대궐 마당에서 음식을 먹였는데, 날이 저물어서는 근정전 뜰에 火棚을 설치하여 왜인과 야인에게 보게 하였다.35) 그리고 1464년(세조 10) 10월 어느날 저녁에 임금이 忠順堂에 나아가서 화포 쏘는 것을 구경하였는데, 이 자리에 야인 馬仇音波 등 21인과 왜호군 三甫郎大郎 등 3인이 입시하여, 후원과 백악산(북악산) 꼭대기에서 일시에 화포를 쏘는 것을 보았는데, 그 소리에 천지가 진동하니, 왜인과 야인이 놀라고 두려워하며 실색하였다고 한다.36)

이상의 내용으로 볼 때, 조선에서는 결국 의도적으로 이들 야인과 왜인을 상경시켰던 것이고, 국왕알현의 절차를 통하여 조선에 외교적으로 복속을 시키고, 그 대가로 무역을 허가해 준 셈이 되는 것이다.

4. 大藏經의 청구

상경하는 왜인들의 큰 목적중의 하나가 朝貢-回賜의 격식을 갖춘 공무역이었는데, 공무역에는 回賜이외에 求請이라고 하는 형식으로 그들이 필요한 물자를 지급받는 절차가 있었다. 이들 使送倭人이 구청하는 물자 중에서 특이한 것으로 大藏經이 있었다.

당시 일본은 足利幕府 시대로 접어들면서 각지에 佛寺를 창건하면서 많은 불경과 범종이 필요하였는데, 필요한 佛具의 대부분이 조선으로부터 조달되었다. 따라서 장군의 사절인 국왕사는 물론 각 지방의 호족 내지는 중소 세력가에 이르기까지 대장경의 확보에 아주 적극적이었다. 이러한 현상

---

35) 『세종실록』 권103, 26년 1월 신해.
36) 『세조실록』 권34, 10년 12월 무신.

에 대하여 1429년 통신사로 장군의 취임을 축하하기 위해 일본을 다녀온
大司成 朴瑞生은 귀국보고서에서

일본이 불교를 숭상하고 있으므로 交好하는 데 있어 증여할 물건은 佛經
보다 나은 것이 없사오니, 각처에 있는 불경을 고찰 열람하고 그 成秩 여부
를 살펴서 옛 것을 보충하도록 하고, 이를 貯藏·備蓄하여 뒷날 通好의 자료
로써 대비하소서.37)

라고 하여 일본과의 우호교린을 위하여 불경의 하사가 아주 중요한 값어
치가 있음을 역설하였다. 이는 당시 일본이 불교를 숭상하였고, 조선의 통
교상대자들이 역시 불교를 숭상하고 있었음을 시사하는 것으로, 조선의 교
섭대상이 되었던 막부의 장군이나 중소영주에게 대장경의 증여가 중요한
역할을 하고 있었음을 알 수 있다.38) 뿐만 아니라 일본에 대장경을 주는 것
은 조선이 역시 문화적으로도 大國이라는 인식을 일본인들에게 심어주기에
충분한 증거가 될 수 있었다. 그리하여 일본인들은 대장경의 청구만을 목적
으로 조선에 도항하기도 했다. 상경한 후, 국왕을 알현하였고, 그 자리에서
대장경을 하사받게 되었던 것이다. 기록에 의하면 조선왕조 건국직후인
1394년부터 1539년까지 정확히 판명되는 것만도 청구횟수는 78회 이상이
었고, 50질 이상의 대장경이 왜인들에게 하사되어 일본에 전해졌고, 그 일
부는 지금까지도 일본 내에 전해지고 있다.39)

---

37) 『세종실록』 권46, 11년 12월 을해.
38) 대장경의 청구와 조선의 입장에 관하여는 村井章介, 「≪倭人海商≫の國際的位置」 『ア
    ジアのなかの中世日本』, 校倉書房, 1988, 羅鐘宇, 『韓國中世對日交涉史研究』 제7장, 원
    광대학교 출판부, 1996 참조.
39) 예를 들면 1482년(성종 13) 일본국왕사 榮弘이 大和國 圓成寺에 기부하기 위해 조선
    으로부터 받아갔던 大藏經은 德川家康의 손을 거쳐서 지금은 東京 시내 芝의 增上寺
    에 현존하고 있다(앞의 村井章介 책, 336쪽).

『조선왕조실록』에 기록된 대장경 청구에 관한 기사를 도표화하면 다음
과 같다.

〈표 2〉 大藏經의 請求와 回賜 일람표

청구년	청구자	사자	가부	출전
1394	今川了俊		○	태조 3-12 신묘, 4-7신축
1396	大內義弘	通竺·永琳	○	태조 5-3 병슬
1397	源道鎭		×	태조 6-12 정미
1398	多多良義弘大夫人	靈智	×	태조 7-12 신미
1399	足利義滿		×	정종 원-5 을유
1400	博多承天寺住持門公		×	정종 2-10 병오
1406	足利義滿		×	태종 6-2 무자
1407	大內盛見	通寶·仁方	○	태종 7-9 신해
1408	〃		○	태종 8-5 경오, 8 병자
1409	〃	周鼎	○	태종 9 윤4 계축, 무진
〃	斯波義將	周護·德林	×	태종 9-12 갑인, 10-1 병술
1410	一岐州知主源良喜		×	태종 10-1 을미
〃	〃		×	태종 10-4 갑자
1411	九州江州守窓滿家·沙彌源英		×	태종 11-5 병술
〃	源良喜		×	태종 11-7 갑신
〃	足利義滿		○	태종 11-10 기유, 12 정해
〃	大內盛見		×	〃
1413	源良喜		×	태종 13-2 기묘
〃	宗貞茂		○	태종 13-3 신사
〃	筑州藤公(小貳氏)	慶勝	○	태종 13-6 무오
1414	足利義持	圭籌	○	태종 14-6 신유, 7 임오
1415	大內盛見		×	태종 15-7 을묘
1416	宗貞茂·大內盛見		○	태종 16-8 기묘
1417	大內盛見		×	태종 17-9 임오, 세종 즉위년 8 무술
1419	足利義持	無涯亮倪· 平方吉久	○	세종 원-12 정해, 2-1 을사
1420	涉川滿賴		×	세종 2-12 임인, 3-정 무진

1421	涉川義俊		×	세종 3-11 을해
1422	足利義持	圭籌·梵齡	○	세종 4-11 을사, 12 을해
〃	足利義持 母	〃	○	세종 4-11 병인·을사, 12 기해
1423	涉川義俊		×	세종 5-11 무인
〃	足利義持	圭籌·梵齡	○	세종 5-12 임신, 6-2 경술
1425	足利義持	西當·梵靈	×	세종 7-4 신해, 5 무인
1432	足利義教	梵靈·而羅(次郎)	○	세종 14-5 경진, 7 임오
1434	宗貞盛		×	세종 15-3 임오
1440	大內持世	一照	○	세종 21-8 경오, 9 경술
1443	足利義勝	光嚴·祐春	○	세종 25-10 갑오, 11 기사, 26-1 경신
〃	大內教弘	德模·慶柔	○	세종 25-12 신묘, 26-1 신미, 7 임술
1445	呼子高(壹岐)		○	세종 27-3 을유
〃	宗貞盛	頓沙文	○	세종 27-5 정해
1446	大內義弘	德模	○	세종 28-6 갑인
1448	足利義成(義政)	文溪正祐	○	세종 30-4 임오, 6 을해, 8 경진
1449	宗貞盛	道門	○	세종 31-8 병인, 9 신사
1450	足利義成	景楞	○	세종 32-2 신유, 문종 즉위년-5 기유
〃	宗(博多商人)	宗金	○	문종 즉위년-12 계미
1452	足利義成	定泉	○	단종 즉위년-10 계묘
1455	琉球國王 尙泰久	道守	○	세조 원-8 무진, 4-3 무술
1456	足利義政	承傳	○	세조 2-3 갑신, 7 무진
1457	〃	全密·永嵩	○	세조 3-3 무인, 5 무자
1459	〃	秀稱	○	세조 5-6 계축, 8 임신
1460	畠山義就		×	세조 6-5 경인
〃	斯波義敏	寶桂	○	세조 6-9 경자
1461	琉球國 中山王	普須古·蔡璟	○	세조 7-12 무진
1462	日本國王	順惠	○	세조 8-10 경오
1470	日本國京城管領畠山	向陽	○	성종 1-8 병인
1471	琉球國王	自端西堂	○	성종 2-12 경진
1473	大內政弘	源周德	×	성종 4-8 무진

1478	久邊國主 李獲	閔富	×	성종 9-11 경신
1479	大內政弘	瑞興	○	성종 10-4 계묘
〃	琉球國王 尙德	新時羅(新四郞)·三未三甫羅	×	성종 10-7 신사
1482	日本國王 源義政	榮弘首座	○	성종 13-4 정미
〃	夷千島王遐	宮內卿	×	성종 13-4 정미
〃	久邊國主 李獲		×	성종 13-2 병오
1483	琉球國王 尙圓	新四郞·耶次郞	×	성종 14-12 정축
1485	日本國 大內政弘	元肅·朱村	○	성종 16-8 무신
1487	對馬州太守 宗貞國	宗國秀	○	성종 18-2 정축
〃	日本國王 源義政	等堅首座	○	성종 18-4 을미
〃	日本國 大內政弘	鐵午	○	성종 18-7 계해
1489	日本國王 源義政	惠仁·片剛	○	성종 20-9 임오
〃	日本國 大內政弘	慶彭首座	○	성종 21-10 임술
1491	日本國 源義材	〃	○	성종 22-8 무신
〃	琉球國王 尙圓	耶次郞·五郞三郞	○	성종 22-12 갑자
1499	日本國 源義高	正龍首座	○	연산 3-2 신축
1500	琉球國 中山王 尙眞	梁廣·梁椿	○	연산 6-11 정묘
1502	日本國(足利義材)	彌中·智瞻	○	연산 8-1 임진
〃	日本國王 源義高	周般·昌琇	×	연산 8-4 신유
1517	日本國(足利義殖)	大蔭	○	연산 12-5 기묘
1537	日本國王(足利義晴)	東陽東堂	×	중종 32-1 계사
1539	大內義隆	龍檐東堂·尊海	×	중종 34-8 정축

여기서 대장경의 청구를 위하여 상경한 예를 하나 들어보자.

『중종실록』 34년 8월 정축조에는 大內義隆의 사절인 東堂과 尊海의 상경과 中宗 알현 기사가 있는데, 이 사절이 바로 위의 도표에 나오는 대장경 청구 마지막 사절이었다. 현재 일본에는 당시 사절로 파견되었던 尊海의 기행문이 남아있는데, 이 기록에는 대장경청구의 실상이 자세히 묘사되어 있다.40)

---

40) 村井章介,「倭人たちのソウル」『韓國文化』16-6, 1994.

尊海가 일본의 博多를 출발한 것은 1538년 7월초였다. 대마도에 도착한 후, 조선에 도항할 선원을 구하였으나 쉽게 구하질 못하고, 이듬해 4월이 되어서야 겨우 人選을 마쳤다. 그만큼 조선 도항에는 기술과 조선과의 접촉에 외교적 수완이 있는 인물이 필요했기 때문이다. 5월 9일 부산에 입항한 이들은 양산-경주-영천-안동을 거쳐 영주에서 죽령을 넘어 단양-충주에 이르러서는 수로로 한강을 거슬러 올라 윤6월 8일, 서울의 豆毛浦에 도착하여 입성하여 동평관에 여장을 풀었다. 그리고 13일에는 예조에 도착인사를 한 후 進物을 봉정했다. 16일에는 예조연에서 대장경을 청구했는데, 예조로부터의 답변은 「우리나라는 불교를 숭상하지 않고, 사찰이 모두 불타버려 이제 대장경은 없다」고 하였다.

국왕 중종에의 알현은 7월 20일에 예정되었었지만, 날씨가 더워서 연기를 거듭하다가 8월 13일에야 경회루에서 실현되었다.[41] 일반적으로 국왕에의 알현은 근정전에서 이루어지는데, 당시 날씨가 무더워 연못 위에 지어진 경회루에서 이루어진 것 같다. 이어서 추석인 15일에도 국왕에의 알현이 이루어졌다. 국왕 알현 후 23일에 다시 예조연이 베풀어졌고, 그 자리에서 재차 대장경의 하사를 요청하였다. 그러나 9월 4일, 예조로부터는 진상에 대한 회사품으로 綿紬·苧布·人蔘·淸蜜·虎豹皮 등의 물품만 받았을 뿐, 정작 대장경은 없었다. 결국 13일에는 서울을 출발하여 귀로에 올랐다. 일년 이상의 대장경 청구노력이 수포로 끝나고 말았다. 이 기행문은 「고려(조선)에 가도 대장경은 없다」는 말로 끝을 맺는다. 이 기록의 결과인지 이후 다시는 조선에 대장경을 청구했다는 기록은 찾아볼 수가 없다.

---

41) 『중종실록』 권91, 34년 8월 정축.

5. 密貿易의 실태

한편 서울에 왔던 또 다른 형태의 왜인들은 앞서 언급한 바 있는 來住倭人 집단이었던 향화왜인과 수직왜인들이었다. 그들 가운데 최초로 이름을 알 수 있는 인물은 1396년 12월에 상경한 疚六인데, 그는 태조에게 숙배를 하는 자리에서,

> 전하께서 항복하는 자를 어루만져 안정시켜 주시고 지난날의 악한 것을 생각치 않으신다기에 토지를 청해서 백성이 되고자 합니다.

고 아뢰자, 태조는

> 가는 자는 붙들 필요가 없고 오는 자는 거절할 필요가 없는 것이니, 너의 거취는 오직 너의 마음에 있는 것이다.[42)

고 하며 묵고 있는 곳에서 연회를 베풀어주도록 하였다. 그리고는 疚六에게는 「宣略將軍 龍驤巡衛司 行司直兼海道管軍民 万戶」의 무관벼슬을 내려주었는데, 이것이 수직왜인의 효시가 된다. 선략장군은 종4품의 관직으로서 파격적인 대우를 한 것이다. 그후 疚六은 1397년에 두 번에 걸쳐서 米豆 100석을 하사받았고, 1398년에는 藤六으로 개명하여 「宣略將軍 行中郎將」에 임명되었다.

수직왜인 羅可溫의 경우는 1397년(태조 6) 4월 兵船 24척을 몰고 투항한 후, 일행 80인중 12인을 데리고 상경할 것이 허락되었다. 羅可溫 일행은 상경한 후 근정전에서 조하를 할 때는 동8반의 班頭에서 태조를 알현하였는데, 당시 조하의 자리에는 서반의 같은 열에 섬라곡(태국) 사자들이 있었

---

42) 『태조실록』 권10, 5년 12월 을사.

다.43) 이때 羅可溫은 선략장군에 수직되었고, 7월에는 그의 아들이 죽자 왕
명에 의하여 장례를 치루기도 했다. 이듬해에는 疚六과 함께 林溫으로 개명
하였고 「宣略將軍 行中郞將」이 되어 조선군에 편입되어 왜구격퇴의 공을
세우기도 했다. 그후 1411년에는 老病을 이유로 대마로 돌아가는 것이 허락
되었다.

또 하나의 예로 1397년 8월에 왔던 대마의 중 平原海는 의술이 있어 전
의감 박사에 수직되었다. 1403년에는 노비 2구가 하사되었고, 1408년에는
태종의 치료에 효험이 있어 판전의감사(정 4품)에 승진되었다. 향화왜인들
에 대한 이와 같은 우대로 1416년(태종 16)에는 서울에 거주하는 향화왜인
의 수가 100인을 넘어, 정부에서는 이들을 각 도에 분치하여 농업에 종사시
키도록 했다.

> 서울에 머물러 있는 왜인을 각 도에 나누어 두어 농업을 하게 하였다. 임
> 금이 말하였다. "서울에 거주하고 있는 왜인이 1백여 명이나 되니, 이것이
> 두렵다. 또 하늘이 水旱의 재앙이 있으면 구제하기가 어렵다."44)

이같이 향화왜인을 전국에 분치한 이유는, 첫째가 치안상의 문제였고, 두
번째는 경제적인 부담이었다. 그 예로 1444년 6월, 예조에서는 서울에 있는
향화왜인들이 마음대로 유희하면서 밤에는 모여서 음주를 하고, 시가를 횡
행하며 물건을 훔치며 사람들을 구타하며 상처를 입힌다고 규탄하였다.45)

---

43) 『태조실록』 권11, 6년 4월 계미, 무자, 병오.
44) 『태종실록』 권32, 16년 8월 임오.
45) 『세종실록』 권104, 26년 6월 정해. 「예조에서 아뢰기를, "表思溫이 처음에는 우리
    조정에 숙위하려고 島主 宗貞盛의 書契를 받아 가지고 와서 訂正까지 받게 되었으
    니, 國恩을 후히 입음이 우리나라 臣民과 다름이 없었사온데, 작년 겨울에 어미의
    병으로 인하여 그 本島에 돌아가기를 고해서 賜暇를 주었더니, 그대로 오지 아니하
    여 가고 머무르는 것을 제 마음대로 하여 꺼리고 두려워하는 바가 없으며, …(중
    략)… 이제 東平館에 이르러서 支待가 늦다고 하여 通事에게 욕설을 하고, 또 밤을

그 이듬해에는 향화왜인 邊佐와 그의 아들 孝忠·孝生이 관직이 낮고, 녹봉이 적다고 불만을 토로하면서 본국으로 돌아가겠다고 하여 의금부에 감금한 일이 있었다.[46]

한편 이들에 의한 피해가 적지 않았는데, 무엇보다도 말썽이 된 것은 정식으로 허가된 公貿易 이외로 몰래 밀무역을 하는 것이었다. 실록에는 수많은 밀무역 사건이 기록되어 있으며, 왜인의 서울 거주에 가장 큰 두통거리로 기록하고 있다. 그 한 두 가지 예를 들어보자.

1411년(태종 11) 12월에는 태종의 총신 宋居信이 금은을 가지고 동평관의 왜인과 무역을 한다고 고발된 일이 있었고[47], 1414년 3월에는 훈련관에서 비 때문에 동평관내에서 武經을 행하는데, 서평관에서 술을 마시고 있던 宗貞盛의 사인 沙蒙古老가 강의실에 뛰어 들어와 제지하던 문지기를 칼로 찔러서 상처를 입히는 사건이 발생하기도 했다. 어찌보면 간단한 사건인 것 같지만, 이 사건으로 인하여 통사 崔古音龍과 서평관 녹사 河泚가 함께 구금되었고, 宗貞盛의 사자가 귀환할 때에 巡禁司의 보고에 「최근 왜관에서 금물을 밀매하는 자가 급증하고 있으며, 고관이 관련되어 있다」고 한 것을 보면, 이 사건도 밀무역과 관련이 있는 것으로 짐작하기는 어렵지 않다.[48]

타서 담을 뛰어넘어 城中을 橫行하여, 종적이 괴상하오며 心志가 측량하기 어렵습니다. 本曹에서 불러서 오라 한즉, 말하기를, '나는 이 나라 사람이 아니다.'하고, 드디어 항거하고 오지 않았으니, 橫逆이 막심하옵니다. 이로써 보게 되면 나라를 배반하는 情迹이 드러났을 뿐만이 아니오라, 이런저런 핑계로 장차 혼란을 꾸미려는 것을 환하게 의심할 바가 없사오니, 청하옵건데, 추핵하여 미리 방비하게 하소서." 하니, 의금부에 내려 국문하게 하였다」.

46) 『세종실록』 권103, 26년 1월 정사.「向化한 왜인 副司正 邊佐와 그 아들 邊孝忠·邊孝生을 의금부에 내려 국문하였으니, 佐 등이 직위가 낮고 녹봉이 박함으로써 忿怨을 일으키고 本土로 돌아가려 하였기 때문이었다」.

47) 『태종실록』 권22, 11년 12월 기사.「사헌부에서 礪良君 宋居信의 죄를 청하였다. 송거신이 금하는 물건인 金銀을 사용하여 倭館과 무역한 일이 발각되었다. 憲司에서 청하니, 논하지 말라고 명하였다」.

48) 『태종실록』 권27, 14년 3월 정유.

특히 이러한 밀매에는 동평관의 房守가 직접 관여가 되었으므로 조선에
서는 방수의 임명에 특히 여러 가지 규율을 정하기도 했다.[49] 뿐만 아니라
이러한 밀매의 급증 때문에 조선정부에서는 한때 왜관을 성밖으로 옮겨 왜
인을 입성시키는 것을 금지하려고 한 적도 있었다.

그후에도 입경왜인들에 의한 밀매사건은 끊이지 않았는데, 1429년 4월에
는 왜통사 洪成富가 왜관에서 금은을 밀무역하던 상인 金生彦을 부추기어
왜통사 李春發을 살해하는 사건이 일어났다. 왜관 밀무역을 둘러싼 이권이
불러일으킨 살인사건이었다. 정부에서는 이 사건을 계기로 왜관에서 공무역
을 하는 상인이 통사나 사령과 공모하여 금물을 밀매하는 것을 방지하기 위
하여 「禁防條件」 6개조를 정하였다. 그 내용을 소개하여 보면 다음과 같다.

> 一. 상경중에 왜인이 한강이나 숙소에서 밀매를 하기 때문에, 상품의 수
>   량을 확인할 것이며, 서울의 왜관에서는 禁亂官과 錄事가 포소에서는
>   使員이 客人과 대좌하여 거래를 감시할 것.
> 一. 禁物의 명목을 金銀·彩花席·苧麻布·豹皮·銅錢 등으로 정할 것.
> 一. 밤에 은밀히 이루어지는 밀매를 방지하기 위하여 금난관을 1관에 2인
>   으로 증원하여 교대로 숙직을 하면서 감시를 강화할 것.
> 一. 왜관의 房守·使令이 재임명되어 倭語를 배워 밀무역에 손을 대기 때
>   문에 사령은 초임자로 임명하고, 방수는 各司의 노비를 윤번으로 교
>   대할 것.
> 一. 通事·使令이 밀무역에 관여했을 때에는 禁亂官·掌務官·錄事에게도 죄
>   를 물을 것.

---

49) 『성종실록』 권90, 9년 3월 무인. 「예조에 전지하기를, "東平館의 倭客人의 房守를
거듭 지낸 사람은 약간 왜말을 알아서, 몰래 貿易을 감행하고 事機를 누설하여, 관
계되는 바가 가볍지 않다. 그런 까닭에, 아직 방지기를 지내지 않은 사람으로 하여
금 방지기를 시키되, 각 官司의 奴子를 輪番으로 정해서 보내도록 이미 정한 법이
있는데, 관리들이 법을 받드는 것이 能夷해져서, 그 폐해가 왜인이 돌아갈 때에 房
守奴子들이 그 家人을 데리고 술과 안주를 가지고 문밖까지 나가서 대접하는 자가
있기에까지 이르렀다. 이러한 조짐이 자라서는 안되니, 이제부터는 법을 거듭 밝혀
거행하고, 관리가 법대로 奉行하지 않는 자는 制書有違律로 論罪하라." 하였다」.

　一. 공정가격에 의하지 않고 거래한 倭物에 대하여는 금난관이 금물이나
　　위반행위의 유무를 사찰할 것.

　이 법령은 『六典謄錄』에 수록되어 있는 것인데, 1434년에는 이것을 참고
로 하여 다음과 같은 조치가 검토되었다. 즉 동·서평관을 합치고 건물을 증
축할 것, 일출에 문을 열고 일몰에 문을 닫으며 출입을 엄격히 통제할 것,
공청무역을 제외하고 왜인과 말을 하는 자는 관내외를 막론하고 엄벌에 처
할 것 등이었다.[50]

　그러나 동평관을 중심으로 한 밀무역은 끊이지 않았고, 16세기에 들어오
면 더욱 극성을 부리게 된다. 예를 들면 1540년에는 왜관의 胥吏·庫直·庫子
등이 스스로 왜물을 상인에게 가지고 갔을 뿐만 아니라, 왜인을 인도하여
밤중에 담을 넘기도 했으며, 밤에도 문을 열어 공공연히 밖으로 나가 상인
과 밀매하는 기회를 만들어 주기도 했으며, 단속하는 문지기들도 밀무역에
가담하는 지경이 되었다. 이것은 당시 공무역이 쇠퇴하는 상황에서 이루어
진 왜인들의 자구책이기도 했다.

6. 맺음말

　이상에서 살펴본 바와 같이 조선전기 왜인들의 상경과 서울에서의 활동
은 비록 제한적이기는 했지만 매우 다양하였다. 그러나 왜인들의 상경과 서
울에서의 활동도 1592년 4월 일본군의 조선침략으로 막을 내리게 된다. 15
만 8천 7백인의 일본침략군은 4월 12일 부산에 상륙하여 과거 왜인들이 서
울을 향했던 「倭人上京道路」로 북상하여 5월 2일, 小西行長·宗義智 등의 제
1군이 동대문 밖으로, 加藤淸正 등의 제2군은 남대문 밖에 도달하여 익일인

---

50) 『세종실록』 권64, 16년 6월 기사.

13일 아침에 양군은 성내로 진입하여 서울시내는 일본군 천지가 되었던 것이다. 당시 小西行長군에 종군했던 僧 天莉은 당시 경복궁의 모습을 다음과 같이 전하고 있다.

> 궁전은 모두 초토화되어 항우가 진나라 도읍을 불질렀던 것처럼 되었다. 길 옆에 물시계만이 화재가 난 후, 한 그루의 불에 탄 나무처럼 서있을 뿐이다.[51]

이처럼 전란에 의하여 서울은 초토화되었고, 상경왜인들의 숙소였던 동평관도 이때 불타버렸다. 임진왜란이 끝난 후 오랜 강화회담 결과 1607년 回答兼刷還使에 의하여 일본과의 국교가 다시 재개되었지만, 그후 1629년에 단 한번 일본인의 상경이 허락되었을 뿐 다시는 일본인이 서울에 올 수 없었다.[52] 조선전기 200년간 평화롭게 조선에 건너와 서울을 왕래하던「倭人上京道路」가 침략의 경로로 이용되었기 때문이었다. 그후 일본인이 서울에 다시 모습을 나타낸 것은 한말 개항기였고, 그것도 불행하게 조선을 다시 일본의 식민지로 만들려는 침략의 과정에서 이루어졌던 것이다.

---

51) 村井章介,『國境を超えて』Ⅲ 倭人群像, 校倉書房, 1997, 258쪽에서 재인용.
52) 田代和生,「寛永六年(仁祖七, 一六二九)對馬使節の朝鮮國<御上京之時每日記>その背景」(一), (二), (三)『朝鮮學報』96, 98, 101 참조.

제3장
웅천읍성과 제포왜관

1. 들어가는 말

1471년 신숙주에 의해 편찬된 『海東諸國記』의 〈熊川薺浦之圖〉는 웅천 읍성 및 제포왜관에 대한 많은 정보를 제공해준다. 1407년 부산포와 내이 포(제포) 두 곳에 왜인 입항처를 지정하면서 사료에 등장하기 시작한 제포 를 둘러 싼 관방시설은 고려말 조선초기 남해안지역에 쇄도했던 왜구 침탈 을 극복하려고 축조된 城堡(산성과 읍성)와 鎭戍(營과 鎭)의 대표적인 사례 이다.

이 글에서는 <웅천제포지도>에 등장하는 관방 시설인 웅천읍성을 비롯 한 제포일대의 영청, 영등포, 옥포, 지세포 등이 어떠한 이유에서, 언제 설 치되었으며, 이들 유적지가 갖고 있는 역사적인 의미를 재조명하고자 한다. 아울러 웅천읍성의 복원을 계기로 사라져가는 일본 관련 유적들과 남해안 관광벨트 개발의 방향도 아울러 제시해 보고자 한다.

2. 약탈에서 통교의 시대로

1) 왜구의 약탈

고려 말, 한반도에 대한 왜구의 약탈이 본격적으로 시작되는 것은 1350 년부터이다.

『고려사』에는,

> "왜구가 固城·竹林·巨濟 등지를 노략질했다. 합포 천호 최선과 도령 양관
> 등이 이를 격파하고, 3백여 명의 적을 죽였다. 왜구가 우리나라에 침입한 것
> 이 이때부터 시작되었다."(『고려사』 권37. 충정왕 2년 2월)

고 기록하여, 1350년부터 왜구의 약탈이 시작된 것으로 기록하고 있다.
그러면 1350년부터 시작된 왜구침탈의 규모는 어느 정도일까.

『고려사』에 등장하는 몇 차례의 예를 들어 보자.

> 1352년 9월 2일(임신)
> "왜적의 배 50여척이 합포를 노략질했다."

> 1363년 4월 20일(기미)
> "왜선 213척이 교동에 침입했다."

> 1380년 8월
> "왜선 500척이 진포(鎭浦) 어귀에 들어와 … 각 주군으로 흩어져 들어가
> 서 마음대로 불 사르고 노략질하니, 시체가 산과 들을 덮었다."

위의 기록을 보면, 왜구는 적을 때는 50척, 많을 때는 500척에 이르렀다.
일본 동경대학 사료편찬소에 소장되어 있는 『倭寇圖卷』[1]의 그림을 기준
으로, 배 한척에 평균 20명을 잡으면 500척이면 1만 명이라는 계산이 나온

---

1) 16세기 중반, 명나라 화가 仇英이 세로 32cm, 가로 520cm의 비단 두루마기에 그린
그림. 원래 제목은 『明仇十洲臺灣奏凱圖』라고 되어 있는데, 십주는 화가 구영의 호
다. 그림은 왜구 선단의 출현, 상륙, 형세의 관망, 약탈과 방화, 명나라 사람의 피
난, 왜구와의 접전, 승전보, 명나라 관병의 출격이라는 순서로 총 8장면으로 구성되
어 있다.

다. 이 규모는 이미 약탈의 수준을 넘어서 고려의 정규군이 막아야 할 지경이었다. 뿐만 아니라 1377년에 왜구는 양광도(지금의 경기도)를 침입하여 수도인 개경을 공격하려고 했기 때문에, 수도를 더 깊은 내륙지방으로 옮기자는 논의도 있었다.[2]

1350년부터 시작된 왜구의 침구횟수는 어느 정도였을까. 기존 연구에 의하면, 나종우는 1223년부터 1392년까지 169년간 총 530회, 특히 1350년부터 40년간 516회로 기록했다. 이현종은 같은 기간 중 395회, 다나카 다케오는 471회를 기록했다.[3]

한편 어느 지역을 얼만큼 약탈했을까. 왜구의 약탈지역에 대해『고려사』에는 다음과 같이 기록했다.

> 1357년 5월 14일(무자)
> 왜가 교동에 침입하였으므로 서울(개경)이 계엄중에 있었다.

> 1355년 3월 14일(경자)
> 왜가 전라도를 노략질했다.

> 1359년 2월 29일(임진)
> 왜가 海南縣을 노략질했다.

> 1361년 4월 16일(병신)
> 왜가 고성, 울주, 거제를 노략질했다.

---

2)『고려사절요』권30, 신우 3년(1377) 5월.
3) 羅鍾宇의 통계(『韓國中世對日交涉史研究』, 원광대학교 출판국, 1996, 126쪽)
   田村洋幸의 통계(『中世日朝貿易の硏究』, 三和書房, 1967, 36~37쪽)
   田中健夫의 통계(『中世海外交涉史の硏究』, 東京大學出版會, 1957)
   제1장의 7쪽 일람표 참조.

1378년 6월

왜가 청주를 침범했는데, 그 기세가 강성하여 아군이 소문만 듣고도 도망쳤다.

1380년 3월

왜가 삼척, 울진, 우계현에 침입하다. …왜적이 영월, 예안, 영주, 순흥, 보주, 안동 등 고을에 침입하다.

물론 위의 기사는 극히 일부분이지만, 이 내용만으로 보아도, 왜구는 남해 및 서해는 물론 동해안이나 내륙 깊숙한 지역까지도 약탈을 감행하고 있다.

그렇다면 왜구는 무엇을 약탈했던 것일까. 왜구의 침탈지역은 남해안지역의 섬과 경상도의 낙동강, 전라도의 섬진강 곡창지대, 그리고 농산물의 집산지였던 漕倉이 대상지역이었다. 즉 식량을 약탈해 갔던 것이다. 그 외에도 소와 말 등 가축의 약탈이었고, 노동력으로 활용할 수 있는 사람을 납치해 갔고, 부녀자와 어린아이를 살해했다.4) 그리고 관청을 습격하여 방화하였다. 왜구가 극심했던 1382년에는 "서너 살짜리의 여자아이의 배를 갈

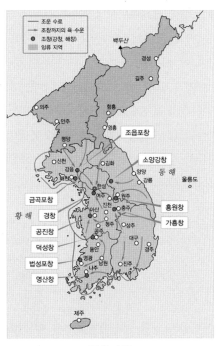

조창지도

---

4) 손승철, 「조선시대 『행실도』에 나타난 일본의 표상」 『한일관계사연구』 37, 2010 참조.

라 내장을 꺼내고 쌀을 넣고 고사를 지낸 뒤 그 쌀로 밥을 해 먹었다."는 기
록도 있다.5) 그 밖에도 사찰의 종이나 벽화, 불화 등 수많은 문화재를 약탈
해갔다.6)

2) 통교의 시작

고려 말 왜구가 한반도를 약탈하던 시기에 일본으로부터 通交를 위한 遣
使는 1379년부터 시작된다. 고려에서는 왜구금압을 위해 1366년부터 1379
년까지 6차례에 걸쳐 室町幕府와 九州探題에게 사신을 파견했고, 그들이 귀
국할 때에 日本使臣이 4차례에 걸쳐 동행했지만, 고려사신과 별도로 일본에
서 단독으로 사신을 파견한 것은 1379년 僧 法印의 기사가 처음이다.7) 그
러나 이 기록만 가지고는 누가 무슨 목적으로 파견했는지를 알 수는 없다.

이후 『고려사』와 『고려사절요』에는 1383년 9월부터 일본으로부터 총 10
회에 걸쳐 日本으로부터 왕래가 있었다. 그런데 총 10회 중 유구국에서 2회
견사했고, 나머지 8회중 九州節度使 源了俊이 견사한 것이 3회이고, 5회는
견사의 주체를 알 수 없다. 아마도 源了俊일 것으로 추측된다. 이로 볼 때,
고려말 왜구의 약탈로부터 통교시대로의 전환은 九州節度使 源了俊이 주도

---

5) 『태조실록』 권1, 총서. 「辛禑 6년(1380) 경신 8월, 왜적의 배 5백 척이 鎭浦에 배를
   매어 두고 下三道에 들어와 침구하여 연해의 주군을 도륙하고 불살라서 거의 다 없
   어지고, 인민을 죽이고 사로잡은 것도 이루 다 헤아릴 수 없었다. 시체가 산과 들
   판을 덮게 되고, 곡식을 그 배에 운반하느라고 쌀이 땅에 버려진 것이 두껍기가 한
   자 정도이며, 포로한 자녀를 베어 죽인 것이 산더미처럼 많이 쌓여서 지나간 곳에
   피바다를 이루었다. 2, 3세 되는 계집아이를 사로잡아 머리를 깎고 배를 갈라 깨끗
   이 씻어서 쌀·술과 함께 하늘에 제사지내니, 三道 연해 지방이 쓸쓸하게 텅 비게
   되었다. 왜적의 침구 이후로 이와 같은 일은 일찍이 없었다」.
6) 『고려사』 권39, 공민왕 6년(1357) 9월 무술, 「왜적이 승천부의 홍천사에 들어와서
   충선왕과 한국공주의 초상화를 떼어 가지고 갔다」, 권41, 공민왕 14년 3월 기사.
   「왜적이 창릉에 들어와서 世祖의 초상을 훔쳐가지고 돌아갔다」.
7) 『고려사』 권134, 신우 5년(1379) 2월, <日本國遣僧法印來報聘獻土物>

했고, 그 형태는 피로인송환과 대장경청구로 시작됨을 알 수 있다. 그러나 이들 사료만 가지고 본격적인 통교가 시작되었다고 보기는 힘들다.

1392년 7월, 조선왕조 건국 후, 통교의 양상은 조금씩 달라졌다. 예를 들면 遣使의 주체가 中山王과 源了俊 이외로 확대된다. 1392년 10월에는 築州太守 藏忠佳가 견사했고, 1393년 6월에는 一岐島의 僧 建哲이 피로인 200여 인을 돌려보내고 方物을 바쳤다. 또 1392년 9월에는 유구국 외에 野人 吾良哈이 조회에 참예했고, 1393년 12월에는 동남아의 暹羅斛에서도 사신을 보내왔다. 1394년 7월에는 고려말 통교 이래 최대 규모로 피로인송환이 이루어 졌는데, 九州節度使 源了俊이 659명을 돌려보냈다. 그리고 1395년 1월에는 왜인의 투항기사가 있는데, 이들 항왜를 경상도 주군에 살도록 했다. 또 그해 4월에는 薩摩守總州가 피로인을 돌려보냈고[8], 7월에는 九州節度使 源了俊이 다시 피로인 570명을 돌려 보내며 대장경을 청했다. 이때 源了俊의 서계에는 "오늘날은 옛날과 비교하여 도둑들이 10분의 8,9할은 감소되었다"고 했다.[9] 이듬해인 1396년 12월에는 왜선 60척이 寧海에서 투항을 했고, 降倭 疚六에게 <宣略將軍龍驤巡衛司行司直兼海道管軍民萬戶>를 수직하였다.[10] 이로서 疚六은 최초의 受職倭人이 되었다. 1397년 2월에는 도평의 사사에서 "근래에 왜구의 침구가 적으므로 船軍의 역을 줄이자"고 건의하였다.

1398년 1월 1일에는 태조가 백관의 조회를 받았는데, 이 자리에 <日本國使者와 壹岐·對馬·覇家臺의 使人> 등이 참가했다. 이 시기가 되면 일본의 각 지역으로부터 왕래가 늘어나고 있음을 볼 수 있다. 아직도 왜구약탈은 계속되고 있었지만, 일본 각지의 사인들이 조회에 참석하는 것은 왜구세력들이 통교자로 전환되었음을 시사한다. 1399년 3월에는 동북면과 강원도의

---

8) 『태조실록』권7, 4년 4월 무자.
9) 『태조실록』권8, 4년 7월 신축.
10) 『태조실록』권10, 5년 12월 병오.

선군을 파하고, 경기·경상·충청·전라도의 선군을 감했다.11) 7월에는 대마
도 都摠管 宗貞茂가 서계를 보내어, 왜구가 근절되었음을 통보하기도 했
다.12) 그리고 1401년 8월에는 왜구로 인해 육지로 운반하던 남쪽지방의 조
세를 모두 水運하도록 명했다.13)

幕府將軍과의 교섭은 건국직후부터 여러차례 있었지만,14) 將軍이 단독으
로 遣使한 것은 1404년 7월부터이다. 幕府將軍은 이때부터 <日本國王> 명
의로 조선에 사신을 파견했는데, 이후 상당수가 위사의 의심은 있지만 거의
매년 <日本國王使>가 래조하였다.

이상에서 본 바와 같이 왜인의 포소입항은 이미 1379년부터 이루어지고
있고, 주로 九州節度使 源了俊과 琉球國王 察度의 遣使에 의해서 이루어졌
다. 이러한 遣使행위는 1392년 조선 건국 이후 더욱 확대되었고, 1395년부
터는 항왜도 발생했고, 그 이듬해부터는 수직왜인의 기사도 다수 확인할 수
있다. 1398년 조회에는 將軍 및 對馬·壹岐·九州의 사절이 참예했다. 이러한
使送倭人과 投化倭人의 등장은 조일관계가 본격적인 通交時代로 접어들었
음을 의미한다.

3) 浦所의 제한과 왜관 설치

포소개항에 관한 기록이 『조선왕조실록』에 처음 나타나는 것은 1407년
7월, 경상도 병마절제사 姜思德이 각포의 상황을 보고하는 글에서이다.

---

11) 『정종실록』권1, 1년 3월 갑신.
12) 『정종실록』권2, 1년 7월 기사.
13) 『태종실록』권2, 1년 8월 무오.
14) 1392년 12월(『善隣國寶記』상), 1397년 12월(『태조실록』권12, 6년 12월 계묘),
    1399년 5월(『정종실록』권1, 1년 5월 을유), 1402년 6월(『태종실록』권3, 2년 6월
    무오),

"興利倭船이 각 포구에 흩어져 정박하여 兵船의 허실을 엿보고 있으니, 실로 미편합니다. 전번에 都節制使가 의정부에 보고하여, 左右道都萬戶가 방어하는 곳에 와서 정박하도록 하였으나, 여러 섬의 왜선에게 두루 알리지 못한 까닭으로, 전과 같이 各浦에 흩어져 정박합니다. 빌건대, 각 섬의 渠首에게 두루 알리고, 行狀을 만들어 발급하여 도만호가 있는 곳에 와서 정박하게 하여, 속이고 위장하는 것을 막고 체통을 세우도록 하소서"15)

여기서 좌우도도만호가 방어하는 곳은 釜山浦와 乃而浦의 두 포구를 말한다. 즉 興利倭人이 대거 도항해 오면서, 포소입항이 문란해지자 국방상의 이유로 포소를 두 곳으로 제한한다는 내용이다. 문맥으로 보아서는 이미 시행하고 있던 규제를 강화해야 한다는 上書文이다. 따라서 포소개항 1407년 7월 이전에 이미 시행되고 있음을 알 수 있다.

따라서 이 시기까지는 일본으로부터의 통교자는 남해안의 어느 포구로든 임의로 입항했음을 알 수 있고, 이들 중 상경왜인을 제외하고는 포소에 머물렀을 것이다. 이들이 입항할 가능성이 있는 포소는 기본적으로 경상좌도의 경우, 도만호가 있던 부산포와 만호가 있던 11곳의 포구(鹽浦·西生浦·丑山浦·烏浦·通洋浦·包伊浦·甘浦·開雲浦·豆毛浦·海雲浦·多大浦)나 右道의 경우, 都萬戶가 있던 제포와 만호가 있던 8곳(加背梁·吾兒浦·永登浦·見乃梁·樊溪·仇良梁·赤梁·露梁)의 포구였을 것이다.16) 포소에 입항한 이들에게는 상거래를 위한 장소와 숙소가 필요했을 것이고, 그것이 倭館의 형태로 발전했던 것이다.

그러나 『조선왕조실록』에 의하면 포소에 왜관설치를 운운하는 직접적인 기록은 1418년 3월, "左道 鹽浦와 右道 加背梁에 각각 왜관을 설치하여 恒居倭人을 분치하여 거주하게 하자."는 기록과17) 1423년 10월 "客人이 숙박

---

15) 『태종실록』 권14, 7년 7월 무인.
16) 포소의 명칭과 위치는 『세종실록지리지』를 참조.
17) 『태종실록』 권35, 18년 3월 임자.

하고 있는 내이포와 부산포 두 곳에다가 선군으로 하여금 관사와 창고를 더 짓게 하고, 鋪陳할 器皿을 공식적으로 갖추어서 두자."[18]는 기록밖에 없다. 이 기록에 의하면 1407년 姜思德의 상서문에도 불구하고, 부산포와 내이포 두 곳만이 입항처로 지켜진 것 같지는 않았고, 1418년 단계에는 이미 恒居倭人이 포구에 倭人村을 형성하고 있었음을 알 수 있다. 결국 1418년 3월에 염포와 가배량이 추가 되었고, 1419년 6월 李從茂의 대마정벌에 의해 일시 폐쇄되었다가, 1423년 10월에 내이포와 부산포에 왜관을 더 짓게 되었고, 1426년 1월에는 염포를 추가로 지정하여[19] 소위 三浦時代가 개막된다. 따라서 이 기록들만을 가지고 포소왜관이 정확하게 언제 설치되었는가는 알 수가 없다.

한편 상경한 왜인 숙소는 東平館이었는데, 동평관의 설립에 관하여는 1409년(태종 9) 2월에, "閔無咎·閔無疾의 서울에 있는 집을 헐어서 그 재목과 기와로 東平館과 西平館을 짓고, 그 값을 주도록 명하였다."[20]는 기록을 통하여 볼 때, 1409년에 처음 지었음을 알 수 있다. 동평관의 위치에 관하여는 여러 기록에 南部 樂善坊 倭館洞[21]으로 되어 있는 것으로 보아, 지금의 중구 충무로 4가 부근으로 추측된다. 동평관의 위치에 관하여 서울문화사학회 故金永上會長은 지금의 중구 인현동 2가 192번지 일대로 충무로 4가 파출소와 덕수중학교 사이의 중간지점에 해당된다고 하였다.[22]

---

18) 『세종실록』권22, 5년 10월 임신.
19) 『세종실록』권31, 8년 1월 계축.
20) 『태종실록』권17, 9년 2월 기해.
21) 『通文館志』에는 「館于東平館 館在南部 樂善坊 今之 倭館洞也」로 되어 있으며, 『新增東國輿地勝覽』에는 「東平館 在南部樂善坊 待日本諸國使」, 『宮闕志』에는 「東平館 在南部樂善坊 接待日本諸國使之所 今廢」, 『文獻備考』에 「東平館 在南部 樂善坊 接待日本使之所 今廢」, 『東國輿地備考』에 「在南部樂善坊 國初置 接待日本諸國使之所 壬辰兵燹燬遂廢 今稱其地爲 倭館洞」, 『漢京識略』에 「東平館 在南部薰陶坊 接待日本使之所 今廢」라고 되어 있다.
22) 金永上, 『서울육백년』제2권, 한국일보사, 1995, 129쪽.

3. 웅천읍성과 『해동제국기』의 관방시설

제포는 경상남도 진해시 웅천동에 있었던 포구로, 서쪽으로는 마산의 구
산면 일대가 바다쪽으로 돌출하여 진해만을 감싸고 있고, 남쪽으로는 거제
도가 가로막고 있으며, 동남쪽으로 가덕도가 자리잡고 있어서 입지상으로
마산 - 거제도 - 가덕도로 둘러싸여 있다. 제포는 경상우도 水軍僉節制使營
이 설치되어 安骨浦·蛇梁·唐浦·永登浦·玉浦·平山浦·赤梁 등을 관할하던 곳
이었고, 근처에 莎火郞 봉수가 있고, 保平驛을 통해 金海·昌原·安骨浦 등과
이어지는 교통의 요충지이기도 했다.

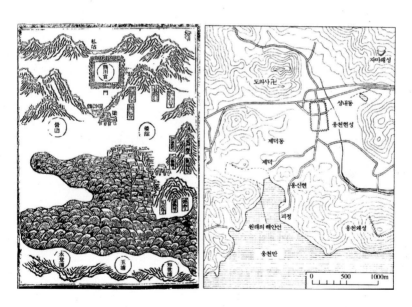

〈熊川薺浦之圖〉와 현재의 웅천(村井章介 『中世倭人伝』에서 인용)

『해동제국기』의 <웅천제포지도>를 보면, 현재의 지형과 크게 다르지 않
게 묘사되어 있다. 웅천성에서 제포왜관으로 통하는 길목에 熊神峴이 있고,

고개 길을 따라 내려가면 倭館와 倭人村이 자리잡고 있다. 현재도 웅신현고개로 아스팔트 길이 나있고, 왜관터도 그대로 남아 있어 밭으로 이용되고 있다. 왜인촌으로 묘사되어 있는 곳은 현재의 괴정동 마을이다.

<웅천제포지도>에 묘사되어 있는 관방시설로 웅천관(웅천읍성), 영청(경상우수영), 제포토성, 거제도의 영등포·옥포·지세포의 수군진이 있다. 이들 관방시설의 설치 연혁과 기능에 대해 살펴보자.

1) 熊川官

웅천관은 현재의 웅천읍성을 가리킨다. 조선전기의 읍성은 연해지역과 양계지역의 읍성, 그리고 內地읍성으로 나눌 수 있다. 연해지역의 경우 이미 고려후기에 수축된 읍성은 29개소였으며, 이들 가운데 23개소가 경상도 해안지역에 수축되었다. 이 가운데 웅천과 가까운 지역으로는 김해읍성이 포함되어 있었다. 당시 연해지역의 읍성은 두 가지 측면에서 중요한 의미가 있었다. 첫째는 왜구로부터 수집된 세수를 안전하게 보관하는 것이고, 둘째는 해상 조운로의 안전성 확보를 보조하는 역할이었다.[23]

조선시대에 들어와 조일간에 통교가 이루어지면서, 왜구문제가 점차 해결되어갔지만, 1428년(세종 10)이후, 본격적으로 읍성 수축이 이루어졌다. 이 시기 읍성 수축이 강화되는 이유는 현실적으로 조선의 대중국, 일본 관계는 안정되어 갔지만, 그에 따른 가상 적의 개념이 확고해 지면서 이것이 축성책에 반영되었다고 한다.[24]

즉 북방으로는 대중국외교가 안정되면서 野人에 대한 방비에 주력하게 되고, 남방으로는 왜구 위주의 방비시설 정비에 주력하게 되었다. 따라서

---

23) 조선전기 읍성에 관해서는 차용걸,『고려말·조선전기 대외관방사 연구』, 충남대 박사학위논문, 1988. 심정보,『한국읍성의 연구』, 학연문화사, 1995. 유재춘,『한국 중세축성사연구』, 경인문화사, 2003 참조.

24) 유재춘, 앞의 책, 115쪽.

북방에서는 邑城·鎭堡城 건설과 함께 행성이 대대적으로 축조되었고, 남방 연해지역에서는 읍성과 진보의 건설이 지속적으로 이루어지게 되었다.

이 시기 축성정책은 병조판서 崔閏德에 의해 주도되었다. 세종은 1429년 윤4월, 최윤덕을 下三道都巡撫使에 임명하였고, 최윤덕은 성곽축조에 관한 기본방침을 보고했다. 그 내용은 다음과 같다.

> "병조 판서 최윤덕이 각 고을의 城을 축조할 조건을 들어 계하기를, "하 삼도 각 고을의 성 중에서 그 방어가 가장 긴요한 沿邊의 고을들은 산성을 없애고 모두 邑城을 쌓을 것이며, 그 읍성으로 소용이 없을 듯한 것은 이전 대로 산성을 수축하게 할 것이며, 각 고을에서 성을 쌓을 때에는 각기 그 부근에 있는 육지의 州縣으로 혹 3, 4읍 혹 5, 6읍을 적당히 아울러 정하여 점차로 축조하게 할 것이며, 민호의 수효가 적고 또 성을 축조할 만하지 않 은 각 고을은 隣邑의 성으로 옮겨 함께 들어가게 할 것이며, 각 고을에 쓸 만한 옛 성이 있으면 그대로 수축하고, 쓸 만한 옛 성이 없으면 가까운 곳에 새로운 터를 가리어 신축하게 할 것이며, 각 고을에 견실하지 못한 성이 있 으면 각기 호수의 다소를 참착하여 혹은 물리고 혹은 줄여서 적당하게 개축 하게 할 것이며, 각 고을의 성을 일시에 다 쌓을 수는 없는 것이므로 각기 성의 대소를 보아서 적당히 연한을 정하여 견실하게 축조하도록 하소서"하 니, 〈이 일을〉 공조에 내리라고 명하였다."[25]

이 기본방침은 세종대의 읍성 특히 연해읍성 축조에 있어 하나의 분수령 이 되었다.

웅천읍성의 축조에 대한 논의가 처음 등장하는 것은 1434년(세종 16) 8 월이며, 웅천읍성은 내이포현성으로 호칭되었다. 당시 병조에서는 하삼도 각 지역의 수축공사와 관계하여 세종에게 보고가 있었다.

> 병조에서 아뢰기를, "청컨대, 금년 안으로 충청·전라·경상 3도의 각년에

---

25) 『세종실록』 권43, 11년 2월 병술.

시작해 쌓는 城의 마치지 못한 것을 금년 안으로 마쳐 쌓게 하옵시며, 그리고, 남해에 쌓는 성은 일찍이 선군을 부리어 쌓게 하였사오니, 극심한 추위와 장맛비와 더위와 방어하기에 가장 긴요할 때를 제외하고는 계속하여 쌓게 하고, 또 海門의 요충인 김해의 邑城도 금년에 시작하여 쌓게 하옵소서." 하니, 그대로 따랐다.26)

그러나 다음 기사를 보면, 처음에는 김해성만을 쌓으려고 했으나, 내이포에 사는 왜인이 증가함에 따라, 김해읍성과 내이포현성을 연이어 쌓도록 했으며, 성은 경상 우도의 수군을 뽑아서 쌓도록 했다.

임금이 말하기를, "허조가 아뢰기를, '乃而浦 등처에 왜인이 많이 와서 사는데, 만호 南友良이 부임하는 길에 그 수효를 기록하여 보내라고 청하였더니, 우량이 써서 보내기를, 「갑진년 이후에 와서 사는 수가 남녀 합하여 3백 60명 가량이라.」고 하였사오니, 이것으로서 보면 전에 온 것은 얼마인지 알 수 없사오며, 지금 비록 위엄을 두려워하여 투항하였사오나 마침내 믿을 수는 없습니다. 속담에 이르기를, 「뜰에서 자고 가기를 애걸하는 자가 안방을 꾀한다.」고 하오니, 이제 우리 나라가 융성하게 다스려지는 때를 당하여 왜적의 침노를 족히 염려할 것은 없사오나, 천지의 기운도 오히려 상하고 쇠함이 있고, 帝王의 정치도 다스려지고 어지러움이 서로 바뀌어지옵나니, 이제 우리 조정이 극히 다스려졌다 할지라도 천년 후에는 오늘과 같지 않을는지를 어찌 아오리까. 후환을 막고자 하면 마땅히 드러나기 전에 이를 도모하소서.' 하였으니, 내가 허조의 말을 옳다고 여기나, 그 처리할 적당한 방법을 알지 못하니 어떻게 하면 가할가."하니, 황희 등이 의논하기를,
"그들이 와서 살기를 허락한 것이 이미 오래였는데, 이제 이르러 거절하고 들이지 아니하기는 때가 늦었습니다. 또 각도에 나누어 두려면 저들이 반드시 싫어할 것이니, 진퇴가 어렵습니다. 아직 그대로 두되, 신 등이 다만 원하는 것은 금년에 먼저 김해 읍성을 쌓고 다음에 내이포 縣城 쌓아서, 만일 왜적의 변이 있거든 백성들로 하여금 옮겨 들어와서 피난하게 하옵소서." 하니, 최윤덕이 아뢰기를, "현성은 右道 수군들을 뽑아 쌓게 함이 가합

---

26) 『세종실록』 권65, 16년 8월 을사.

니다."하였다.27)

그러나 당시 웅천은 김해의 관할에 있었고, 웅신진으로 불리웠다. 웅신진
이 웅신현으로 된 것은 1451년부터이다. 즉 내이포에 왜인이 많고, 여러섬
의 객왜도 폭주하는데, 첨절제사가 수령을 겸하지도 않고, 관사도 없이 초
가집에 기숙하므로 왜인들이 업신여기므로 국가에서 진을 설치한 본의에
어긋난다는 것이다. 그 후 김해의 웅신, 완보, 천읍의 3현과 창원의 3마을을
합쳐 하나의 현을 만들어 웅천이라 호칭하고, 첨절제사로 하여금 현감을 겸
하게 하였다.

    鄭苯이 아뢰기를,
    "지금 경상도 熊神鎭 거주민 40여 인의 狀告에 인하여 신이 몸소 친히 이
鎭을 살펴보았더니, 乃而浦에 항상 거주하는 왜인뿐만 아니라 여러 섬의 客
倭도 폭주하여 환란이 눈앞에 보입니다. 실로 요해지인 까닭에 국가에서 鎭
을 설치하고 군대를 두어서 聲援으로 삼고, 군사를 엄하게 하여 위엄을 보
이게 하니, 그 염려가 지극합니다. 그러나 僉節制使가 수령을 겸하지 않기
때문에 일찍이 館舍도 없이 다만 鎭軍 1백여 인만을 인솔하고 기울어져 무
너진 초가집에 기숙하니, 고단하고 약함을 보이게 되므로, 도리어 왜인들이
가볍게 보고 업신여기는 마음을 생기게 할 뿐입니다. 그 곳의 주민은 전적
으로 관에서 보호하지 않기 때문에 만일 변이 생겨서 모이라고 호령하여
도 보존하여 지키기가 어려우니, 국가에서 진을 설치한 본의에 어긋남이 있
습니다. 金海의 熊神·莞補·川邑 3縣과 昌原의 山餘 3마을은 모두 본읍과 큰
산이 막아서 스스로 하나의 경계를 이루었으니, 하나의 읍을 따로 설치할
만합니다. 청컨대 3현과 3마을을 합하여 하나의 현을 만들어서 熊川이라 호
칭하고, 첨절제사로 하여금 현감을 겸하게 하고 관사를 지어서 인민을 모아
보호하며, 군대를 엄하게 하여 굳게 지켜서 강한 것을 적에게 보여주면 오
랜 세월 동안의 아주 안전한 계책이 될 것입니다." 하니, 명하여 이조에 내
려 政府와 함께 의논하여 아뢰게 하였다.28)

---

27) 『세종실록』 권65, 16년 8월 기유.
28) 『문종실록』 권10, 1년 11월 병진.

따라서 이 사료에 의하면 웅천현의 설치는 1451년 11월이었다. 그 후 1453년 7월에 체성을 증축하고 성 밖에 해자를 조성하였고29), 1457년 1월에 삼도순찰사 박강이 웅천읍성이 협소하여 서쪽에 다시 축성할 것을 건의하여 시행하였다.30) 1460년에도 경상도도체찰사의 건의에 의하여 증축을 논의한 바 있으나 더 이상의 증축은 이루어지지 않은 것 같다.31)

2) 營廳

제포성지로 불리고 있는 영청은 '경상우수영'을 말한다. 1454년에 편찬된 『세종실록』 지리지에 의하면,

> "右道水軍都安撫處置使는 거제 吾兒浦에 있다.【병선 28척, 군사 2천 6백 1명이다. 예전에는 薺浦에 있었는데, 금상 원년 기해에 대마도를 쳐서 파하고 처치사를 이곳으로 옮기도록 명하였다.…】"

고 기록되어 있다. 따라서 원래는 제포에 있었던 경상우수영을 1419년에

---

29) 『단종실록』 권7, 1년 7월 갑술.
30) 『세조실록』 권6, 3년 1월 갑오.
31) 『세조실록』 권20, 6년 6월 신해.
　　병조에서 慶尙道都體察使의 單子에 의거하여 아뢰기를, "1. 熊川城은 周圍가 3천 5백 14척인데, 지금 협소하기 때문에 장차 넓혀서 쌓으려고 합니다. 그러나 본 고을의 백성으로서 城底에 거주하는 자가 겨우 3백 10호뿐인데, 남정이 4백 10구이니, 만약 적변이 있으면 모두 응당 적을 막으러 나가고 성에 있을 수가 없으며, 그 산간에 흩어져 사는 자들은 반드시 산골짜기로 도주하여 숨을 것입니다. 그 舊城은 주위가 3천 5백 14척으로써 城底의 老弱者들을 수용할 만하니, 어찌 반드시 백성들을 노역시켜 성을 넓혀서 쌓겠습니까? 더구나 지금 늘어서 정한 軍丁을 이미 혁파하였는데, 만약 넓혀서 쌓게 한다면 진실로 수어하기가 어렵고, 또 시내와 골짜기가 가까와 적이 장차 무찔러 깨뜨릴 만한 형세이고, 西山이 더욱 가까와 적이 반드시 이에 임하여 공격할 것이니, 그전 그대로 두는 것만 같지 못합니다. ……하니, 그대로 따랐다.

거제도 오아포(현재 거제시 가배리)로 옮겼다고 한다. 제포에는 1390년(공양왕 2)에 처음 수군만호진을 설치하였다는 주장이 있으나, 사료에서는 확인할 수 없었다. 뿐만아니라 이 시기부터 제포에 축성이 되어 있었던 것 같지도 않다.

제포성의 축성에 관한 기록은 1436년 10월이 처음이다.

> "이달에 경상도 薺浦城을 쌓았는데, 높이가 13척이고 둘레가 4천 3백 16척 3촌이었다."[32]

따라서 이상의 사료를 통해서 볼 때, 제포성이 석성으로 축조된 것은 1436년이며, <熊川薺浦之圖>의 영청은 이 제포성을 그려 넣은 것으로 파악할 수 있다.

3) 永登浦, 玉浦, 知世浦

<熊川薺浦之圖>에는 하단부분의 거제도에 영등포, 옥포, 지세포의 세 개의 수군진이 그려져 있다. 이들 수군진에 관해, 『세종실록』지리지에는 우도수군도안무처치사(우수영)의 관할하에 8곳에 만호를 두었는데, 제포, 옥포, 영등포, 견내량, 번계, 구량량, 적량, 노량 등 8곳 중 옥포, 영등포가 포함되어 있다. 지세포는 이중에 포함되어 있지 않아 수군진이 있었는지는 확인할 수 없지만, 지세포의 중요성에 관해서는 이미 1441년에 만호설치를 논의하고 있다.

> "영의정 황희·좌찬성 하연·우찬성 최사강·병조 판서 정연·예조 판서 김종서·우참찬 이숙치 등이 의논하기를,
> "… 知世浦는 바로 왜선이 왕래하는 요충지이므로 지혜와 용맹이 있는 자

---

32) 『성종실록』 권105, 10년 6월 경자.

를 골라서 만호로 삼고, 종정성과 더불어 약속하기를, '너희들의 생활이 곤
란하고, 또 두세 번 청하기로 고초도에서 고기잡기를 청하는 일을 허락하고
자 하니, 모름지기 배의 大小를 구분하여 文引을 주어 내왕하게 하고, 지세
포에 稅를 바치며, 만약 문인이 없거나 또 세를 바치지 아니하면, 논죄하여
세를 징수하겠다. '고 함이 적당하옵니다."
　　하고,… "33)

라고 하여, 지세포를 왜선이 왕래하는 요충지로 파악하고 있다.

그 후, 1451년에 거제현의 읍성을 古丁里로 옮기는 문제에 관해 논의하
던 중에 영등포, 옥포, 지세포를 함께 언급하면서, 수군진을 거론한 것을
보면,

　　政府로 하여금 다시 의논하게 하니, 우참찬 安崇善은 말하기를,
　　"신이 을축년에 순찰사로서 순행하다가 거제에 이르러 읍성의 지세가 낮
고 바다 어귀에 가까이 있음을 보고서 환란을 당할 것이 두려웠으므로 옮겨
설치하자는 의논이 참으로 옳다고 생각하였습니다. 이제 다시 생각해 보아
도, 永登·玉浦·知世浦와 右道水營이 섬과 진으로 둘러싸여 있고, 고성의 唐
浦도 서로 바라보이는 데에 있으므로, 큰 변이 갑자기 일어나지 못합니다.
신의 뜻으로는, 전하께서 처음 즉위하신 몇 해 동안은 안정에 힘쓰셔야 하
나, 성곽은 완전하게 하지 않을 수 없으니, 다만 그 긴완을 헤아려 먼저 긴
급한 곳을 쌓은 뒤에, 읍성을 여기에 옮겨도 늦지 않다고 생각합니다."34)

고 한 것을 보면, 이미 수군진을 설치한 것으로 판단된다.

『성종실록』에 의하면, 이 세 곳의 축성에 관하여 다음과 같은 기록이 있다.

　　"이달에 경상도 富山浦城을 쌓았으니, 둘레가 2천 26척이었고, 玉浦城은
둘레가 1천 74척이며, 唐浦城은 둘레가 1천 4백 45척이고, 加背梁城은 둘레

---

33)『세종실록』권94, 23년 11월 을묘.
34)『문종실록』권7, 1년 5월 계묘.

가 8백 83척인데, 모두 높이가 13척이었다.[35]

　"이달에 쌓은 경상도의 적량성은 둘레가 1천 1백 82척이며, 知世浦城은
둘레가 1천 6백 5척이며, 蛇梁城은 둘레가 1천 2백 52척이며, 安骨浦城은 둘
레가 1천 7백 14척이며, 永登浦城은 둘레가 1천 68척이고, 전라도의 鉢浦城
은 둘레가 1천 3백 60척인데, 모두가 높이는 13척이었다."[36]

　즉 옥포성은 1490년 8월이고, 지세포성과 영등포성은 1490년 윤9월에 축
성하였다. 따라서 <熊川薺浦之圖>의 영등포, 옥포, 지세포는 3개의 수군진
을 표시한 것으로 판단된다.

4) 제포토성

　<熊川薺浦之圖>를 보면, 熊神峴의 고개를 넘는 길목 좌우 산등성이(營廳
뒤편의 산과 왜관 위쪽)에 木柵과 같은 표시가 되어 있다. 이 표시가 土城을
표시한 것인지, 아니면 산의 나무를 표시한 것인지 알 수 없지만, 釜山浦와
鹽浦에는 없으며, 현재 이곳에 남아있는 土城址의 구역과 거의 일치한다.
　제포토성의 축조시기는 명확치 않다. 『조선왕조실록』에 의하면, 1455년
8월, 우참찬 黃守身의 건의에 의해, 왜인이 거주하고 있는 북쪽 산등이로부
터 서쪽으로 만호영까지와 동쪽으로는 熊浦까지 城子를 쌓고, 또 물이 얕은
곳에는 목책을 설치하고 이어서 關門을 세우고는 웅천에 있는 군사 2-30인
으로 하여금 把守를 보도록 했다. 하지만 이 건의는 왜인들이 놀라서, 혹 變
故가 생길 수 있으므로 築城은 불가하다고 결론을 지었다.[37]

---

35) 『성종실록』권243, 21년 8월 기유.
36) 『성종실록』권245, 21년 윤9월 무신.
37) 『세조실록』권2, 1년 8월 임술.

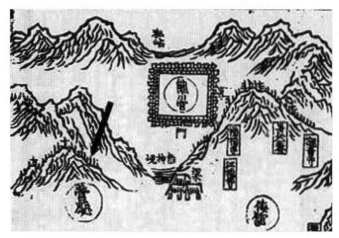

〈熊川薺浦之圖〉의 목책표시

이 건의 외에 제포토성에 관한 더 이상의 기록은 없다. 그러나 1999년 부산 동아대박물관이 제포만 일대에서 수중목책을 발굴하여 목책의 존재를 확인하였고, 또 현재 남아있는 토성의 일부를 정밀 조사한 결과[38], 이 건의가 결국 받아들여져 토성을 쌓았던 것으로 판단된다.

---

38) 필자는 2006년 한국학술진흥재단 기초학문연구지원금을 받아 '『해동제국기』의 역사·지리·민속에 대한 종합적연구'를 진행하는 과정에서 2006년 9월과 2007년 1월, 2차례에 걸쳐 江原大 柳在春교수와 이 지역을 정밀 조사하였고, 제포토성에 관해서는 유교수의 글을 인용하였다(유재춘,『해동제국기』속의 三浦를 중심으로 한 군사방어에 대하여,『한일관계사연구』제27집, 2007 참조).

현재의 제포토성

토성은 능선의 좌우를 삭토하여 구축하였는데, 일부 구간은 무너져서 토성의 흔적을 뚜렷하게 찾아 볼 수 없는 지점도 있지만, 대개는 그 형태를 알아 볼 수 있다. 잔존한 성벽의 높이나 폭은 일정하지 않다. 높이가 높은 지점은 약 3,5m이고, 1m 미만으로 낮은 지점도 있다. 종래에는 토성의 전체 길이가 약 340m 정도 되는 것으로 알려졌는데, 이는 토성이 제포 포구만을 둘러싸고 있을 것이라고 추정하였기 때문인데, 제포 뒤편 작은 고지에 이르는 구간은 도로 개설로 거의 파괴되어 있고, 서북쪽으로 토성이 이어져 있었던 것을 제대로 파악하지 못하였다. 특히 과수원을 지나 45m 고지 일대는 대나무가 빼곡이 들어서 있어서 토성의 관찰이 매우 어렵다. 그러나 계속 능선을 따라 내려가면, 이어져 내려온 토성 흔적이 명확히 나타난다. 토성 전체 길이는 약 1km 정도이다. 전체 토성의 위치는 다음 그림과 같다.

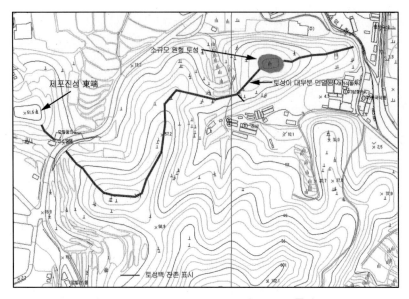

薺浦土城 現況圖(1/5000地形圖에 土城을 표시)

4. 제포왜관터와 왜인거주지

『해동제국기』제포지도에는 왜관과 왜인촌이 그려져 있다. 현재지명으로는 진해시 제포동 괴정리로 165세대 445명의 주민이 살고 있다. 지도에 웅신현이라고 표기된 고개에는 2005년에 웅천읍에서 제포동을 거쳐 수도까지 도로를 신설하였다. 웅신현에서 100미터 정도 내려가면 수도와 괴정리로 갈라지는 지점에 '괴정마트'가 있는데, 그 길 건너편 산구릉지에 왜관址가 있다.

현재의 왜관지는 3단으로 되어 있다. 1단은 공터로 되어 있는데, 연못터가 있는 것으로 보아 왜관의 입구로 추정된다. 2단과 3단이 현재 밭인데, 이곳이 건물지로 본청과 숙소 등이 있었을 것이다. 1단과 2단, 3단은 각기

6m와 4m의 축대가 쌓어있고, 왜관지의 전체 넓이는 가로 96m, 세로 64m
로 1,700여평 규모이다.

　왜관지에는 많은 와편들과 자기편들이 발견되는데, 왜관 건물의 와편과
당시 왜관에서 사용되었던 도자기 편들로 추정된다. 다만, 와편 및 자기편
은 제1단과 제2단을 중심으로 분포되어 있고 그 이외의 지역에서는 발견
되지 않는다. 왜관지의 위쪽 능선에는 현재 묘지가 6기 있는데, 이곳은 아
마『해동제국기』에 보이는 寺址로 추정된다. 그리고 왜관지 밑의 괴정마트
를 지나 아래쪽으로 가면 마을이 밀집되어 있는데, 薺浦之圖에 보이는 倭人
村이다. 종래에는 그 지역만을 왜인거주지로 생각했으나,『성종실록』에 의
한 薺浦의 왜인수(1494년, 2,500인)를 감안하면 이 지역만에서는 2,500人이
거주할 수 없고, 아마도 그 보다 훨씬 너른 지역에 분포했을 것이다. 실제로
항공사진(국립지리원, 1975년판)과 Google 위성사진 및 현지조사 결과, 왜
인 거주지는 현재의 괴정리 및 그 옆의 구릉지대(현 해병대 초소)와 웅천왜
성의 서편 구릉지대, 그리고 왜관지 북쪽의 구릉지대 및 그 너머 웅포쪽으
로 토성안쪽 구릉지대 등 5곳 이상을 추가로 추정할 수 있다. 이 지역들은
현재에도 계단식 밭처럼 주거지 흔적을 발견할 수 있으며, 항공사진을 식별
할 경우 더욱 선명하게 드러난다.

〈현재의 왜관지(1, 2, 3단의 석축을 쌓았다)〉

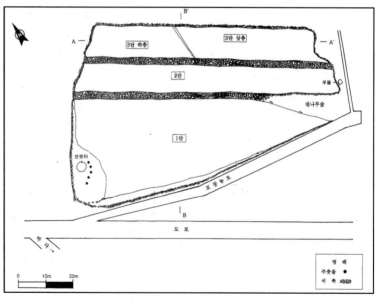

〈왜관터 실측 도면〉

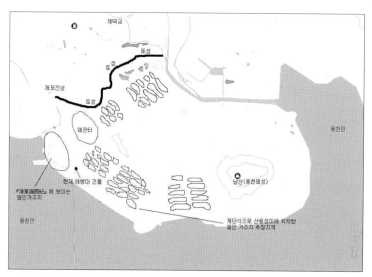

〈제포토성과 왜관지 및 왜인촌 추정지〉

〈왜관지에서 본 괴정동 (『해동제국기』의 왜인촌)〉

5. 맺음말

1350년, 소위 경인왜구로부터 시작된 고려말의 왜구 약탈은 고려 멸망의 한 원인으로 지목될 정도로 심각했다. 연구에 따라 다소 차이는 있지만 500회 이상에 걸쳐, 남해를 비롯한 도서 연해지방은 물론 내륙 깊숙이 침입했고, 적을 때는 2-3척이지만 많을 때는 500척에 이르는 대선단을 구성했으며, 식량과 가축을 약탈하고, 사람을 납치하고 부녀자와 어린이를 살해했다. 이에 대해 고려에서는 6차례에 걸쳐 사신을 파견하여 왜구금압을 위한 노력을 기울였으나 그다지 효과가 없자, 고려의 정규군으로 무력 대응을 해 나갔다.

한편 왜구약탈과는 별도로 일본에서도 1379년부터 사신을 파견하여 통교를 요청했지만, 본격적인 통교가 시작되는 것은 조선시대에 들어온 이후, 투항왜인과 수직왜인, 항거왜인 등이 생기는 1395년부터로 볼 수 있다. 즉 약탈자 왜구가 통교왜인으로 바뀌어 갔다. 그러나 통교가 허용되면서 통교왜인들이 급증하자, 이들을 통제하기 위해 1407년, 통교왜인의 입항·도박처를 수군 도만호가 설치된 부산포와 내이포(제포)의 2곳으로 제한하게 되었는데, 이것이 제포왜관의 시작이다.

이후 1418년 단계가 되면 통교왜인과 항거왜인을 위해, 포소에 관사와 창고를 증축하게 되고, 이들을 통제하고 관리하기 위한 관방시설이 세워지게 된다.

『해동제국기』 <熊川薺浦之圖>에 표시된 웅천관, 영청, 제포토성, 거제도의 영등포, 옥포, 지세포는 제포왜인을 통제 관리하기 위한 관방시설을 표시한 것이다.

웅천읍성이 처음 축성된 것은 1451년, 김해의 웅신, 완포, 천읍의 3현과 창원 산여의 3촌을 합하여 웅천현을 만들면서부터 이다. 이후 1453년 체성과 해자를 증축하여 1457년에 완성하였다. 또한 경상우수영이었던 영청은

1436년 석성으로 축성되었으며, 제포토성은 목책으로 1455년 황수신의 건의에 의해 쌓은 것으로 파악된다. 한편 거제도의 영등포·옥포·지세포는 고려말 1390년, 공양왕대에 수군진이 설치되었다고 하나 확인할 수 없었고, 『세종실록』지리지에 이미 영등포와 옥포가 포함되어 있으나, 이미 1441년도에 만호설치가 논의되고 있다. 그리고 1490년에는 이 3곳에 돌로 축성을 완료하였다.

이상의 내용을 통해서 볼 때, 이들 관방시설은 모두 왜구의 약탈과 통교왜인의 통제와 관리를 위해 조성된 것임을 확인할 수 있다. 이번에 오랜 기간에 걸쳐 진행된 웅천읍성 발굴과 복원계획에 의해, 이제부터 본격적인 복원사업이 진행되겠지만, 웅천읍성의 역할과 기능에 대한 역사적인 의미가 제대로 조명되기 위해서는 이들 관방시설이 함께 복원이 되어야 한다.

현재 제포만 일대는 <부산·진해 경제 자유지역건설> 계획에 의해 水島까지 매립되었고, 이 일대는 2020년까지 해양리조트지구로 개발된다. 더 이상 공사가 진행되기 전에 제포지역에 대한 보다 체계적인 조사와 연구가 요망된다. 이대로 간다면 머지않아 제포는 개발의 기치 속에 사라져 버릴 것이다. 웅천읍성만 가지고는 본 사업의 의도를 반쪽만 보여주는 것에 불과하며, 그 역사적인 의미도 제대로 파악할 수 없을 것이다. 이들 관방시설을 하나로 묶어 조사·연구·복원·개발이 이루어질 때, 남해안 <관광벨트>의 조성도 제 모습을 보여줄 수 있을 것이다.

제2편
일본의 표상

제1장
대마도의 朝·日 양속 관계

1. 머리말

1590년(선조 23) 임진왜란 직전에 통신사 부사로서 일본에 파견되었던 金誠一은 귀국후 제출한 보고서에서,

> "대마도는 우리 나라와 어떤 관계인가? 대대로 우리 조정의 은혜를 받아 조선의 동쪽 울타리를 이루고 있으니, 의리로 말하면 君臣之間이요, 땅으로 말하면 조선에 부속된 작은 섬이다."[1]

라고 했다. 이같이 대마도를 조선에 부속된 섬으로 생각했던 인식은 이미 조선 초기부터 조선인들에게는 일반화된 보편적인 사고였다.

뿐만 아니라 이러한 인식은 대마도인들 스스로도 마찬가지였는데, 예를 들면, 1419년(세종 원년)에 대마도주가 보낸 사신은,

> "우리 대마도에게 조선 영토 안의 州·郡의 예에 따라 州의 명칭을 정하여 주고, 印信을 주신다면, 마땅히 신하의 도리를 지키어 시키는 대로 하겠습니다."[2]

고 하여, 대마도가 조선에 복속되어 있음을 명백히 했다.

그렇다면 이러한 인식은 어떠한 역사적인 근거를 가지고 있는 것일까.

---

1) 김성일, 『해사록』권3, 「許書狀官笤」.
2) 『세종실록』권7, 2년 윤 정월 기묘.

이 글은 조선시대에 대마도가 영토적으로는 일본에 속해 있으면서도, 정치·외교적으로나 경제적으로는 조선에 복속되어 있던 '대마도의 양속성'을 역사적으로 재검토하고자 하는 목적을 가지고 있다.

2. 왜구의 본거지

대마도는 한국의 부산에서는 43km, 일본의 구주 博多에서는 124km 떨어져 있는 작은 섬으로, 일본보다는 한국 쪽에 더 가까이 있으며 현재 약 4만 3천명의 인구가 살고 있다.[3] 그러나 대마도는 섬이라기보다는 바다에 떠 있는 산이라고 표현하는 편이 더 나을 정도로 온 섬이 산으로 되어 있다. 그래서 활주로를 만들만한 평지도 없어, 산을 깎아 비행장을 만들었고, 그나마 활주로가 짧아 소형 프로펠러 비행기가 福岡에서 승객을 실어 나른다. 또한 섬 안에서의 교통도 요새와 같이 터널을 뚫어 남북 두 개의 섬이 통하고 있는데, 터널만도 100개가 넘는다. 따라서 지금도 농사를 지을 땅이 없어, 계곡사이와 일부 해안 지대에서만 농사를 짓고 있는데, 논농사의 면적도 섬 전체 면적의 2.3%에 불과하다. 이와 같이 섬의 위치가 일본보다 조선에서 가깝지만, 자연 환경이 아주 척박할 뿐만 아니라, 또 대한해협을 남에서 동북으로 흐르는 빠른 해류와 불규칙적으로 부는 해풍 때문에 북서계절풍을 이용하지 않으면 조선에서의 왕래가 그리 쉽지 않았다.[4]

---

3) 對馬自治連絡協議會, 『つしま百科』(1993)에 1990년 10월 현재 인구가 4만 6천 여명이었으나, 1996년 2월에는 4만 3천여 명으로 3천여 명이 감소한 것으로 파악되었다. 통계에 의하면 1870년경에는 3만명, 1910년경에는 5만명, 1950년경에는 7만명까지 증가하였으나 그후 계속 감소하는 경향을 보이고 있다. 한편 조선후기에 해당되는 1699년에는 인구가 32,725명이었다는 기록이 있다(위의 책, 70쪽).
4) 田中健夫는 대마도의 역사를 채색하는 조건으로 대마가 조·일간의 離島라는 점, 항상 빈곤하였다는 점, 국방상의 중요지점이라는 점을 들고 있다. 田中健夫, 「中世の對馬と宗氏の勢力擴張」『中世海外交涉史の硏究』, 東京大學出版會, 1959 참조.

그렇다면 조선시대의 대마도는 어떠했을까.

1444년(세종 26) 4월 招撫官으로 壹岐섬에 파견되었던 康勸善은 귀국하여 보고하기를,

"대마도는 토지도 좁고 또한 척박하여 농업에 힘쓰지 않게 되니, 기근을 면하지 못하여 도둑질을 멋대로 하고, 그 마음도 포악합니다. …(중략)… (이곳은) 일본 국왕의 명령 역시 미치지 않아, 그 중간에서 망령되게 자존하면서 포악하오나, 모두들 圖書를 받고 우리 조정에 귀순하기를 원하오니, 청하건데 이 섬의 두목들에게 예전같이 내왕하게 하고, 이따금 양식이나 주고 도서를 주어 뜻밖의 우환을 대비하게 하소서."[5]

라고 하여, 척박한 자연환경 속에서 조선에 의지하여 살아가고 있는 모습을 적고 있다.

대마도에 대한 이러한 인식은 대마도와의 통교가 정상적으로 이루어지고 있었던 성종대에도 마찬가지였는데, 예를 들면 일본에 통신사의 일원으로 다녀왔던 前經歷 李仁畦는 1479년(성종 10)에 성종을 인견한 자리에서,

"그 섬은 生利가 매우 박하므로, 비록 후하게 접대하려 하더라도 할 길이 없습니다. 도주에게는 겨우 한 섬의 씨를 뿌릴 만한 밭밖에 없으므로, 오로지 우리나라에서 해마다 내리는 것에 의지할 따름입니다."[6]

고 하였다. 그리고 1481년(성종 12) 선위사로 대마도에 파견되었던 金自貞도 성종과의 문답에서,

"대마도는 토지가 메말라서 모두 산 위에 자갈밭만 있고, 잡초가 무성하여 가꾸지도 않았으며, 도주의 집 뒤에 단지 논이 수십 경 있었습니다. 집은

---

5)『세종실록』권104, 26년 4월 기유.
6)『성종실록』권101, 10년 2월 병신.

모두 띠(茅)로 덮었으며, 생활은 오로지 우리나라에 의지할 뿐입니다."[7]

라고 하여, 대마도의 척박한 자연환경을 토로하였다.

그러면 대마도민들이 조선으로부터 식량을 받아 가기 전에는 어떤 방법으로 이 문제를 해결하였을까.

대마도민이 식량을 해결하는 방법은 두 가지였다. 하나는 화전을 개간하거나, 葛根이나 蕨根을 대용식으로 하는 것이었고,[8] 또 하나는 외부에서 식량을 조달하는 방법을 찾아내는 것이었다. 그러나 화전의 개간도 지극히 제한적일 수밖에 없었고, 결국 海賊(倭寇)이 되어 조선 연안을 습격하여 약탈을 감행하게 되었다.

그러나 조선과 대마도의 관계가 처음부터 왜구로 시작된 것은 아니다. 최근의 연구성과에 의하면, 11세기 후반부터 13세기 후반까지 대마의 고려에 대한 進奉關係를 밝혀 냄으로써 왜구 관계 이전의 고려와 대마도 관계를 새롭게 정리했다. 대마도의 양속 관계를 밝히는데 매우 귀중한 연구 성과다.[9] 그러나 진봉관계도 여·몽연합군의 일본정벌과 일본내부의 사정에 의하여 단절되고, 그 결과 식량문제를 해결하기 위해 대마인은 왜구로 변질되어 갔다.

왜구 창궐에 관하여는 많은 연구가 있다. 종전의 연구에 의하면 약간씩의 차이는 있으나 1223년부터 1392년까지 169년간 총 529회를 기록하고 있다.[10] 왜구의 침입은 조선조에 들어와서도 계속되었는데, 통계에 의하면

---

7) 『성종실록』 권133, 12년 9월 병자.
8) 『세종실록』 권75, 18년 12월 계미. 1764년 甲申通信使때 정사 조엄에 의하여 대마도 佐須奈에서 구황식물로 조선에 전해졌던 고구마(쓰시마이모)가 대마도에서 재배된 것도 조선 후기의 일이다.
9) 나종우, 『한국중세대일교섭사연구』 제1장 고려전기의 한일관계, 단국대학교대학원 박사학위논문, 1992. 李領, 『東シナ海世界における麗·日關係史の硏究』 第2編, 中世前期の高麗と日本-進奉關係を中心として-(日本 東京大學 綜合文化硏究科 大學院 博士學位論文, 1995) 참조.

1392년부터 1443년(세종 25)까지 총 155회나 되며, 특히 건국 직후 10년간은 연 10회가 넘는 해도 여러 번 있었다.[11] 따라서 조선왕조에 들어와서도 왜구금압은 역시 국가 안위에 직결되는 매우 심각한 문제였고, 조선 정부가 취한 왜구 대책은 중요한 內政問題인 동시에 외교상의 과제였다. 물론 이 왜구들이 모두 대마도 출신은 아니지만, 여러 기록을 통해서 볼 때 거의가 대마도인들이며, 그 점은 1389년(고려 공양왕 2) 朴葳 軍과 1419년(세종 원년) 李從茂 軍의 대마도정벌을 통해서도 확인할 수 있다.

3. 조선의 통제정책

조선 정부의 왜구대책은 다각적으로 시도되었는데, 군비 확충과 무력에 의한 토벌, 막부장군과 중소영주들을 통한 외교교섭, 왜구에 대한 직접적인 회유와 통교제도의 정비 등 세 가지로 정리할 수 있다. 그리고 이러한 정책들을 통하여 조선은 대마도를 조선중심의 군사, 외교, 정치, 경제질서에 편입시켜 갔던 것이다.

첫째, 군비 확충과 무력에 의한 토벌을 보면, 이것은 고려말부터 진행된 일로서, 선군을 확충하여 병력을 증원하고, 崔茂宣으로 하여금 화약과 화포를 제조하게 하였으며, 1389년 2월에는 경상도원수 박위로 하여금 전함 1백 척을 이끌고 대마도 진공을 단행하여 왜선 3백척을 소각하는 등 전공을 올렸다. 조선조에 들어와서도 海防對策을 충실히 한 결과, 1397년(태조 6)에는 "연해지역에 대한 수군의 방어에 의해 적이 감히 접근하지 못하게 되었

---

10) 이현종, 「고려후기의 倭寇」『강좌한일관계사』, 현음사, 1994, 田中健夫, 『倭寇』, 敎育社, 국방군사연구소, 『왜구토벌사』, 1993 참조.
11) 조선초기 왜구의 침입횟수에 관하여는 손승철, 『조선시대 한일관계사연구』, 지성의 샘, 1994, 54쪽.

다."고 할 정도로 수군을 강화하였다. 태종대에 이르면 더욱 진전되어, 1408년(태종 8)에는 병선이 603척, 수군이 5만 5천명에 달했다. 그러나 왜구는 근절되지 않았고, 조선에서는 초강경책의 무력응징으로 대마도정벌을 단행하게 된다. 대마도정벌은 태조때에도 기획한 적이 있었으나,[12] 실제로 단행된 것은 1419년(태종 19)이었다.

삼군도체찰사 李從茂 이하 병력 17,285명은 그해 6월 19일에 65일분의 군량을 병선 227척에 나누어 싣고 거제도에서 출전했다. 20일 대마도의 아소만을 공격하여 적선 130여척을 나포하고 두지포에 정박한 후, 대마도주에게 효유문을 보냈으나 답신이 없자, 26일 상륙작전을 감행하여, 각지를 토벌하면서 가옥 2,000호를 소각하고, 왜구 100여명을 죽였다. 그러자 대마도주는 이종무에게 서계를 올려 군사의 철수와 수호를 간청하였고, 왜구의 주력이 도내에 없었던 만큼 정벌의 목적이 완전히 달성된 것은 아니었지만, 왜구의 본거지에 큰 타격을 가하였고, 또한 태풍에 대한 우려도 있어 7월 3일 귀환했다. 그러나 귀환직후 다시 왜구가 출몰하자, 재차 정벌군을 편성하여 출정을 대기하던중 7월 12일 김해에서 도독 劉江이 요동에서 돌아오던 왜구의 주력부대를 대파했다는 전갈이 있자, 재 정벌계획은 중지되었다. 소위 대마도정벌로 불리는 역사적 사건이다.[13]

둘째, 막부장군과 중소 영주들에게 외교 교섭을 하여, 그들로 하여금 왜구를 금압하도록 하는 우회적인 방법을 이용했다. 즉 조선 정부는 1404년 室町幕府의 足利義滿 장군이 명으로부터 日本國王으로 책봉을 받자, 막부장군을 외교권의 주체자로 인정하여, 국가 대 국가 차원의 외교 관계를 수립하고, 막부장군을 통해 왜구의 금압을 요청했다. 그러나 당시 일본의 중앙정권은 지방통제력이 약해 별로 효과가 없었다. 이에 조선에서는 다시 왜구

---

12) 『태조실록』 권10, 5년 12월 정해.
13) 대마도정벌에 관하여는 이재범, 『왜구토벌사』, 국방군사연구소, 1993, 203~221쪽 참조.

에게 직접적인 영향력을 행사할 수 있다고 생각한 지방의 중소 영주들에게 교섭하여, 그들로 하여금 왜구를 금압하도록 요청했다. 『海東諸國紀』와 『朝鮮王朝實錄』에는 이들의 왕래에 관하여 아주 자세히 기록되어 있는데, 그것을 통계화하면 다음 표와 같다.

〈표 1〉 조선 전기 대일사행과 파견대상[14]

왕대 \ 파견대상	태조	정종	태종	세종	단종	세조	성종	연산	중종	명종	선조	계
幕府將軍	1	1	5	7		1	2				1	18
九州節度使	3											3
大內殿	1		2									3
壹岐島主			2	2								4
對馬島主	2	1	11	6	2	3	4	1	2	1		33
기타(미상)			4									4
계	7	2	24	15	2	4	6	1	2	1	1	65

그러나 이들과의 교섭도 기대했던 만큼의 효과를 얻을 수가 없었다. 결국 조선에서는 왜구 당사자를 직접 회유하는 방법을 가장 유효하게 생각했으며, 그들을 상대로 여러 가지 통제책을 정비해 나갔던 것이다.

셋째, 각종의 방법으로 왜구를 직접 회유하여 조선에서 만든 통교 규정에 따르게 함으로써, 그들을 조선 중심의 정치·외교·경제질서에 편입시키는 정책을 실시했다.[15]

왜구가 통교자로 전환된 형태는 使送倭人, 興利倭人, 投化倭人 등 세 부류로 구분할 수 있다. 그러면 이들이 어떠한 규정을 통하여 조선중심의 질

---

14) 한문종,『조선전기 대일 외교정책 연구』, 전북대학교 대학원 박사학위논문, 1996, 139쪽.

15) 조선에 도항하여 오는 왜인들을 조선중심의 정치·외교·경제질서에 종속시키는 정책을 羈縻政策이라고 하는데, 이 기미정책의 구체적인 내용과 성립 과정에 관하여는 손승철,『조선시대 한일관계사연구』제1장 동아시아 국제질서와 교린체제, 지성의 샘, 1994 참조.

서에 종속되어 가는가를 살펴보자.

첫째, 도항지인 포소를 제한하는 三浦制度를 들 수 있다. 즉 흥리왜인이
나 사송왜인의 신분으로 도항해 오는 왜인들이 무질서하게 내왕하자, 조선
에서는 국방상의 이유와 그 폐단을 줄이기 위하여, 1407년부터 富(釜)山浦
와 乃而浦를 도박처로 한정시켜 그 출입과 교역품을 통제하기 시작했다. 이
후 1419년 대마도 정벌에 의해 일시 폐쇄하였으나, 그들의 간청으로 1423
년에 다시 부산포와 내이포 두 곳을 허락하고, 이어 염포를 추가함으로써
삼포제도를 확립했다. 포소에는 왜관을 설치하여 각기 제포(乃而浦)에 30호,
부(釜)산포에 20호, 염포에 10호의 恒居倭人을 거주하게 하여, 도항 왜인에
대한 접대와 교역을 허가함으로써 통교질서를 확립하도록 했다.

〈표 2〉 삼포항거왜인수[16]

	세종 초		1466년		1475년		1476년		1494년	
	호수	인구	호수	인구	호수	인구	호수	인구	호수	인구
제 포	30	·	300	1,200여	308	1,722	308	1,731	347	2,500
부산포	20	·	110	330여	67	323	88	350	127	453
염 포	10	·	36	120여	36	131	34	128	51	152
계	60	·	446	1,650여	441	2,176	430	2,209	525	3,105

그러나 왜인의 거주는 점차 늘어나 결국에는 삼포왜란을 일으키게 되었다.

둘째, 각종 도항증명의 휴대를 의무화했다. 왜인들이 조선에 입국하기 위
해서는 書契, 圖書, 通信符, 行狀, 路引, 文引 등 여러 가지가 있는데, 그 실
시 연대나 동기, 목적 등이 각각 다르지만, 모두가 도항왜인을 다각적으로
회유하고 통제하여 조선의 외교 질서에 예속시키기 위한 제도였다.[17]

---

16) 손승철, 『조선시대 한일관계사연구』, 지성의 샘, 1994, 81쪽.
17) 각종의 도항증명과 그 규정에 관하여는 이현종, 『조선전기 대일교섭사연구』제4장
    제3절 入國驗證의 種別·規格 及 用度 참조.

書契는 사송왜인의 파견자가 조선 정부 앞으로 발송하는 일종의 외교문서이다. 즉 도항자의 인적사항이나 도항의 목적을 서계의 형식으로 작성하여 조선정부 앞으로 보내는 것인데, 조선에서는 대마도정벌 이후, 이것을 입국증¹명서로 간주함으로써 사송선에 대한 통제책으로 이용하였던 것이다. 그리하여 1420년(세종 2)부터는 사송선의 제한과 통교체제의 일원화를 도모하려는 방침에 따라 대마도인은 대마도주의 서계를, 구주지역의 사송인들은 九州探題의 서계를 지참하도록 했다.[18] 그 결과 사송왜인의 자격으로 도항하여 오는 왜인들은 대마도주나 구주탐제의 서계가 없으면 사송선으로서의 접대를 받을 수가 없게 되었다. 그리하여 이후의 모든 흥리왜인들도 사송선에 동승하거나 서계의 지참이 요구되었기 때문에 대마도주와 구주탐제의 권한이 강화되었으며, 조선측으로서는 이를 통해서 도항자를 통제할 수 있게 되었다. 그러나 점차 서계를 위조하거나 개서하는 사례가 많아지자, 이후에는 서계이외에도 도서가 필요하게 되었고, 호족이나 대마도주가 발행하는 행장이나 문인, 노인 등이 별도로 요구되었다.

圖書는 서계에 찍는 인장을 말하는데, 위조서계가 속출하자, 반드시 조선에서 발급하여 준 도서를 찍도록 하였다. 도서발급과 그 사용례는 기록상 1419년(세종 즉위)에 처음 나타난다.[19] 도서를 받은 왜인을 受圖書人이라고 하는데, 이들이 조선에 도항하여 올 경우, 서계에 이 도서를 찍어서 증거로 삼았다. 수도서인은 공식적으로 조선으로부터 교역권을 인정받는 것이 되고, 또 세견선도 정약받았으므로 해마다 신청자가 쇄도했다. 그리하여 조선에서는 이에 대하여 엄격하게 선별하였지만 계속 늘어나서 1471년(성종 2)에는 수도서인이 32인이나 되었는데, 이중 대마도인이 23인이나 된다.[20]

---

18) 『세종실록』 권8, 2년 7월 임신.
19) 『세종실록』 권4, 원년 6월 갑술.
20) 대마도의 수도서인으로는 島主 1인, 島主一族 5인, 仁位中村氏 5인, 受職倭人 7인, 무田家 1인, 島主管下 4인이다(한문종, 「조선전기 대마도의 통교와 대일정책」 『한일관계사연구』 제3집, 1995, 160쪽).

그러나 이후 조선의 긴축정책으로 인하여 수도서인도 대마도주의 문인발행권에 의하여 제약을 받게 됨에 이르러서는 사실상 통교상의 특권을 상실하게 되었다. 한편 발급도서의 유효기간은 수도서인의 생존기간으로 한정하였으나 실질적으로는 세습이 허락되기도 했다. 그러나 도서의 이동과 위조 등의 문제가 계속 발생하자 조선에서는 1510년 삼포왜란을 계기로 대마도의 수도서인을 인정하지 않고 본토의 수도서인도 대폭 정리했다.

通信符는 조선측과 왜측의 통교자가 반쪽씩 나누어 갖고 있다가 도항해 온 후에 맞추어보고 확인하는 방식의 교역허가장으로 일종의 勘合符이다. 1414년(태종 14) 使送船의 제한이후 사송왜인들이 日本國王使나 巨酋使를 사칭하는 사례가 있었기 때문에 이를 방지하기 위하여 통신부를 만들어 주어 증명으로 삼았던 것이다. 대개 구리로 만들었는데 1474년(성종 5)에 막부측의 요청에 따라서 일본국왕사에게는 특별히 象牙符를 10개 만들어 주었다. 도서와 통신부는 전근대 동아시아 국가간에서 나타나는 조공무역의 한 형식인데 실정막부가 이를 요청하여 받았다는 것은 조·일통교의 조공적 성격을 단적으로 나타내주는 하나의 사례라고도 볼 수 있다.

行狀은 도항왜인의 신분과 자격을 확인하기 위하여 거주지의 호족이 발행한 일종의 신분증명서이다. 이 제도는 고려중기 이래 여진인의 통제책으로 사용되었는데 흥리왜인에 대한 통제책으로 전용된 것이다.

路引과 文引은 도항증명서로서 흥리왜인 및 사송왜인에 대한 통제방식이다. 노인은 본래 국내상인들에게 징세 및 왕래의 제약을 위하여 발급한 것이었으나 이를 왜인과 여진인 통교자에게 전용하여 입국증명으로 삼았었는데, 후에 문인으로 통일했다.

도항증명서인 문인에는 선박의 대소와 使送人, 船夫의 숫자 등이 적혀 있었고, 이것을 모든 도항선에 적용시켰기 때문에 효과적인 통제수단이 되었다. 문인제도는 1426년(세종 8) 대마도주의 요청에 의하여 검토된 적이 있었는데, 이 제도가 본격적으로 실시되기 시작한 것은 1438년(세종 20)에 대

마도주와 문인제도를 정약하면서 부터이다.[21] 당시 回禮使 李藝가 대마도
주와 맺은 약조에는 종래 여러 호족에게 허용하였던 문인발행권을 앞으로
는 대마도주에게만 인정한다는 것이었다. 따라서 이후에는 일본국왕사나
일부 巨酋使를 제외한 모든 통교자는 대마도주가 발급하는 문인을 가져와
야만 접대를 받고 교역을 할 수 있게 되었다.

한편 문인제도는 남해안에서 조업을 하는 왜인어부들에 대한 통제책으로
도 활용되었다. 1441년(세종 23) 조선에서는 대마도주와 孤草島釣魚禁約을
체결하였는데, 이 조약에 의해서 어로왜인들은 대마도주로부터 조어문인을
받아야만 고기잡이를 할 수 있었다. 어로를 위한 왜인들은 경남 통영의 지
세포(현재의 거제도)의 관아에 신고를 하고 문인을 맡긴 다음 知世萬戶가
발행한 고초도 왕래문인을 받아 전남 남해안의 고도와 초도 일대에서 어로
행위를 했다. 고기잡이를 마친 왜인들은 지세포에 현물로 어세를 내고 문인
을 돌려 받은 후에 돌아가도록 규정되어 있었다.[22] 그리고 이때에 받은 어
세는 경상감사의 주관하에 입국왜인의 접대비용에 충당하기로 되어 있었다.
그런데 왜인들이 어세를 내지 않고 도망가버리는 예가 많아서 규정대로 잘
지켜지지 않았다. 하지만 이 조약에 의해서 대마도주는 또 하나의 이권이
주어진 셈이 되었고 대마도내에 지배권을 강화하는데 큰 도움이 되었다.

대마도주를 통한 문인발행권의 단일화조치는 조선측에게도 통교일원화
를 위한 효과적인 통제책이 되었다. 즉 흥리왜인으로 조선에 도항하여 오던
모든 왜인들은 서계·행장·문인 등의 규제책으로 인하여 형식상으로는 사송
왜인으로 전환되게 되었으며, 사송선에 필요한 서계와 문인의 발행권을 대
마도주에게 줌으로써 일원적인 통제가 가능하게 되었던 것이다. 그리고 대
마도주는 이를 이용하여 도내의 지배력을 장악하였고, 문인발행에 따른 수
수료의 수취, 교역물품에 대한 과세 등을 통해 대조선무역의 독점적 권한과

21) 『세종실록』 권82, 20년 9월 기해.
22) 『해동제국기』 朝聘應接紀 「釣魚禁約」.

이익을 향유했다. 이상의 여러 가지 통제책은 모두 도항왜인에 관한 여러 가지 증명과 입국시의 통제와 접대, 교역을 위한 것이었는데, 그 과정은 대체적으로 서계·도서·행장·노인·문인을 순차적으로 사용하거나 혹은 혼용하였으며, 1438년 대마도주와의 문인제도 정약이후 대체적으로 문인으로 일원화되었다.

그러나 이상의 통제책이 최종적으로는 대마도주에게 위탁하는 형식이 되었기 때문에 그 운영상에 모순과 한계가 있었다. 따라서 조선에서는 결국 통교자에 대한 도항횟수나 교역량, 세견선수 등을 직접 통제할 수밖에 없었다. 그리고 이러한 조치는 세견선수의 정약과 접대규정의 체계적인 정비로 매듭지어 졌다.

셋째, 모든 도항자의 歲遣船數를 정함으로써 도항횟수 및 교역량을 제한하였고, 또 교역의 방식을 조공무역의 형식을 갖추게 했다.

세견선정약은 1424년(세종 6)에 구주탐제에게 春秋 2회 遣使를 허용한 것이 시초이나, 이것이 통제책으로 확립된 것은 1443년(세종 25) 對馬島體察使 李藝가 대마도에 가서 대마도주와 癸亥約條를 맺음으로써 비롯된다. 세견선 정약이란 조선정부가 매년 도항하는 사송선의 수를 정하는 것이다. 이 제도는 중국에서 外夷에 대해 조공횟수와 시기, 선박수를 한정하는 것과 같은 것인데, 고려시대에 일본 大宰府의 進奉船을 정약한 것과 마찬가지다.[23]

계해약조의 주요내용은 대마도주의 세견선을 50척으로 제한하는 것이었고, 별도로 부득이 보고할 일이 있는 경우 特送船을 허락하였으며, 대마도주에게는 특별히 200석의 콩과 쌀을 하사하는 것이었다. 계해약조의 내용은 위의 두 조항만 전하여 오지만, 이것은 세견선·도주특송선·세사미두에 관한 것에 불과하다. 그러나 이 조약을 계기로 다른 통교자들도 모두 세견선정약을 맺게 되었기 때문에, 이는 조선초기 대일 통교체제의 기본 틀을 확정짓는 시초가 되었다. 그리하여 세조대에는 대마도 종씨일족·수도서인·

---

23) 中村榮孝, 「歲遣船の定約」 『日鮮關係史の研究』 下 1965 참조.

수직인·본토의 호족 등에 대한 세견선 정약이 맺어지게 되었던 것이다. 그
결과 사송선이 연간 400여 척에 이르게 되자 성종대 초기에 다시 정비했다.
『海東諸國紀』와 『經國大典』에 규정된 것을 보면 1년에 입국한 선박수가
220여 척이나 되고, 입국 왜인수가 5,500 내지 6,000여명, 무역을 제외한 순
수한 접대비만도 2만 2천여 석에 달했다고 한다.

이로써 세견선 정약을 축으로 사송선의 통제책이 계통적으로 운영되었
고, 이에 따르는 여러 제도가 갖추어져 성종대 초기에는 일본으로부터의 모
든 통교자가 획일적으로 규제되어 통교체제가 확립되게 되었는데, 이를 총
체적으로 집대성한 것이 申叔舟의 『海東諸國紀』이다.

『海東諸國紀』가 완성되는 성종 초기에는 세견선만 일년에 112~126척에
이르고 있는데, 그중 대마도로부터의 세견선이 절반 이상을 차지하고 있다.

〈표 3〉『해동제국기』에 나타난 세견선수[24]

	1선	1~2선	3선	4선	7선	50선	계
畿內 5주	1						1
山陽道 8주	3						3
北陸道 7주	1						1
西海道 9주	16	12					28~40
對馬島	3		1	1	2	1	74
壹岐島	3	2					5~7
계	27	14~28	3	4	14	50	112~126

『海東諸國紀』에 의하면 조선에서는 일본으로부터 오는 사송인을 일본국
왕사·거추사·구주탐제사 및 대마도주특송사·제추사의 4등급으로 나누어
접대했다. 일본국왕사는 막부장군이 보낸 사절이고, 거추사는 大內·少貳 등
서국지역의 대호족, 畠山·細川·斯波 등 막부의 유력자 및 京極·山名 등 守

---

24) 이현종, 『조선전기 대일교섭사연구』, 한국연구원, 1964, 61쪽.

護大名의 사절이 이에 해당한다. 제추사는 구주·일기와 대마도내의 소호족·수직인·수도서인의 사절과 흥리왜인 등이 여기에 포함되었다. 따라서 모든 사절은 이 등급에 따라서 분류되었고, 사송선의 숫자와 각종 급료와 接待宴·日供·하사품·포소의 정박기간 등 29개 항목에 걸쳐 각종의 차등적인 접대규정이 세밀하게 규정되어 있다.

이 규정에 의하면 이들 도항인은 모두가 도항에서부터 무역을 끝내고 돌아갈 때까지 조선 측에서 정한 제 규정대로 규제를 받아야만 통교가 가능했다. 즉 도항자의 대부분은 외교적인 목적보다는 경제적인 교역이 목적(때로는 대장경이나 범종을 구하는 경우도 있었음)이었지만, 기본적으로 이들은 사송선의 명칭으로 도항해야 했고, 무역 절차는 반드시 상경을 하여 조선 국왕을 알현하여야 하며, 進上과 回賜의 형식으로 조공무역을 하게끔 규정함으로써 大國인 조선 중심의 질서에 철저하게 예속시켰던 것이다. 이를 조선중심의 기미정책이라고 한다. 그러면 도항자에 관한 통제규정 가운데 특히 대마도의 양속관계를 확인할 수 있는 수직왜인제도에 관하여 구체적으로 살펴보자.

4. 수직왜인의 성격

1) 수직왜인의 구성

受職倭人이란 조선 정부로부터 관직을 제수받은 왜인을 말하며, 이에는 降倭 또는 向化倭로 조선에 투화 내지는 귀화하여 관직을 제수받은 歸化倭와 일본(대마도포함)에 거주하면서 조선의 관직을 받은 通交倭의 두 종류가 있다.

수직왜인에 관한 최초의 기록은 1368년(고려 공민왕 17)에 對馬島主가

萬戶의 벼슬로서 사신을 파견하였는데, 고려에서는 그에게 쌀 1천석을 하사했다는 기록이 있다.[25] 이로 미루어 볼 때, 대마도주는 고려의 지방 무관직인 만호를 받았고, 그에 상응하는 대우로 쌀을 받아갔음을 알 수 있다.

조선 초 수직왜인의 시초는 1396년(태조 5) 왜선 60척과 수백인의 왜인을 인솔하고 투항한 疚六으로, 조선에서는 그에게 「宣略將軍 龍驤巡衛司 行司直兼海道管民 萬戶」의 관직을 제수했다. 구륙은 그 이듬해에 藤六으로 개명하였는데, 조선에서는 다시 「宣略將軍 行中郎將」(서반 종4품하)의 관직을 제수했다.[26] 이외에도 1397년에는 賊首 林溫이 병선 24척을 이끌고 와서 투항하여 宣略將軍의 관직을 제수받은 것을 비롯하여 望沙門, 昆時羅, 沙門吾羅, 三寶羅平, 玄淮 등 대마도에 거주하는 많은 왜인의 두목들이 투항하여 관직을 제수받았다. 한편 平原海, 藤次郎, 看智沙也文과 같이 의술, 조선술, 제련술 등의 기술을 가지고 투항하여 수직인이 된 자도 있었으며, 平道全과 같이 대마도주의 代官으로 내조하여 수직왜인이 된 자도 있었다.[27] 1396년 구륙의 수직이후 1461년까지의 향화왜인으로 수직한 자는 모두 23명에 달하며, 그들은 모두 대마도인들이었다.[28]

그런데 이들 향화수직인들은 관직을 받은 후에는 조선에 정착한 경우보다는 다시 대마도로 귀환하여 통교자로 내조하는 자가 많았다. 즉 23명 중 池門, 禹原之, 都羅而老, 藤次郎, 藤六, 林溫, 藤賢, 表沙貴, 看智沙也文 등이 귀환한 것으로 기록되어 있는데, 이들 중 藤六, 林溫, 藤賢, 表沙貴 등은 매우 빈번하게 통교왜인으로 내조하고 있다.

---

25) 『고려사』 권41, 世家41 공민왕 17년 11월 병오.
26) 『태조실록』 권10, 5년 12월 계사, 병오. 권13, 7년 2월 갑오.
27) 『태조실록』 권13, 7년 7월 병인.
28) 한문종, 앞의 논문. 7쪽에 제시된 향화수직인의 명단을 정리하여 보면, 藤六(藤陸, 疚六), 非疚時知, 林溫, 都時羅, 池門, 藤昆, 吳文, 張宝, 信吾, 張望, 表時, 藤賢, 平原海, 禹原之, 具踦, 平道全, 表沙貴, 藤次郎, 邊相, 表沙溫, 沙古, 看智沙也文, 都羅而老 등 23명이다.

이와 같이 조선초기에는 수직의 대상이 주로 조선에 투항하여 온 항왜
또는 향화왜인이었는데, 수직을 통한 왜인통제에 효과가 있자, 세종말년에
이르러서부터는 그 대상을 대마도는 물론이고 일본 본토에까지 확대하여
갔다. 그 이유는 대략적으로 볼 때, 일본에 거주하는 왜인에게 수직이 시작
된 1444년(세종 26)은 조선에서 서계, 문인제도, 癸亥約條(1443년) 등 통교
제도가 정비된 이후의 일로, 이전까지 비교적 자유롭게 왕래할 수 있었던
통교자들이 보다 나은 통교조건을 확보하기 위해 갈망하던 즈음이다. 조선
에서는 이러한 분위기를 이용하여 그들에게 관직을 제수하여 조선의 정치,
외교질서에 편입시켜 연 1회의 親朝라는 특권을 부여함으로써 그들을 간접
적으로 통제하여 간다는 방책을 취했다고 생각된다.

　1444년(세종 26) 壹岐에 거주하는 藤九郎에게 「護軍」의 관직을 제수하면
서부터 시작된 일본 거주 수직왜인은 1510년 삼포왜란에 의하여 통교관계
가 일시적으로 단절될 때까지 총 90명에 달하고 있으며, 이들중 대마도인은
52명에 이른다.29)

　일본에 거주하면서 관직을 받은 수직왜인은 아래와 같이 몇 가지 유
형으로 분류된다.

　① 賊首 또는 그의 일족으로서 왜구의 두목으로 조선에 투항했다가 다시
　　 귀환한 자들의 자손과 왜구가 평화적인 통교자로 전환하여 내조한 자
　　 와 그의 후손이 이에 해당된다. 예를 들면 왜구의 적수로 투항했다가
　　 다시 귀환한 林溫, 井大郎, 張宝, 三寶羅平의 자손 등은 전자에 해당되
　　 며, 후자의 대표적인 예는 早田 일족으로 平茂持·平茂續·平伊也知·中
　　 尾吾郎·皮古三甫羅·平盛秀·皮古時羅 등 7명이 4대에 걸쳐서 조선 관
　　 직을 받았다. 이들의 후손은 현재에도 대마도 尾崎에 살고 있고, 그
　　 집에는 皮古三甫羅 등에게 수직한 告身이 3장이나 보존되어 있다.30)

29) 한문종, 위의 논문, 표2 참조.
30) 中村榮孝, 『日鮮關係史の研究』 上卷 15, 「受職倭人の告身」 585쪽.

② 피로인을 송환하였거나 표류인을 구조하여 송환한 자들로, 和知難酒
毛와 信沙也文·三甫羅酒文 등이 이에 해당된다. 이중 信沙也文은
1456년(세조 2) 조선인이 표착한 사실을 조선에 알려와 三甫羅酒文과
함께 미두 20석을 하사받았고, 司直에 제수되었으며, 특히 信沙也文은
시위를 허락 받아 이듬해에는 호군이 제수되었고, 이어서 金信文으로
개명하고 兼司僕에 임명되었다.[31]

③ 조선에 침입하여 약탈을 자행하였던 적왜를 포송하거나 참수한 공로
로 수직왜인이 된 자들로, 藤九郎[32], 宗貞秀, 宗大郎[33], 平調光[34] 등
이 이에 해당된다.

④ 조선의 사행을 호송하였거나 조선에 사신으로 왕래한 것을 계기로 수
직왜인이 된 자들로, 그 대표적인 예로 宗金은 1420년(세종 2) 회례사
宋希璟의 막부사행을 인도한 공로로 1455년(세조 원)에 그의 아들 宗
家茂와 함께 호군직을 수직한 것을 들 수 있다.[35]

⑤ 대마도주의 特送이나 도주의 管下人으로서 조선에 내조하여 수직왜인
이 된 자로서, 皮古汝文, 平國忠, 助國次, 吾都音甫 등 16명에 달하고
있는데, 이들은 특히 조선과 대마도의 통교와 외교관계를 유지하는데
많은 역할을 했다.[36]

한편 일본에 거주하는 이들 수직왜인의 특징중의 하나는 그의 자손들이
계속하여 수직왜인이 된다는 점인데, 앞서 예를 든 早田 일족을 비롯하여
林溫, 藤茂家, 井大郎, 和知難酒毛, 六郎酒文, 宗盛吉, 助國次, 皮古汝文, 藤九

---

31) 『세조실록』 권8, 3년 7월 임오·갑신·병술.
32) 『성종실록』 권129, 12년 5월 무자. 권130, 6월 기미, 권132, 8월 경오.
33) 『중종실록』 권55, 20년 9월 경신·임술.
34) 『명종실록』 권19, 10년 8월 갑술·병자. 10월 신묘. 11월 을미.
35) 『해동제국기』 日本國紀 筑前州 宗家茂.
36) 한문종, 위의 논문, 100쪽의 「⑤島主管下人」 참조.

郎, 藤影繼, 藤安吉, 宗家茂, 道安, 多羅而羅 등은 그의 자손들이 父의 관직을 습위하였거나 또는 습위를 요청하여 계속하여 수직왜인이 되었던 것이다.

2) 수직왜인의 대우

그렇다면 이들 수직왜인들은 조선 정부로부터 어떠한 대우를 받았을까. 이점을 통하여 그들이 조선의 정치 체제 속에 어떠한 형태로 예속되어 있었던가를 가늠할 수 있겠다.

① 정치적 대우 : 먼저 수직왜인이 제수받은 관직을 도표화하면 다음 표와 같다.

〈표 4〉 수직왜인의 처음 받은 관직[37]

처음에 받은 관직	품 계	向化 倭	通交 倭
同知中樞	종2품	·	3
護軍	정4품	·	24
副護軍·宣略將軍·司宰少監	종4품	2	3
司直·行司直	종4품	2	2
副司直	정5품	1	7
司果	종5품	·	4
副司果	정6품	·	2
司正·行司正	종6품	6	16
副司正	정7품	4	·
司猛·散貝	종8품	6	15
기타·典醫博士	정8품	2	14
계		23	90

이 표를 보면, 수직왜인이 받았던 관직은 종2품 同知中樞에서 정8품 司猛에 이르기까지 매우 다양하게 분포되어 있는데, 전문직인 典醫博士와 司宰

---

37) 韓文鐘, 「朝鮮前期の受職倭人」 『年報 朝鮮學』 第5號, 日本 九州大學, 1995, 15쪽.

少監을 제외하면, 모두 서반의 무관직이었다. 이점은 조선에서 그들에게 비록 실권을 주지는 않았지만, 대마도를 조선의 남쪽 울타리로 인식하고 그들이 국경을 지킨다는 의미에서 무관직을 주었다고 생각된다.

그런데 수직왜인이 받은 품계는 향화왜인의 경우는 선략장군(종4품)과 행사직(정5품)의 관직을 주었고, 그의 부하들에게는 사정, 행사정, 산원 등 정7품 이하를 제수하는 경우가 많았는데, 반면 일본거주 수직왜인은 호군(정4품)을 제수받은 자가 많았다. 이 시기는 대일통교체제가 완성된 시기로 조선에서는 이들을 우대하여 왜구의 침입을 방지하기 위한 방책으로 활용하였던 것 같다.

한편 宗貞秀, 藤原信重, 橘康連, 平長親 등은 초직으로 당상관을 제수받았는데, 이는 극히 이례적인 일로서 적왜를 참수한 자와 일본·유구국사를 안내한 자, 그리고 총통과 화약을 전래한 자들이었다. 그리고 수직왜인 중 당상관에 이른 자는 위의 4인을 포함하여 총 15명이었는데, 이들은 대부분이 대마도수직인들이었다.

② 경제적 대우 : 수직왜인에 대한 경제적인 대우는 크게 두 가지로 분류할 수 있다. 먼저 향화왜인인 경우는 수직과 동시에 토지와 집, 의복, 식료 등이 지급되고, 때에 따라서는 조선 여인과 결혼이 허가되었으며, 국가에 부담해야 하는 田租는 3년, 徭役은 10년 면제되었다. 그리고 관직에 상응하는 祿俸은 물론, 노비와 마필, 마료까지 지급하여 완전하게 조선의 정치체제 속에 수용하였음을 볼 수 있다.

한편 일본 거주 수직왜인에게도 기본적으로 관직을 제수하는 教旨 또는 告身과 그에 상응하는 조선 관리의 관복과 관대를 하사하였는데, 이들은 반드시 연 1회 도항하여 서울로 상경한 후, 하사받은 조선 관복을 입고 조선국왕을 알현하여 입조·숙배하는 절차를 밟아야 했다. 그리고 이때 가지고 온 물품을 조선국왕에게 진상하고 하사물을 받는 조공무역을 행하였고, 이 기회를 이용하여 또 사무역을 행하기도 했다. 따라서 수직왜인이 부여받은 연 1회의 입조는 무역상의 커다란 특권을 보장받은 것이며, 도서를 받게되면 대마도주와 마찬가지로 세사미두(10석 내지 15석)의 정약자가 되기도 했다.『海東諸國紀』「聘應接紀」使船定數條에 "우리 나라에서 관직을 받은 자는 1년에 1회 내조할 수 있는데, 다른 사람을 보낼 수 없다"고 하여, 수직왜인은 세견선의 정약자인데, 다만 다른 정약자와의 차이점은 다른 사인을 파견하지 못하고, 본인이 직접 내조해야 한다는 규정이 있었던 것이다.

한편 수직왜인이 내조하였을 때 상경인수는 당상관은 3인, 상호군 이하는 2인으로서 구주절도사나 도주특송에 맞먹는 대우였다. 수직왜인은 「朝聘應接」에 있어서도 三浦熟供, 三浦宴, 京中日供, 闕內宴, 禮曹宴, 留浦日限 등도 諸酋使와 동등한 대우를 받았다. 또한 수직왜인중에는 연 1회 내조의 특권 이외에도 통교상의 특권, 즉 도서를 사급받거나 세사미두의 정약자가 많았는데, 수도서자가 14명인데 그중 대마도수직인이 9명이며, 세사미두를 사급받는자는 14명중 13명이 대마도의 수직인으로 대부분이 賊首 또는 그 일족이었는데, 그들이 지급 받는 세사미두는 대체로 10~15석이었다. 결국 조선에서는 이들 수직왜인을 포함하여 모든 통교왜인에게는 일정량의 쌀을 무상으로 지급하였는데 그 부담은 엄청난 양이었다. 예를 들면 1439년 예조에서 대마도주에게 보낸 서계에 의하면, 일년에 오는 자가 1만 명이나 되었고, 그들에게 지급한 쌀이 거의 10만석이 되었다고 한다.[38]

3) 수직왜인의 역할

① 수직왜인의 역할로는 우선 왜구의 토벌 종군을 들 수 있는데, 이 경우는 주로 향화수직인에 해당된다. 예를 들면 1406년(태종 6) 투항왜인 林溫·藤六·吳文 등으로 하여금 전라도에서 왜구를 토벌하도록 하였으며, 1410년

---

[38]『세종실록』21년 10월 21일(병신)조. 10만석을 현재의 도량형으로 계산하면, 1석은 열 말이고, 120근이므로 10만석×120근(0.6㎏) = 7,200톤이 된다.

에는 平道全으로 하여금 아들인 望古와 휘하 8인을 거느리고 경상, 전라, 강원에서 왜적을 방어하도록 했다.[39]

　② 일본 거주 수직인의 경우는 왜구의 동정 및 일본 정세를 보고하는 역할을 하기도 했다. 예를 들면 1418년(태종 18) 平道全은 도주의 병문안을 위하여 일시 대마도에 갔다가 조선으로 돌아와서는 왜적이 조선을 침략하려 한다는 소식을 알려주고 대비하도록 하였다. 1555년(명종 10) 平信長은 왜적이 명과 조선을 침략하려 한다고 보고하였고, 이듬해에는 왜적선 70여 척이 조선을 침략하기 위하여 떠났다고 보고하기도 했다.[40] 또한 1444년(세종 26) 藤九郞은 수직후, 一字符와 二字符를 만들어 각각 두 개로 나눈 뒤, 하나는 삼포에 두고 하나는 가지고 돌아가서, 평시에는 일자부를 보내고, 왜구의 움직임이 있을 때는 이자부를 보내어 조선에 왜구의 동정을 항시 보고하기도 했다.[41]

　③ 대마도주와 조선의 사절로서 조선과 대마도를 왕래한다던지, 사행을 호송하면서 조선과 대마 사이의 외교적인 교섭이나 현안 문제를 처리하기도 했다.

　예를 들면 1408년(태종 8) 平道全은 대마도에서 피로인을 쇄환하여 귀환하였고, 그 이듬해에는 報聘使로서 대마도에 파견되었으며, 1411년과 1416년에도 대마도주에게 미두를 사급하고 화호와 왜적의 금압을 요청하기 위하여 대마도에 파견되기도 했다.[42] 또 1476년(성종 7)에는 선위사 金自貞을 대마도에 파견하였는데, 그때 중추 平茂續, 첨지 皮古汝文, 호군 源茂崎, 특송 助國次 등이 선위사 일행을 호행했다.[43] 또한 1479년(성종 10)에는 통신

39) 『태종실록』 권19, 10년 2월 갑자. 5월 무자.
40) 『명종실록』 권18, 10년 6월 갑자. 권32, 21년 2월 경진.
41) 『세종실록』 권104, 26년 6월 정유.
42) 『태종실록』 권16, 8년 11월 경신. 권17, 9년 4월 계사. 권22, 11년 9월 기사. 권32, 16년 7월 임진.
43) 『성종실록』 권69, 7년 7월 정묘. 권72, 7년 10월 신사.

사 이형원을 막부에 파견하였는데, 이때 대마도주 특송으로 내조한 平國忠에게 통신사행을 호행하도록 했다.44)

④ 도주의 명을 받아 삼포항거 왜인들을 통할한다던지, 쇄환하는 일을 담당하기도 했다.45) 예를 들면 1466년(세조 12)에는 삼포왜인의 작란을 효유하기 위하여 수직왜인 藤安吉을 三浦曉諭使로 삼아 파견하였고, 1469년(성종 즉위년)에는 중추 平茂續이 대마도에서 내조하여 삼포에서 항거하는 왜인을 쇄환하였으며, 대호군 皮古汝文은 1474년(성종 5)에 平茂續과 같이 도주특송으로 내조하여 역시 같은 일을 했다.46)

⑤ 조선술, 의술, 제련술 등을 조선에 알려오기도 했다. 즉 1413년(태종 13)에는 평도전으로 하여금 선박을 제조케 하여 조선병선과 빠르기를 비교하기도 했으며, 1445년(세종 27)에는 수직왜인 藤九郎으로 하여금 왜선체제로 병선을 만들어 시험케 했다. 그러나 왜선이 조선배 보다 속도는 빠르나 내구성이 약하고 높이도 얕아서 제조기술이 수용되지는 않았다.47)

또한 의술에 정통하였던 向化僧 平原海에게 전의박사를 제수하고 平姓을 하사하였는데, 그는 醫員, 判典醫監事를 거쳐 中樞院副事에까지 이르렀다. 특히 그는 1403년(태종 3)에는 內醫로서 활약하였을 뿐만 아니라 사람들의 질병을 치료한 공로로 奴婢 2口를 하사받기도 했다.48)

또한 수직왜인 중에는 무기제조에 관련된 기술을 가진자들이 있었다. 한 예로 1554년(명종 9)에는 平信長이 총통을 제조하였는데 정밀하기는 하나 화약을 넣기가 쉽지 않고 위력이 약해서 후대하여 돌려보냈다. 또한 그 이듬해에는 平長親이 가지고 온 총통이 매우 정교하였고, 그가 만든 화약도 위력이 대단하여 그에게 당상관을 제수하기도 했다.49) 그러나 이들이 전

---

44) 『성종실록』 권104, 10년 5월 임술.
45) 『성종실록』 권48, 5년 10월 무자.
46) 『성종실록』 권48, 5년 10월 무자.
47) 『성종실록』 권37, 4년 12월 임오.
48) 『태종실록』 권5, 3년 5월 정해.

해온 조선술, 의술, 제련술 등이 조선에 어떠한 영향을 끼쳤는지는 알 수
없다.

5. 수직왜인의 告身

그러면 이들 수직왜인에게 관직을 제수하면서 내려준 告身(때로는 敎旨)
을 통하여 그들이 조선의 정치체제안에 어떻게 편입되어 있었던 가를 살펴
보자.

현재 이들 수직인에게 관직을 제수한 문서인 告身(敎旨)이 전부 14개 현
존하는데, 우리나라 국사편찬위원회에 3개가 있고, 나머지 11개는 대마도
내지는 일본에 남아 있는 것으로 조사되어 있다.[50] 이것들 중, 대마도 宗田
氏 가문에서 소장하고 있는 3개의 고신과 국사편찬위원회에서 소장하고 있
는 3개의 고신을 비교·고찰해 보자.

조선시대 문무반의 관리에게 관직을 내리는 사령장의 형식은 크게 둘로
나뉘어지는데,『經國大典』禮典에 의하면「文武官四品以上告身式」과「文武
官五品以下告身式」이 있다.

---

49)『명종실록』권17, 9년 12월 갑신, 을유. 권18, 10년 5월 갑인. 당시 平長親이 받은
   교지가 국사편찬위원회에 소장되어 있다.
50) 中村榮孝,「受職倭人の告身」『日鮮關係史の硏究』上卷, 1965, 585쪽 참조. 필자는
   1996년 3월 8일 전쟁기념관에서 열린 심포지움「한·일 양국간 영토인식의 역사적
   재검토」를 준비하는 과정에서 6장을 조사·촬영하였다.

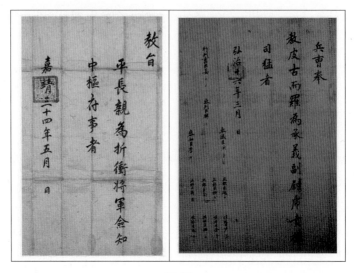

〈고신〉

먼저 4품 이상의 고신식을 보면,

教旨
某爲某階某職者
年 宝 月 日

이것은 교지형식으로, 4품 이상의 관리는 국왕의 명으로 내려주며 교지에는 「施命之宝」를 찍는다.

한편 5품 이하의 고신식은

某曹某年某月某日奉
教具官某爲某階某職者
年 宝 月   日

이 서식에 「某曹」라고 되어 있는 것은 문관은 이조, 무관은 병조가 敎를 내리기 때문이다. 수직인은 모두 무관의 벼슬을 제수 받았기 때문에 병조의 소관으로, 「兵曹之印」을 찍는다. 그리고 수직고신들에 「某年某月某日奉」이 없는 것은 그러한 예가 많으므로 이 고신들이 잘못된 것은 아니다. 「具官某」가 있는데, 바로 성명이 쓰여진 것은 처음 임관하는 경우이기 때문이다.

그러면 이들 고신을 시대 순으로 배열하여 보자.

① 早田氏 소장 고신

현재 남아있는 고신 가운데 가장 오래된 것으로 1477년(성종 8) 고신이다. 그러나 애석하게도 다른 것들이 거의 완전한 원형을 유지하고 있음에 비하여 이것만은 심하게 손상되었다. 지금 해독이 가능한 부분을 옮겨보자.

　兵□□□
　　(曹奉)
　敎忠毅校尉弥□□爲□□□□□
　　　(果毅校尉虎)
　虎衛司直者

　成化十三年九月十七日

이 내용을 보면, 弥□□이라는 자가 忠毅校尉 虎賁衛 司直이던 것을 이 날에 果毅校尉 虎賁衛 司直으로 한 것이다. 司直은 정5품인데, 충의는 무반 정5품 이하이고 과의는 정5품 이상이기 때문에, 이때 정5품 이하이던 것을 상위로 올리는 승진의 고신이다. 호분위는 조선초기 중앙의 군사제도인 오위, 즉 의흥·용양·호분·충좌·충무의 하나로 서울서부에 주둔하는 부대이다.

이 수직의 당사자는 『海東諸國紀』 日本國紀, 對馬島에 의하면 船越에 살

고 있는 副司果 平伊也知며, 별명이 早田彦八이다. 1470년(성종 원년)에 도
주의 청에 의하여 수직된 자로, 平茂持의 아들이라고 했다. 早田彦八이라면
현재도 대마도 尾崎에 살고 있는 早田氏의 선조가 틀림없으며, 따라서 이
고신의 당사자인 弥□□는 彦八의 별명인 伊也知이다.[51] 그런데 여기서『朝
鮮王朝實錄』1485년(성종 16) 12월 기해조에 의하면 早田彦八이 僉知로 나
오는데, 첨지는 중추부의 정3품 당상관의 관직이 되므로, 정5품 이하에서
정3품까지는 7회의 승진이 있어야 하는데, 그 사실여부는 좀더 검증되어야
할 것이다.

다음은 1482년(성화 18, 성종 13) 皮古三甫羅의 고신이다.

> 教旨
> 皮古三甫羅爲宣略將軍虎賁
> 衛副護軍者
> 成化十八年三月 日

皮古三甫羅(彦三郞)는 이때 처음으로 수직하였기 때문에, 『海東諸國紀』에
는 보이지 않는다. 이 고신의 양식은『經國大典』의「文武官四品以上告身式」
에 준하였고, 선략장군은 종4품하, 부호군은 종4품에 상당한다. 이 고신에
는 다른 고신에서는 볼 수 없는 특색으로서,「朝鮮國王之印」즉「大寶」가
찍혀져 있다.

『朝鮮王朝實錄』과『海東諸國紀』에 의하여 작성한 早田一族의 가계표를
참고하여 보면 平伊也知인 早田彦八의 숙부, 즉 平茂續의 아들로 판단된다.

---

51) 中村榮孝, 앞의 책, 위의 부분 참조.

早田氏의 계보

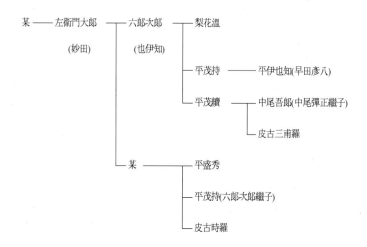

다음 皮古而羅의 고신은 1503년(연산군 9)에 받은 것이다.

兵曹奉
教皮古而羅爲承義副尉屈賁衛
司猛者
弘治十六年三月 日

皮古而羅는 『海東諸國紀』에 1464년(세조 10)에 수직했다고 하는 호군 皮
古時羅의 아들이 아닐까한다.[52] 아비의 사망 후에는 아들이 수직을 청하는
것이 통례이기 때문에 그 이름을 생각하면 부자가 아닐까 추측된다.

② 국사편찬위원회 소장 고신

현재 국사편찬위원회에는 세 장의 수직왜인 고신이 소장되어 있다. 그중
1555년(명종 10)에 제수된 것이 두 장이 있는데, 먼저 平長親에게 제수된

---

52) 中村榮孝, 앞의 책, 위의 부분, 참조.

교지를 보면,

敎旨
　平長親爲折衝將軍僉知
　中樞府事者
　嘉靖三十四年五月　日

　로 되어 있는데, 절충장군은 무반 3품의 상위이며, 중추부는 무반의 최고 관아로서 문무양반중 일정한 사무가 없이 임직이 없는 자를 우대하는 관직이었다. 平長親에 관하여『朝鮮王朝實錄』에는 다음과 같은 기사가 있어 매우 흥미롭다.

　비변사가 아뢰기를, "日本 倭人 平長親이 가지고 온 銃筒이 지극히 정교하고 제조한 화약도 또한 맹렬합니다. 상을 내리지 않을 수 없으니, 바라건대 그의 원대로 당상의 직을 제수함이 어떻겠습니까?"하니, 아뢴대로 하라고 하여,[53] 무슨 관직을 제수하였는가는 알 수 없는데, 실록의 연월과 교지의 연월이 일치하는 것으로 보아 이때 내린 교지가 바로 이것임이 분명하다.

　다음 같은 해에 平松次에게 제수된 고신을 보면,

兵曹奉
敎平松次爲承義校尉虎賁衛司
猛者
嘉靖三十四年五月　日

　이 고신은 平松次가 받은 고신으로 承義副尉는 무반 정8품이며 사맹은 오위의 벼슬이다. 이 문서의 양식도『經國大典』禮典의「文武官五品以下告身式」의 기준을 따르고 있다.

---

53)『명종실록』권18, 10년 5월 갑인.

다음은 信時羅에게 수여한 고신으로,

> 兵曹奉
> 敎信時羅爲承義副尉虎賁衛司猛者
> 隆慶三年八月 日

위의 고신은 1569년(선조 2) 信時羅를 司猛에 임명한 고신이다.

사맹은 정8품 상당관이며, 승의부위는 정8품의 階號이다. 문서의 양식에 관하여서는 앞에서 언급했다. 信時羅가 어떠한 인물인가에 관하여는 정확히 알 수 없지만, 임진왜란 중에 수직을 받았던 信時老와 동일인물이 아닌가 한다.54)

6. 맺음말

이상의 내용을 통하여 대마도인들이 조선의 각종 통제책에 의하여 왜구로부터 통교자로 전환하여 조선 중심의 정치질서와 외교질서에 편입되어 가는 과정을 살펴보았다. 이미 언급하였지만, 고려중엽부터 진봉관계에 의하여 우리나라에 종속되어 있었던 대마도는 여·몽 연합군의 일본정벌과 일본내부의 사정에 의하여 왜구로 변질되었으나, 조선시대에 들어와 조선의 각종 통제책에 의하여 다시 조선 중심의 외교·정치질서에 편입되면서 조선에 종속되었다.

즉 조선은 건국초기부터 조선국왕과 일본장군을 중국의 책봉체제를 전제로 하여 對等交隣의 선상에 놓고 그를 통해 왜구를 금압하려고 했으나 그다지 효과가 없었다. 그러자 조선에서는 일본으로부터의 모든 도항자를 대마

---

54) 中村榮孝, 『日鮮關係史の硏究』 下卷, 「受職倭人の告身」, 1965, 614쪽.

도주를 대변자로 하여 조선이 설정한 각종의 통제규정에 따르게 함으로써, 그들을 조선중심의 정치·외교질서인 羈縻秩序에 예속시켜 갔다.

이와 같이 조선이 설정한 기미질서속에 편입되어, 조선의 관직을 직접 제수받고, 본인이 연 1회 직접 조선에 도항하여 서울로 상경한 후, 하사받은 조선관복을 입고 입조하여 조선국왕을 알현하고 숙배하는 절차를 의무화한 이 수직제도는 그들이 받은 관직이 실직은 아니었다고 해도, 그들이 조선으로부터 받은 대우와 각종의 역할을 통해서 보면, 그들이 이미 조선의 정치 질서 속에 편입되어 있음은 부인할 수 없는 분명한 역사적 사실이다.

결국 대마도는 조선이 설정한 이러한 기미질서의 제도적인 틀속에서, 통교자로서의 특권을 보장받아 그들의 생존을 유지해갔던 것이며, 적어도 조선전기의 경우만 보더라도 초무관 강권선의 보고에서처럼 대마도는 일본영토였지만 일본정부의 명령이 직접적으로 미치지 않는 지역으로, 정치·외교적으로나 경제적으로 조선에 완전히 종속된 양상을 보여주고 있다. 그리고 대마도의 이러한 양속성은 적어도 조선후기 기유약조가 체결될 당시만 하더라도 약조문에 구체적으로 명시될 정도로 조선과 대마도의 관계를 특징지워주는 고유한 특성으로 지속되었던 것이다.

제2장
조선시대 『行實圖』에 나타난 일본의 표상

1. 서론

조선시대, 조선인들에게 日本, 또는 日本人은 어떤 이미지를 갖는 존재였을까. 역사적으로 보면, 조선인들에게 일본은 친근한 상대는 아니었다. 일본은 늘 부담스럽고, 회피하고 싶고, 때로는 공포의 대상이었고, 때로는 혐오의 대상이었다. 그렇다면 조선인들이 일본 또는 일본인, 나아가 일본문화에 대해서 갖고 있는 否定的인 이미지는 어떻게 만들어졌으며, 그것은 어떻게 전승되었을까.

조선시대, 조선인들에게 가장 충격적인 사건은 14세기 후반, 반세기 이상에 걸쳐 자행된 倭寇의 약탈과 16세기 후반, 7년간의 壬辰倭亂이었다. 왜구의 약탈과 임진왜란은 조선인에게 많은 상처와 고통을 주었으며, 이것은 곧바로 조선인의 부정적인 日本認識으로 고착되었다.

조선왕조에서는 유교이념을 통해 국민들을 교화했는데, 그 대표적인 수단이 『行實圖』의 편찬과 보급이었다. 『행실도』란 유교이념의 보급과 풍속교화를 목적으로 제작한 官撰 對民教化書로서, 타인에게 모범이 될 만한 사람들의 행적('行實')과 그 내용을 그린 揷畵('圖')를 수록한 책이다. 유교의 기본덕목인 삼강(忠·孝·節)과 오륜(義, 親, 別, 序, 信)을 강조한 『행실도』를 편찬하여 보급했다.

그런데 이들 『行實圖』 속에는 왜구와 임진왜란과 관련된 내용이 다수 삽입되어 있다.

　종래의 『행실도』에 관한 연구들은, 『행실도』의 편찬과 보급과정, 편찬목
적, 그리고 체제나 삽화형식, 판본형태, 한글보급, 여성수난 등, 교육사, 사
회사, 미술사, 서지학적인 측면에서 다루었을 뿐, 일본과 관련한 연구는 거
의 없다.1)

　본고에서는 『行實圖』에 수록된 일본관련 내용을 발췌, 분석하여, 그 가운
데에 나타난 조선인의 일본 내지 일본인에 대한 記憶과 認識, 그리고 그것

---

1) 행실도에 관한 기존연구로는 한국에서는 김원룡, 「三綱行實圖 刊本攷」, 『東亞文化』
　4, 서울대학교 동아문화연구소, 1965 ; 김항수, 「『三綱行實圖』편찬의 推移」, 『진단
　학보』 85, 진단학회, 1988 ; 金勳埴, 「16세기 『二倫行實圖』 보급의 社會史的 考察」,
　『역사학보』 107, 1985 ; 金勳埴, 「『三綱行實圖』 보급의 社會史的 考察」, 『진단학보』
　85, 진단학회, 1988 ; 朴珠, 「『東國新續三綱行實圖』烈女圖의 分析」, 『논문집』 20, 효
　성여대 여성문제연구소, 1992 ; 이혜순, 「烈女像의 전통과 변모-『三綱行實圖』에서
　朝鮮후기 「烈女傳」까지」, 『진단학보』 85, 진단학회, 1998 ; 志部昭平, 「諺解三綱行實
　圖の傳本とその系譜」, 『東洋學』 19, 단국대학교 동양학연구소, 1989 ; 최승희, 「世宗
　朝 政治支配層의 對民意識과 對民政治」, 『진단학보』 76, 진단학회, 1993 ; 河宇鳳, 「世
　宗代의 儒敎倫理 普及에 대하여 : 孝行錄과 『三綱行實圖』를 중심으로」, 『全北史學』 7,
　1983 ; 노영구, 「공신선정 전쟁평가를 통한 임진왜란 기억의 형성」, 『역사와 현실』
　51, 한국역사연구회, 2004 ; 宋日基·李泰浩, 「朝鮮시대 '행실도'판본 및 판화에 관한
　연구」, 『어문학』 88, 한국어문학회, 2001 ; 이수경, 「朝鮮時代 孝子圖-行實圖類 孝
　子圖를 중심으로」, 『미술사학연구』 242~243, 2004 ; 李光烈, 「光海君代, 『東國新續三
　綱行實圖』 편찬의 의의」, 서울대대학원, 2004 ; 권정아, 「『東國新續三綱行實圖』의 烈
　女 분석」, 부산대대학원, 2006 ; 吳允禎, 「17세기 『東國新續三綱行實圖』 연구」, 홍익
　대 대학원, 2008 등, 일본에서는 金永昊, 「浅井了意の『三綱行実図』翻訳--和刻本·和
　訳本の底本と了意」, 『近世文芸』 通号 91, 2010 ; 岩谷 めぐみ, 『三綱行實圖』群の「烈女」
　篇の成立--朝鮮時代の烈女傳と日本の列女傳について(特集 東アジアの文学圏--比較から
　共有へ) 『アジア遊学』 114, 2008 ; 金子祐樹, 「『東国新続三綱行実図』第十八巻に見
　る忠臣像の変遷と東国人事例限定化との関連」, 『高麗美術館研究紀要』 6, 2008 ; 厳基
　珠, 「近世の韓·日儒教教訓書--「東国新続三綱行実図」「本朝女鑑」「本朝列女伝」を中心
　として」, 『比較文學研究』, 通号 70, 1997 ; 伊藤英人, 「中世韓国語-三綱行実図諺解用
　例分析」, 『朝鮮学報』 151, 1994 ; 菅野裕臣, 「諺解三綱行実図研究(全2)」, 『朝鮮学報』, 通
　号 145 ; 平木実 解題, 「「続三綱行実図」と教化教育」, 『朝鮮学報』 105 ; 中村幸彦, 「朝
　鮮説話集と仮名草子--『五倫行実図』を主に」, 『朝鮮学報』 49 등 참조.

이 어떻게 傳承되고 있는가를 살펴보고자 한다.

2. 『行實圖』의 편찬과 내용

조선시대에는 총 5회에 걸쳐 행실도를 편찬했다. 1434년(세종 16)에 『三綱行實圖』가 최초로 편찬·간행된 이후, 『續三綱行實圖』(1514, 중종 9), 『二倫行實圖』(1518, 중종 13), 『東國新續三綱行實圖』(1617, 광해군 9), 『五倫行實圖』(1797, 정조 21)를 편찬했고, 『三綱行實圖』와 『二倫行實圖』를 중심으로 기존 행실도들을 여러 차례 중간했다.

이와 같이 삼강과 오륜에 관한 서적의 편찬과 간행, 그리고 그에 수반된 충신·효자·열녀들에 대한 포상과 대우는 일반 백성들의 의식과 행동에 깊은 영향을 주었으며, 삶의 모범적인 사례로 존숭되고 인식되었으며 기억되었다.

이들 행실도 가운데에는 일본과 관련하여 총 591건의 삽화와 글이 수록되어 있다. 그 내용을 보면, 『三綱行實圖』에는 총 330건 가운데 9건, 『續三綱行實圖』에는 총 69건 가운데 3건, 『東國新續三綱行實圖』에는 1,587건 가운데 576건, 『五倫行實圖』에는 총 150건 가운데 3건이다.

〈『行實圖』의 일본관련 삽화 일람표〉

행실도명	수록건수	효자	충신	열녀	계
『三綱行實圖』	330	2		7	9
『續三綱行實圖』	69	1		2	3
『二倫行實圖』	48				0
『東國新續三綱行實圖』	1,587	89	54	433	576
『五倫行實圖』	150			3	3
총 계	2,184	92	54	445	591

* 효자, 충신, 열녀의 숫자는 일본관계임.

1) 『三綱行實圖』

(1) 편찬과 구성

1428년(세종 10) 9월, 진주에서 金禾가 아버지를 살해하는 일이 일어났다. 세종은 이 소식을 듣고 곧바로 經筵에서 孝悌의 마음을 돋우고, 풍속을 두텁게 하는 방안을 강구하도록 했다. 이에 卞季良은 고려시대 權溥가 지은 『孝行錄』을 널리 간포하여 백성들이 읽게 하는 것이 좋겠다고 건의했다. 세종은 직제학 偰循에게 명하여 집현전에서 『삼강행실도』를 편찬토록 했다. 그리하여 4년 뒤인 1432년 6월 초고를 완성하여, 각판을 완료한 후, 1434년 11월, 전국에 반포·보급했다.

책의 구성은 삽화를 먼저 실었고, 이어 행적과 시를 붙였다. 이것은 읽는 사람이 우선 그림을 통해서 흥미를 갖은 연후에, 그림의 설명을 읽도록 하려는 의도로 보인다. 그러나 이 시기는 아직 훈민정음이 반포되기 이전이라서, 행적을 한문으로만 기록하였다. 그림의 화법은 모두 線畵이어서 화풍을 알기가 어렵지만, 『東國新續三綱行實撰集廳儀軌』는 『夢遊桃源圖』의 작가로 유명한 安堅이 그린 것으로 전하고 있다.

權採의 서문에 의하면, "중국으로부터 우리 동방에 이르기까지 古今의 글에 기록되어 있는 것을 모두 찾아 모아서, 효자·충신·열녀로서 특별히 기록할 만한 자를 각각 110인씩을 선정하여, 앞에는 형상을 그리고, 뒤에는 사실을 기록했으며, 아울러 시를 붙였다. 孝子는 太宗이 하사한 <孝順事實>의 시를 기록했고, 겸하여 臣의 高祖인 權溥의 『孝行錄』 가운데 명유 이제현의 찬을 실었다. 나머지는 輔臣으로 하여금 나누어 편찬하게 했고, 忠臣과 烈女의 시는 文臣으로 하여금 짓게 하였다."고 했다.

『三綱行實圖』에는 왜구와 관련하여 9인의 행적을 수록했다.

(2) 왜구관련

『三綱行實圖』에는 왜구와 관련하여 열녀 7건, 효자 2건 등 총 9건을 수록했다. 그 내용을 발췌해 보면 다음과 같다.

① 최씨가 화를 내며 꾸짖다(崔氏奮罵)

〈원문〉

烈婦崔氏 靈巖士人仁祐女也 適晉州戶長鄭滿 生子女四人 其季在襁褓. 洪武己未 倭賊寇晉 闔境奔竄 時滿因事如京 賊入里間 崔年方三十餘 且有姿色 抱携諸息走避山中 賊四出驅掠. 遇崔露刃以脅 崔抱樹而拒 奮罵曰 死等爾 汚賊以生 無寧死義 罵不絶口 賊遂害之 斃於樹下 賊擄二息以去 第三兒習 甫六歲 啼號屍側 襁褓兒猶匍匐就乳 血淋入口 尋亦斃焉 後十年己巳 都觀察使張夏以聞 乃命旌門 蠲習吏役

〈번역〉

烈婦 崔氏는 영암에 사는 士人 崔仁祐의 딸이다. 진주의 호장 鄭滿에게 시집가서 자녀 넷을 낳았고, 막내는 갓난아이였다. 洪武(1379) 己未에 왜적이 진주에 침구해오니, 온 경내 사람들이 도망쳐 숨었다. 이때에 정만은 일이 있어 서울에 갔었다. 왜적이 마을에 들어왔다. 최씨는 30여 세였고, 자색도 있었다. 여러 자식을 데리고 산 속으로 피난하였다. 왜적이 사방에서 노략질하다가 최씨를 만나 칼을 뽑아 협박하였다. 최씨가 나무를 안고 항거하며 분연히, "죽기는 마찬가지이니, 도둑에게 더럽히고 사는 것보다는 차라리 의리를 지키고 죽는 것이 낫다." 하고 꾸

짖는 소리가 입에서 끊이지 않았다. 왜적이 드디어 최씨를 살해하여 나무 밑에서 죽였다. 왜적이 두 자식을 잡아가고, 셋째 아이 習은 6세였는데 최씨

옆에서 울부짖었다. 갓난아이는 어미의 젖을 빨아 피가 입으로 들어가더니, 조금 뒤에 죽었다. 10년 뒤 1389년(기사년)에 觀察使 張夏가 조정에 아뢰니, 명하여 정표하고 鄭習의 吏役을 면제시켰다.

【詩原文】　良人上計赴王京　倭寇攘陷邑城
　　　　　　賦幸生寧死義　中心取舍已分明
　　　　　　賊勢縱橫閭郡驚　兒被攘若爲情
　　　　　　可憐抱樹捐生處　風響依稀罵賊聲
【시역문】　지아비는 일이 있어 서울에 가고, 왜구는 노략하여 읍성을
　　　　　　함락했네.
　　　　　　도둑에게 욕당함보다 의리 지켜 죽으리라, 마음속에 결정이
　　　　　　이미 분명하였네.
　　　　　　도둑이 마구 날뛰어 온 고을 놀랬는데, 아이들과 잡히니 심
　　　　　　정 어떠했을까.
　　　　　　가엾게도 나무안고 죽은 그곳에, 울어대는 바람소리가 적을
　　　　　　꾸짖는 소리같구나.

『고려사절요』 신우 5년(1379) 5월 기사조에 의하면, "왜적의 기병 7백과 보병 2천여 명이 진주를 침범하니, 楊伯淵이 禹仁烈·裵克廉 등과 함께 班城縣에서 싸워 13급을 베었으므로 물건을 차등있게 하사하였다"[2]라는 기사가 있다. 왜구의 침입 시기나 지역을 보면, <烈婦崔氏>의 기사와 일치한다.

이 내용으로 볼 때, 1379년 5월, 왜구가 진주일대를 침입했고, 그 때에 진주 경내에 있던 최씨가 변을 당했다. 나이가 30여세로 용모도 있던 여인을 겁탈하려 했으나 반항을 하자 살해했고, 아이 넷 중에 둘은 붙잡아 갔고, 갓난아이는 어미의 젖을 빨다가 죽었고, 당시 6세이던 아이(鄭習)만이 살아남아 16세때에 役을 면제받았다. 붙잡혀 간 두 아이는 정습보다 위였으므로 대략 10세 전후로 추정된다. 짧은 기사이지만, 당시 왜구의 잔혹행위를 엿

---

2) 『고려사절요』 31, 5년 5월 ; 손승철편, 『한일관계사료집성』 2, 256 사료 398번.
　『고려사』 121, 열전 34 ; 손승철편, 『한일관계사료집성』 2, 74 사료 85번.

볼 수 있다.

② 세 처녀가 못에 뛰어들다(三女投淵)

〈원문〉

洪武十年三月 倭寇江華府 萬戶金之瑞 府
使郭彦龍 率府民 遁于摩利山 府吏之處女三
人 將見獲 遂投于江

〈번역〉

洪武 10년 3월에 왜적이 江華府에 침입
하니, 萬戶 金之瑞와 府使 郭彦龍이 府民을
거느리고 摩利山으로 도망했다. 府吏의 처
녀 세 사람이 붙잡히게 되니, 드디어 강에
몸을 던졌다.

<이하의 자료에서는 詩를 생략함>

『고려사절요』 권30, 신우 3년(1377) 3월
기사조에 "왜적이 또 강화부를 침범하니, 만호 金之瑞, 부사 郭彦龍이 마니
산으로 도망쳤다. 왜적이 드디어 크게 노략하여 지서의 처를 사로잡아 갔
다. 강화부 관리의 처녀 세 사람이 적을 만나, 몸을 더럽히지 않으려고 서로
끌어안고 강에 빠져 죽었다."3)고 기록되어 있다.

이 내용으로 보면, 1377년 3월 왜구가 강화부를 침입하여 萬戶 金之瑞의
처를 잡아갔고, 또 세 처녀를 겁탈하려 하자, 이를 피해 강으로 뛰어 들어
자살했음을 알 수 있다.

---

3)『고려사절요』30, 신우 3년 3월 ; 손승철편,『한일관계사료집성』2, 234 사료 319번.
　『고려사』121, 열전 34 ; 손승철편,『한일관계사료집성』2, 74, 사료 84번.

③ 열부가 강에 뛰어들다(烈婦入江)

〈원문〉

烈婦 京山人 進士裵中善女也 旣笄 歸士
族李東郊 善治內事 洪武庚申 倭賊逼京山 闔
境擾攘 無敢禦者 東郊時赴合浦帥幕 未還 賊
騎突入烈婦所居里 烈婦 抱乳子走 賊追之及
江 江水方漲 烈婦度不能脫 置乳子岸上 走入
江 賊持滿注矢擬之日 而來 免而死 烈婦顧見
賊 罵日 何不速殺我 我豈汚賊者邪 賊發矢中
肩 再發再中 遂歿於江中 體覆使趙浚 上其事
族表里門

〈번역〉

열부는 京山 사람이며 進士 裵中善의
딸이다. 笄禮4)을 치르고 나서 士族 李東郊
에게 출가하여 가정 일을 잘 다스렸다. 洪
武, 庚申年(1380)에 왜적이 경산을 침공하
니 온 경내가 요란하여 감히 막을 자가 없었는데, 이동교는 이때 合浦의 元
帥의 幕에 가서 아직 돌아오지 않았다. 적의 기병이 열부가 사는 마을에 돌
입하였으므로, 열부가 젖먹이 아들을 안고 달아나는데, 적이 뒤쫓아 왔다.
강에 이르니 강물이 바야흐로 불어났으므로, 열부가 벗어나지 못하리라고
생각하고, 젖먹이 아들을 언덕 위에 두고 강으로 달려 들어갔다. 도둑이 활
을 당기어 겨누며 말하기를, "네가 나오면 죽음을 면할 것이다." 하였으나,
열부가 적을 돌아보고 꾸짖기를, "왜 빨리 나를 죽이지 않느냐? 내가 어찌 도
둑에게 더럽혀질 사람이냐?" 하니, 적이 화살을 쏘아 어깨를 맞히고 두 번 쏘
아 두 번 맞히어, 드디어 강 가운데서 죽었다. 體覆使 趙浚이 그 일을 아뢰어,
里門에 旌表하였다.

『고려사절요』 권31, 신우 8년(1382) 6월 기사에는, "전법판서 趙浚을 경

---

4) 여자가 15세가 되면 시집을 가기 이전이라도 비녀를 꽂는 의식.

상도 체복사로 삼았다. 이때는 왜구의 침범이 매우 강성하여, 각 고을이 소란해서 백성들이 모두 산골로 도망하였으며, 나라에 기강이 없고, 장수들은 둘러서서 보기만 하고 싸우지 않으니, 적세는 날마다 성하여졌다. 조준이 오자 호령이 엄하고 밝으므로, 장수들이 몹시 두려워하여 잇달아 전승하니, 道民들이 그 덕택으로 조금 편안해졌다. 이보다 앞서 … 경산부 사람 裵仲善의 딸이 아이를 업고 왜적에게 쫓기다가 所耶江에 이르렀는데 강물이 한참 불어 있었다. 그 여자(배중선의 딸)가 도망칠 수 없음을 알고, 물 속으로 뛰어 들어갔다. 적이 강 언덕에 이르러 활을 당기며 말하기를, "네가 나오면 죽음을 면할 수 있다." 하였으나, 여자가 말하기를, "나는 선비의 딸이다. 일찍이 烈女는 두 지아비를 섬기지 않는다는 말을 들었다. 죽더라도 네 놈에게 욕을 당할 수는 없다." 하였다. 적이 활을 쏘아서 먼저 아이를 맞혔다. 그리고 적이 활을 당기며 전과 같이 말했으나, 끝내 나오지 않고 해를 당했다."[5]는 기사가 있다. 따라서 이 기록을 보면, 1382년 6월에 경산에서 일어난 사건임을 확인할 수 있다.

④ 김씨가 왜적에게 죽다(金氏死賊)

〈원문〉
金氏 書雲正金彦卿妻也 居光州 洪武丁卯 倭寇本州標掠村落 突至其家 家人奔竄 彦卿夫婦 匿林莽間 倉卒 金行不逮 遂見執 賊欲私之 金曰 寧就萬死 義不受辱 竟不肯屈 賊害之 永樂甲辰 命訪境內善行 州上其事 乃旌門閭

〈번역〉
金氏는 書雲正 金彦卿의 아내이다. 光州에 살았는데, 洪武 丁卯(1387년)에 왜구가 本州에 침입하여 촌락을 노략하다가 돌연히 그 집에 이르니, 식구들

은 도망해 숨고 김언경 부부도 달아나 숲 사이에 숨는데, 창졸간에 김씨의 걸음이 미치지 못하여 드디어 붙잡혔다. 도둑이 간통하려 하니, 김씨가 말하기를, "차라리 만 번 죽을지언정 의리가 욕볼 수 없다." 하고 끝내 굽히지 않으니, 도둑이 노하여 살해하였다. 永樂, 甲辰(1424년)에 명하여 경내의 착한 행실을 찾게 하였을 때에 州에서 그 일을 아뢰어, 里門에 旌表하였다.

『고려사절요』 권32, 辛禑 13년(1387) 11월에, "왜구가 光州를 침략하여 前 書雲正 金彦卿의 처 김씨를 잡아 가서 욕보이려 하니, 김씨가 땅에 엎어져 적을 꾸짖으며 크게 고함치기를, "너희들은 곧 나를 죽여라. 의리상 욕은 당하지 않겠다." 하여, 드디어 해를 당하였다"6)고 기록되어 있다. 성폭행을 거부하는 김씨를 왜구가 살해하는 장면을 묘사했다.

⑤ 경씨의 아내가 절개를 지키다(慶妻守節)

〈원문〉
慶德儀妻某氏 居井邑縣 洪武己巳 倭寇本縣 某被執 守節而死

〈번역〉
慶德儀의 아내 某氏는 井邑縣에 살았는데, 洪武, 己巳(1389년)에 왜구가 本縣을 침입하여 모씨가 붙잡혔으나 절개를 지켜 죽었다.

『三綱行實圖』에는 1389년 己巳로 기록되어 있으나, 『고려사절요』에는

---

6) 『고려사절요』 32, 신우 13년 11월 ; 손승철편, 『한일관계사료집성』 2, 295, 사료 536번. 『고려사』 121, 열전 34 ; 손승철편, 『한일관계사료집성』 2, 76 사료 88번.

1387년 12월조에, "왜구가 정읍현을 침략하여 前醫正 景德宜의 처 安氏가 사는 마을에 들어가니, 안씨가 두 아들과 세 여종을 끌고 후원 움 속에 숨었다. 적이 찾아내어 난행을 하려 하자, 안씨가 꾸짖고 항거하니, 적이 머리끝을 부여잡고 칼을 뽑아 위협하였다. 안씨가 온 힘을 다해 꾸짖기를, "죽을지언정 네놈들의 말은 듣지 않겠다." 하였다. 적들이 노하여 그를 죽이고, 아들 한 명과 여종 한 명을 잡아갔다. 또 중랑장 李得仁의 처 이씨를 붙잡아서 욕보이려 하니, 이씨가 죽기로 대항하였으므로 적들이 드디어 죽였다."[7)]고 기록했다.

안씨의 겁탈과 살해, 그의 아들과 여종의 납치를 기록했다. 또 중랑장 이득인의 처를 살해한 사실을 기록했다.

⑥ 송씨가 죽기로 맹세하다(宋氏誓死)

〈원문〉
宋氏 驛丞鄭寅妻也 居咸陽 洪武己巳被倭虜 倭欲之 宋誓死不從 遂見害

〈번역〉
宋氏는 驛丞 鄭寅의 아내이다. 咸陽에 살았는데, 洪武 己巳(1389년)에 왜구에게 잡히어 왜구가 욕보이려 하니, 송씨가 죽기로 맹세하고 따르지 않아 결국 살해되었다.

---

7)『고려사절요』32, 신우 13년 12월 ; 손승철편,『한일관계사료집성』2, 사료 537번.
　『고려사』121, 열전 34 ; 손승철편,『한일관계사료집성』2, 76, 사료 89번.

『고려사절요』에는 왜구가 함양에 침입한 기
사가 4개(1379, 9. 1384, 11. 1388, 8. 1389, 7)
가 있는데, 1389년 7월, "왜구가 함양·진주를
침범하니, 절제사 金賫이 가서 구원하였으나
패하여 죽었다"는 기록이 있다. 원전에 1389
년 기사년으로 연대가 나와 있으므로 이때를
가리키는 것 같은데, 더 이상의 기록이 없어
진위를 확인하기는 어렵다.

⑦ 임씨가 발을 잘리다(林氏斷足)

〈원문〉
　林氏 完山府儒士柜之女也 適知樂安郡事崔
克孚 倭寇本府 林被執 賊欲之 林固拒 賊斷一
臂 又斷一足 猶不屈 被害

〈번역〉
　林氏는 完山府의 儒士 林柜의 딸인데, 知
樂安郡事 崔克孚에게 출가하였다. 왜구가
本府를 침입하여 임씨가 붙잡혔는데, 도둑
이 욕보이려 하였으나 임씨가 굳이 거절하
였다. 도둑이 한 팔을 자르고 또 한 다리를
잘랐으나, 오히려 굴하지 않고 살해되었다.

이 기사는 『고려사』나 『고려사절요』에는
나오지 않는데, 완산은 현재의 전라북도 전주
와 완주의 옛 지명이다. 『고려사절요』에는 왜구가 전주를 침범한 기사가
1378년 10월, 1383년 8월, 1388년 5월 등 3건이 나온다.

이 가운데 1378년 10월에, "왜적이 林州를 침범하고, 또 전주를 도륙하고 불태웠다"는 기사가 있고, 1388년 5월에, "왜적이 전주를 침범하여 관사를 불태우고, 또 金堤·萬頃·仁義 등의 현을 침범하였다."는 기사를 보면 둘 중의 하나에 해당 될 것으로 추정된다.8) 이 내용으로만 보아 어느 때인지는 알 수 없으나, 『태조실록』 7권, 4년(1395) 4월 경인조에 의하면, "完山의 節婦 林氏의 旌門을 세웠다. 임씨는 완산사람 崔克孚의 아내이며, 待聘齋의 학생 林柜의 딸이다. 왜구에게 붙들리어 욕을 보이려 하니, 반항하여 왜구가 한쪽 팔을 베어내고, 또 한쪽 다리를 잘랐어도 반항하므로, 왜구가 찔러 죽였다."는 기사가 있다.

⑧ 신씨가 적의 목을 조르다(辛氏扼賊)

〈원문〉

辛氏 靈山人 郎將斯蔵女也 性沈毅有識度 洪武壬戌六月 倭賊五十餘騎 寇靈山 斯家避亂 欲濟蔑浦 賊追之甚急 斯一家已在船矣 二子 息 悅 推挽之 會夏方盛 水纔絶 船忽著岸 賊追及射斯 上船又槍之 執辛 欲下船俱去 辛不肯 賊露刃擬之 辛大罵曰 賊奴汝殺則殺我 汝旣殺我父 不共戴天之讐也 寧死不汝從 遂扼賊 蹴而倒之 賊怒害之 年二十矣 典法判書 趙浚 時體覆防倭 具事牒史館 且聞于朝 立石紀事 以旌表之

〈번역〉

辛氏는 靈山 사람이다. 郎將 辛斯蔵의 딸인데, 천성이 침착하고 굳세며 식견과

---

8) 『고려사절요』 30, 신우 4년 10월 ; 손승철편, 『한일관계사료집성』 2, 사료 385와 『고려사절요』 33, 신우14년 6월 ; 손승철편, 『한일관계사료집성』 2, 사료 545번.

도량이 있었다. 1382년(洪武 壬戌) 6월에 왜구 50여 명이 말을 타고 영산을
습격해 왔다. 신사천이 가족을 이끌고 피란하여 蔑浦를 건너려 하는데, 도
둑들이 매우 급히 쫓아왔다. 신사천의 가족이 이미 다 배 위에 오르고 두
아들 辛息·辛悅이 배를 앞뒤에서 밀고 당기는데, 때마침 여름 장마 물이 한
창 불었으므로 물결은 빨라서 닻줄이 끊어져 배가 홀연 언덕에 닿았다. 도
둑들이 쫓아와서 신사천을 쏘아 쓰러뜨리고 배 위로 올라와 다시 창으로
찌르고는, 신씨를 잡아 배에서 내려 데려가려 하였다. 신씨가 불응하자, 도
둑이 칼을 뽑아 신씨를 겨누니, 신씨가 크게 꾸짖어 말하기를, "도둑놈아!
네가 나를 죽일테면 죽여라. 네가 이미 우리 아버지를 죽였으므로 하늘 아
래 함께 살 수 없는 원수이니, 차라리 죽을지언정 너를 따르지는 않겠다."
하고, 드디어 적의 목을 누르고 발로 차서 넘어뜨렸다. 적이 성을 내어 살
해하니, 그때 20세였다. 典法判書 趙浚이 그때 體覆防倭使로서 이 사실을 갖
추어 史館에 移牒하고, 조정에 아뢰어, 비석을 세워 사실을 기록하고 旌表
하였다.

辛斯蔵의 기사에 관해서는 앞의 <烈婦入江>의 기사가 실려 있는『고려사
절요』권31, 8월 6월조에 趙希參과 裵仲善의 기사와 함께 수록되어 있다.
여자의 몸으로 아버지를 살해한 것에 대한 항의와 절개를 지킨 것에 대한
孝女로서의 정표를 했다.

⑨ 반전이 아버지를 사다(潘買賟父)

〈원문〉
散負潘賟 安陰人 洪武戊辰 倭賊突入 執其父以歸 持銀帶銀塊 赴賊中 買父而來

〈번역〉
散員 潘賟은 安陰 사람이다. 1388년(洪武 戊辰)에 倭賊이 돌연히 침입하여
그 아버지를 잡아갔는데, 반전이 銀帶와 銀塊를 가지고 왜적의 속으로 달려
가서 아버지를 사 왔다.

安陰은 현재의 경상남도 함양군 일대에
있던 옛 고을인데, 『고려사절요』에 의하면
왜구가 함양에 침구한 것은 1379년 9월과
1380년 8월에 2차례 있었다. 그 가운데
1380년 8월 기사에는, "왜가 沙斤乃驛에 둔
을 쳤는데, 원수 裵克廉·金用輝·池湧奇·吳
彦·鄭地·朴修敬·裵彦·都興·河乙沚가 공격
하였으나 패전하여 朴修敬과 裵彦, 죽은 士
卒이 500여명이나 되었다. 왜적이 드디어
咸陽을 도륙하였다."[9]는 기록이 있는 것으
로 보아 1380년 8월의 일로 추정된다.

이상 9건의 왜구가해의 참상을 보면, 가
해형태는 주로 여인을 겁탈하는데, 그것을 거부하면 살해했고, 어린아이를
납치하는 양상을 보이고 있다. 또한 插畵에 그려진 왜구가 소지한 무기는
활·창·칼이 등장하는데, 활과 창은 일본 중세 무사들이 소지했던 활과 흡사
하고, 창은 길이가 2미터 이상에 薙刀의 길이만 1미터 이상이 되는 大薙刀
(오오나기나타)였다. 좀더 고증되어야 하지만, 상당히 사실적으로 묘사했다
고 생각된다.[10]

---

9) 『고려사절요』 31, 신우 6년 8월 ; 손승철편, 『한일관계사료집성』 2, 사료 435번.
　　『고려사』 121, 열전 34 ; 손승철편, 『한일관계사료집성』 2, 74, 사료 83번.
10) 일본 중세무사의 무기에 관해서는 棟方武城 執筆, 笹間良彦 監修, 『日本の甲冑·武具』,
　　東京美術, 2004 및 『蒙古襲來繪詞』 참조.

2) 『續三綱行實圖』와 『二倫行實圖』

(1) 편찬과 구성

1506년 反正에 의해서 집권한 中宗은 흐트러진 국가기강을 바로잡기 위해, 즉위 초부터 『三綱行實圖』의 간행에 적극적이었다. 『續三綱行實圖』의 편찬은 『三綱行實圖』를 보완하는 의미가 강하였다. 편찬초기부터 건국초기 이래 烈女와 孝子 중에 『三綱行實圖』에 포함되지 않은 사람들을 찬집하라 했고, 반정중에 충절로 죽은 사람도 수록하도록 했다. 또한 중국 사례 가운데, 명 초기의 기록에서 빠진 부분도 보완하도록 하여, 1514년(중종 9) 6월에 간행했다.[11]

편찬체제는 成宗때 중간한 『三綱行實圖』 删定諺解本과 같은 체제로 했는데, 삽화의 상단부분에 언문으로 행적을 수록하여 일반인도 쉽게 읽을 수 있게 했고, 뒷면에 한문 원문과 시를 수록했다. 그러나 『三綱行實圖』에서와 같이 수록인물을 동수로 하지 않고, 효자 36인, 충신 5인, 열녀 28인으로 총 69인을 수록했다. 이 중 왜구와 관련하여 3인의 행적이 수록되어 있다.

한편 『續三綱行實圖』와 더불어 1518년(중종 13)에 경상도 관찰사 김안국에 의해 『二倫行實圖』가 개인적으로 편찬 간행되었다. 『二倫行實圖』는 목판본 1책으로 간행했는데, 형제·종족·붕우·사생의 4부분으로 되어 있으며, 모두 48인을 수록했다. 그러나 수록인물 모두 中國人이다.

(2) 왜구관련

『續三綱行實圖』에는 왜구관련하여 효자 1인, 열녀 2인 등 총 3인이 수록되어 있다.

---

11) 『중종실록』 권14, 6년 8월 을사, 8년 2월 정묘, 9년 4월 을미.

① 得仁이 倭를 감동시키다(得仁感倭)

〈諺文〉

金김得득仁인ᄋᆞᄂᆞᆫ 동릭사ᄅᆞ미라나히
져머셔아비죽거늘지비艱난호ᄃᆡ어미孝
효養양호믈지그기ᄒᆞ더니어미죽거늘侍
씨墓므드三삼年년ᄒᆞ후에아비를어믜墳분
墓믓겨ᄐᆡ遷쳔葬장ᄒᆞ고또三삼年년侍
씨墓므ᄒᆞ니대되거상을아홉히를ᄒᆞ니라
마초와녀름사오나와釜브山산개예ᄂᆞᆷ히
흐터나와도즉ᄒᆞ다가得득仁인의侍씨墓
묘幕막애와보그誠셩孝효를感감激격ᄒᆞ
야嗟차嘆탄ᄒᆞ고간후에잇댜감머육과ᄡᆞᆯ
와香향과가져다가주더라康강靖졍大때
王왕朝됴애벼슬이시니라

〈원문〉

金得仁東萊縣人 幼年喪父家貧 養母至孝母歿 廬墓三年後 遷其父墓于母塋 又
居三前後居喪九年値年飢釜山浦 倭奴四散割掠猝至得仁廬 感其誠孝嗟嘆而去
後以海菜米香遺之 康靖大王三年特授豊儲倉副奉事

〈번역〉

金得仁은 東萊縣人이다. 어렸을 때, 아버지가 죽고, 집이 가난했지만 어머
니를 지극히 奉養하였다. 어머니가 죽거늘 侍墓를 3년한 후에 아버지를 어
머니 墓 옆으로 옮겨 3년을 居喪하기를 9년에 이르렀다. 이때에 釜山浦에 흉
년이 들었는데, 倭奴들이 들어와 약탈을 하다가 得仁이 侍墓하는 것을 보고,
진실로 孝道하는 것에 감탄하여 돌아가면서 海草와 쌀과 香料를 가져다 주
었다. 康靖大王 3년에 특별히 豊儲倉의 관직을 하사했다.

『성종실록』2월 병진조에 의하면, 경상도 관찰사 尹慈가 도내 열녀와 효
자 등을 치계한 내용이 있는데, "동래인 金得仁은 아버지가 일찍 죽었는데,

효성을 다하여 어머니를 섬기다가 어머니가 죽으니, 3년 侍墓하며 피눈물을 흘려 몹시 쇠약해졌습니다. 묘가 바닷가에 있었는데, 마침 倭人이 몰래 도둑질을 해 왔습니다. 김득인이 묘 곁을 떠나지 않고, 흙집 속에 숨어서 朝夕奠을 폐하지 않았습니다. 왜적 두 세사람이 와서 겁박하였지만, 金得仁이 효성이 있는 것을 알고는 稱歎하고 돌아가더니, 나중에 쌀을 가지고 와서 주었습니다."[12]고 한다.

『高峰集』 속집 2에는 金得仁에게 1472년 (성종 3)에 풍저창 부봉사의 관직을 특별히 하사하였다는 기록이 있고, 權鼈의 『海東雜錄』 권5에는 정문했다는 기사가 있다.[13]

② 藥哥가 貞節을 지키다(藥哥貞信)

〈원문〉

藥哥善山人趙乙生妻也　乙生爲倭寇搶去 藥哥未知存歿　不食肉不茹葷　不脫衣服而寢 父母欲奪志　矢死不從凡八年而乙生還　爲夫婦如初

〈번역〉

藥哥는 善山人이고, 趙乙生의 妻이다. 乙生이 倭寇에게 잡혀가자, 藥哥는 죽었는지, 살았는지 모른채, 고기와 마늘 파를 먹지

않고 옷을 벗지 않고 잤으며, 父母가 뜻을 바꾸려했으나, 죽음으로 맹세코 좇지 아니한지 8년 만에 乙生이 살아 돌아와 처음처럼 부부가 되었다.

『세종실록』 1월 경신조에 의하면, "왕이 처음 즉위하여 중외에 교서를 내리어, 孝子·節婦·義夫·順孫이 있는 곳을 찾아 實迹으로 아뢰라고 하니, 수백인이 되었다. 왕이 말하기를, "마땅히 그 중에 特行이 있는 자를 선발하라."하니, 좌·우의정과 의논한 결과 41인이었다. … 선산의 船軍 趙乙生의 처, 藥加伊는 병자년에 남편이 왜적의 포로가 되어 死生을 알지 못하매, 酒肉과 냄새나는 나물을 먹지 않고, 부모가 개가시키려 하니, 눈물을 흘리면서 좇지 않았다. 8년이나 되어 그 남편이 돌아와서, 함께 살아 아내의 도리를 다하였다."[14]는 기사가 있다. 병자년은 1396년이므로, 14년 만에 그 마을에 정문을 세워 포상하고, 그 집의 요역을 면제토록 했다.

③ 崔氏가 守節을 하다(崔氏守節)

〈원문〉
崔氏忠州人與副使韓約定婚 約從征日本戰 歿 崔終身守節 事聞旌閭

〈번역〉
崔氏는 忠州人이다. 副使 韓約과 혼인을 약정했다. 韓約이 日本征伐 戰爭에서 죽자, 崔氏가 종신토록 수절했다. 이 일을 듣고 旌閭했다.

일본정벌이란 1419년 對馬島征伐을 말하는데, 『세종실록』 1년 12월 임오조에 의하

---

14) 『세종실록』 2년 1월 경신조 ; 손승철편, 『한일관계사료집성』 3, 사료 226번.

면, "전라도 관찰사가 보고하기를, "靈光郡에 거주하는 知甲山郡事 金該의 아들 金彦容의 所志를 보고했는데, 그 안에 이르기를, '아버지 該가 東征할 때에 左軍節制使 朴實이 都鎭撫가 되어 尼老郡 접전에서 左軍이 패전할 때, 아버지는 반인 韓約과 함께 싸우다가 몸에 화살 두 개를 맞고 칡넝쿨 밑에 숨어 엎드린 것을 約이 보고 왔다 하는데, 지금까지 생사를 알지 못하니, 韓約과 함께 對馬島에 가서 <아버지를> 찾아보기를 원합니다.'하므로 그대로 따랐다."15)는 기사가 있다. 이 기사에 의하면 한약이 對馬島 征伐에 참전하였다가 살아돌아온 것으로 되어 있다. 그리고 직급도 반인으로 되어 있다.

그러나『高峰續集』잡저 2에는 "최씨는 충주 사람으로 府使 韓約과 정혼한 사이였다. 韓約이 日本으로 정벌을 나갔다가 전사하자, 崔氏는 종신토록 절개를 지켰다. 그 사실이 조정에 알려지자 정려를 내려 표창하였다."16)는 기록이 있고,『신증동국여지승람』제14, 충청도에는, "本朝 崔氏 崔環의 사촌 누이동생이다. 副使 韓約과 혼인을 정하였는데, 日本征伐에 종군하였다가 전사하니 일생을 수절하였다. 일이 조정에 알려지자 정문을 세웠다."17)는 기록이 있는 것으로 보아, 對馬島征伐 중에 전사한 것이 틀림없다.

3)『東國新續三綱行實圖』

(1) 편찬과 구성

1592년 4월 14일에 시작된 임진왜란은 조선사회를 밑바닥부터 흔들어 놓은 대전란이었다. 전쟁 발발 후, 20일도 되지 않아 서울이 함락되고, 宣祖는 義州로 피난하여 1년이 넘도록 돌아오지 못했다. 당시 많은 사람들이 國家를 위해, 國王을 위해, 자식으로서 부모를 위해, 여자와 아내로서 절개를 지

---

15)『세종실록』1년 12월 임오조 ; 손승철편,『한일관계사료집성』3, 사료 217번.
16)『高峰續集』잡저 2.
17)『新增東國輿地勝覽』제14, 충청도.

키기 위해 죽었다. 이들의 節義가 오랜 전란으로 인멸되지 않도록 하면서, 이들에 대한 旌門이나 復戶 등의 포상을 시행하는 것은 국가와 유교질서의 회복 그리고 국왕의 권위 신장을 위해 가장 효과적인 方法으로 생각했다.

忠臣·孝子·烈女에 대한 기록과 포상에 대한 논의는 국왕의 환도이후인 1593년 9월부터 시작된다. 그러나 여러 이유로 곧바로 시행되지 못하다가 1595년 7월, 선조의 교시가 내려지면서 본격화된다. 선조는 전란 중에 死絶한 사람들에 대하여 旌表한 내용을 책으로 인출하여 전국에 반포할 것을 지시했다.[18] 그러나 당시는 전쟁 중이었고, 또 정유재란의 발발로 충신·효자·열녀에 대한 행적을 조사하거나 정표하는 일을 제대로 시행할 수 없었다. 더구나 전쟁이 종결된 이후에도 1601년부터는 공신책봉의 녹훈작업이 시작되어, 난중의 死節人에 대한 정문과 책의 간행은 뒤로 미루어질 수 밖에 없었다.

1608년 광해군이 즉위한 후에도 선조대와 마찬가지로 정문대상자에 대한 자료수집과 내용검증 작업은 계속되었고, 1612년(광해군 4) 4월, 정문이 일괄적으로 이루어지면서 책의 간행도 본격화 되었다. 『東國新續三綱行實撰集廳儀軌』에는 이 과정을 다음과 같이 수록하고 있다.

"임진년 이후로 各道 各府에서 實行을 보고하여 本曹에 보내온 孝子·忠臣·烈女들에 대한 기록이 그동안 계속 쌓여 卷軸을 이루고 있습니다. 壬辰倭亂 초기에 보고된 것은 備邊司 낭청에서 선발하여 위의 재가를 받아 이미 旌門하고 포상했고, 그 후 계속 보고된 숫자 또한 많아, 종류별로 나누고 等級을 정해 의정부에 보고했습니다. 그러나 간혹 의정부의 자리 이동이 빈번하여 여러 해 동안 의정부에 유치되었던 것을, 금년(1612년) 2월 24일에 의정부가 立啓하여 보고한 것이 재가 되었습니다. 이에 지금 各道·各府에 나누어 안배하여 旌門·賞職·復戶 등의 일을 거행하고 있습니다."[19]

---

18) 『宣祖實錄』 28년 7월 계미.
19) 『東國新續三綱行實撰集廳儀軌』 壬子 5월 23일조.

이어 纂集廳이 설치되어 본격적으로 운영되면서, 1617년(광해군 9) 3월에
『동국신속삼강행실도』18권, 총 50질을 간행하였다.『동국신속삼강행실도』
는 삼국시대부터 조선(본조)까지 우리나라의 인물만을 대상으로 했는데, 효
자 8권, 충신 1권, 열녀 8권, 속부 1권 등 18권으로 구성했고, 총 1,587건을
수록했다.[20]

　『東國新續三綱行實圖』에 수록된 1,587건의 사례 가운데 임진왜란 때에
왜군으로부터 피해사례는 576건에 달하며 종류별로는, 충신 54건, 효자 89
건, 열녀 433건이다.

(2) 임진왜란 관련

① 「忠臣圖」

　충신도에는 총 99건이 수록되어 있는데, 그 중 임란관련 기사가 54건이
다. 충신도에는 임란때 왜군과의 전투에서 전사한 통제사 李舜臣을 비롯하
여 宋象賢, 高敬命, 金千鎰 등 잘 알려진 장수들을 비롯하여 주로 현직 관리
가 많다. 대표적인 예로 李舜臣에 관한 기사는 다음과 같다. 우측상단에
<舜臣力戰>이라고 제목을 붙였고, 삽화의 절반은 해전의 모습을 그렸고, 나
머지 절반에는 삽화의 내용을 한문과 언문으로 설명했다. 원문내용을 보면,
다음과 같다.

---

20) 수록인물에 대해서는 연구마다 차이가 있다. 예를 들면 송일기·이태호는 1,179명,
　　김혁은 1,618명, 박주는 1,679명으로 파악했다. 한편 김항수는 1,587건, 이광열은
　　1587건, 1670명, 정일영은 1586건 등으로 파악했는데, 몇몇 사례에서 1명 이상의
　　인물이 동시에 등장하므로 '건'으로 칭하는 것이 타당하다고 본다.

〈舜臣力戰〉

○ 순신이 힘을 다해 싸우다(舜臣力戰)

〈원문〉

統制使李舜臣牙山縣人智勇遇人壬辰倭亂爲統制使作龜船擊倭累捷戌冬率舟師
與賊大戰于南海　津中乘勝逐此舜臣爲飛丸所中臨絶謂左右曰愼勿發喪揚旗鳴鼓猶
我之生如其言竟大捷而還　昭敬　大王錄功贈職今　上朝旌門21)

〈번역〉

統制使 李舜臣은 牙山縣人이다. 智勇이 보통 사람보다 나았다. 壬辰倭亂
統制使가 되어 龜船을 만들어 여러 번 이기다. 무술년 겨울에 舟船을 거느리
고 남해 섬 한가운데서 왜적과 싸워 크게 이기고, 이 틈을 타서 적의 무리를
쫓아가는데, 舜臣이 날아오는 탄환을 맞았다. 배에서 죽을 때, 좌우에서 달
려들자, 나의 죽음을 발설치 말고, 북을 쳐서 내가 살아있을 때처럼 하라고
했다. 그 말대로 하여 마침내 크게 이기어 돌아오다. 昭敬大王이 錄功을 贈
職하고 上朝에 旌門하였다.

이 내용으로 보아, 統制使 李舜臣將軍의 마지막 전투였던, 1598년 11월

---

21) 『新續忠信圖』 권1, 90.

19일, 島津義弘, 宗義智, 立花統虎 등이 이끄는 500여 척과의 결전에서 왼쪽 가슴에 적의 탄환을 맞고 전사하는 장면을 기록한 것이다. 배의 오른쪽 끝 부분에 李純臣의 쓰러져 있는 모습이 묘사되어 있다. 한편 忠臣圖에는 장군 이외에도 일반 백성인 良人의 기사도 있다. 幼學 朴選의 경우를 예로 들어 보자.

○ 박선이 왜적을 꾸짖다(朴選罵賊)

〈원문〉
幼學朴選咸陽郡人有操行壬辰倭亂以病不能避賊賊至迫令擔負選固拒罵賊曰我朝鮮士也義不爲 賊奴投賊大怒寸斬之今 上朝旌門22)

〈번역〉
幼學 朴選은 咸陽郡人이니 품행이 반듯했다. 임진왜란에 병이 나서 왜적을 피하지 못했다. 왜적이 다가와서 핍박하면서 짐을 지라고 했는데, 朴選이 굳게 버티면서 왜적을 꾸짖기를, '나는 朝鮮의 선비이다. 義로써 왜적에게 부림이 당할 수 없다.'고 했다. 왜적이 대노하여 촌촌이 베었다. 이에 上朝에 旌門하였다.

이 삽화를 보면, 朴選이 두 번 그려져 있는데, 위의 그림은 朴選이 산에 엎드려 있고, 아래 그림은 朴選의 옆에 있는 짐을 지라고 하는 모습과 이를 거절하자, 칼로 내려치는 모습이 그려져 있다. 한 삽화에 사건의 진행 상황을 보여주고 있다.

또한 충신도에는 관리, 양인 뿐만 아니라 私奴와 私婢도 5건이 수록되어 있는데, 그중 여자인 私婢는 3건이 있다. 私婢 莫介의 기사를 소개하면, 다음과 같다.

---

22) 『新續忠信圖』 권1, 52.

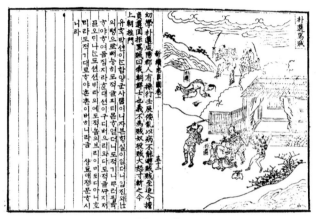

〈朴選買賊〉

ㅇ 막개가 손을 들어 칼을 막다(莫介把刃)

〈원문〉

私婢莫介京都人縣監李汝機妻尹氏婢也壬辰倭亂尹氏遇賊將被害莫介大呼曰賊奴殺吾主耶突入賊前手把自刃賊殺之時年十八今 上朝旌門23)

〈번역〉

私婢 莫介는 서울 사람이다. 縣監 李汝機의 妻 尹氏의 婢이다. 壬辰倭亂에 尹氏가 왜적을 만나 해를 입게 되어 莫介가 크게 소리치면서, 왜적 놈이 내 주인을 죽이려 한다고 하면서, 왜적에게 달려들어 손으로 칼을 잡으니, 왜적이 막개를 죽였다. 나이 열여덟이었다. 上朝에 旌門했다.

---

23) 『新續忠信圖』 권1, 84.

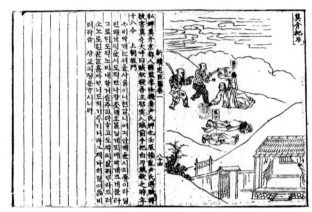

〈莫介把刃〉

이 내용을 보면, 莫介가 주인인 尹氏의 죽음에 항변하다가 왜군에 의해
함께 죽임을 당한 모습을 보여주고 있다. 그런데 충신이란, 일반적으로 국
가나 국왕을 위해 충성을 바친 경우를 말하는데, 莫介의 행위가 충신에 해
당되는지, 충신의 기준이 무엇인지 애매하다.

忠臣圖에 수록된 임란관련 삽화는 54건인데, 수록자의 신분은 현직관리
였던 양반이 36건, 양인 8건, 중인 5건, 천민 5건이었으며, 지역별로는 전라
14건, 서울 11건, 경상 10건, 강원 5건, 충청 4건, 황해 4건, 경기 3건, 함경
3건으로 전라도 지역이 가장 많았다. 포상관계는 참의 高敬命이 정려되고,
나머지는 모두 정문하였다.

② 「孝子圖」
孝子圖에는 총 742건이 수록되어 있는데, 임란관계는 89건이다. 효자의
유형은 부모 및 시부모가 왜군에 의해 위해를 당하는 경우, 같이 죽거나 대
신해서 죽는 경우가 대부분이며, 전 가족이 몰살하는 경우도 많았다. 또한
아버지를 따라 왜군에게 대항하며 따라 죽은 경우, 侍墓를 하던 중 전란을
당했으나, 피난하지 않고 죽음을 당하는 경우도 있었다.

父母를 대신하여 죽임을 당하는 경우를 보자.

〈二子活母〉

○ 두 자식이 어미를 살리다(二子活母)

〈원문〉

幼學金時惕時省京都人兄弟同居事親至孝壬辰倭亂負母避賊
于坡州賊猝至兄弟同執母手爭請殺我而活母賊殺其兄弟不害其母 昭敬大王朝旌門[24]

〈번역〉

幼學 金時惕과 時省은 서울사람이니 형제가 같이 살며 부모를 섬기며 至
極히 孝道하였다. 壬辰倭亂에 어머니를 업고 왜적을 피해서 坡州로 갔는데
왜적이 문득 이르거늘 兄弟가 한가지로 어머니의 손을 잡고 다투어 請하기
를 '나를 죽이고 어머니는 살려주시오' 하였다. 왜적이 형제를 죽이고 그 어
머니는 죽이지 않았다. 昭敬大王朝에 旌門하다.

앞의 삽화는 두 아들이 어머니와 함께 전란을 피하던 중, 왜군을 만나 위

---

24) 『新續孝子圖』 권6, 7.

협을 당하는 장면과 어머니를 대신하여 두 아들이 함께 죽임을 당하는 경우
이다. 또한 며느리가 시어머니를 지키기 위해 죽임을 당하는 경우도 있었다.

〈終伊負姑〉

○ 종이가 시어머니를 업고 다니다(終伊負姑)

〈원문〉
　　良女終伊利川府人 鄭彦忠之孽女忠贊衛徐壽之妻也　平居事嫡姑盡誠壬辰倭亂
姑病不能運步終伊常負而行賊迫之　僮僕告曰負行則難免願先少避姑老賊必不害庶
得兩全終伊曰寧死何忍棄姑終不去爲賊所逼罵不終口賊殺之今　上朝施門[25]

〈번역〉
　　良女 終伊는 利川府 사람이니 鄭彦忠의 孽女이며 忠贊衛 徐壽의 아내다.
평소에 시어머니를 정성을 다하여 섬기었다. 임진왜란에 시어머니가 병이
들어 걷지 못하므로, 終伊가 항상 업고 다녔다. 왜적이 핍박하자, 어린 종이
말하기를 ‘시어머니를 업고 가면 피하기 어렵지만, 원하건데 먼저 피하고
나면, 시어머니는 늙어서 왜적이 해하지 않을 것이므로, 모두 온전할 것입

---

25) 『新續孝子圖』 권6, 19.

니다' 하였다. 그러자 終伊가 말하기를 '차라리 죽더라도 어떻게 시어머니를 버리겠는가'하고, 끝내 가지 않았다. 왜적의 핍박하자, 왜적을 꾸짖으니, 결국 왜적이 죽였다. 上朝에 旌門하였다.

삽화는 모두 4장면이 그려져 있는데, 평소에 시어머니를 섬기는 모습, 시어머니를 업고 피신하는 모습, 업고 가다가 지쳐있는 모습, 그리고 왜군을 만나 살해당하는 순서로 묘사되어 있다.

다음은 戰場에서 아버지와 함께 왜군과 싸우다가, 아버지의 곁을 끝까지 지키다가 죽는 경우이다. 아버지는 忠臣圖에 아들은 孝子圖에 수록되었다.

〈象乾復讎〉

○ 상건이 원수를 갚다(象乾復讎)

〈원문〉
　別坐金象乾羅州人忠臣金千鎰之子也有學行壬辰倭亂隨父從軍二年不離側入晉州城禦賊城陷賊揮劍先及其父象乾奮刃斬賊父子同死今 上朝施門[26]

---

26)『新續孝子圖』권6, 145.

〈번역〉

別坐 金象乾은 羅州사람이니 忠臣 金千鎰의 아들이다. 학문과 행실이 있었다. 임진왜란에 아버지를 좇아 종군하여 2년을 곁에서 떠나지 않았다. 晉州城에 들어가서 왜적을 防禦하다가 성이 함락되자, 왜적의 칼이 먼저 그 아버지에게 향하자, 象乾이 칼을 빼앗아 왜적을 공격하다가 父子가 함께 죽었다. 上朝에 旌門하다.

忠臣圖에 수록된 金千鎰 아들의 기록인데, 아버지를 좇아서 2년간 종군하다가 晉州城 전투에서 아버지와 함께 죽은 경우이다. 왜군의 손에 잘린 목이 들려있다.

孝子圖에 수록된 임란관련 89건의 신분은 현직관리인 兩班이 24건, 良人 50건, 中人 9건, 賤民 6건이었으며, 지역별로는 경상 31건, 전라 19건, 서울 18건, 충청 9건, 경기 8건, 강원 2건, 함경 1건으로 경상도 지역이 가장 많았다. 포상관계는 89건 모두 旌門하였다.

③ 「烈女圖」

烈女圖에는 총 746건이 수록되어 있는데, 임란관계는 433건이다. 『동국신속삼강행실도』에 수록된 열녀도의 유형은 守節·廬墓·自殺·奉養·危難 등으로 분류되는데, 임란관계는 대부분이 왜군에 의해 위난을 당하여 毀節당할 것을 우려하여 자살하거나 살해당하는 경우가 많았다. 왜군의 만행에 죽기를 결심한 여성들은 강·바다·연못·우물·절벽·언덕·바위·성 등에서 뛰어내리거나 佩刀를 사용하거나 스스로 목을 매어서 자결하였다. 그렇지 않은 경우는 비참하게 살해되었다. 물에 뛰어 드는 경우가 가장 많았는데, 한 예를 보자.

○ 효환이 우물에 몸을 던지다(孝還投井)

〈원문〉
良女孝還京都人 保人張應京之妻也 倭賊縛其夫欲汚孝還 固拒不從投井而死年
十九 昭敬大王朝旌門27)

〈번역〉
良女 孝還은 서울 사람이다. 保人 張應京의 아내이다. 왜적이 남편을 묶고
孝還을 더럽히려 하니, 강하게 거부하며 우물에 빠져죽으니 나이 열아홉이
다. 昭敬大王朝에 旌門하다.

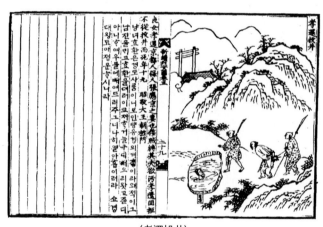

〈孝還投井〉

良女 孝還이 남편이 보는 앞에서 정절을 지키기 위해 우물에 뛰어드는
모습을 그리고 있다.
다음은 절벽에서 뛰어내려 자살하는 사례이다.

---

27) 『新續烈女圖』 권3, 29.

○ 두 부녀자가 절벽에서 뛰어 내리다(二婦墜崖)

〈원문〉
朴氏京都人主簿權紘妻也 紘有妹權氏參奉韓永立之妻也 朴氏與權氏避倭賊于
伊川山谷中 相約日萬一遇賊不可偸生 一日賊猝至俱墜崖而死 昭敬大王朝旌門[28]

〈번역〉
朴氏는 서울사람이고 主簿 權紘의 아내이다. 紘의 누이는 權氏이고, 參奉
韓永立의 아내이다. 朴氏와 權氏가 함께 伊川의 산속으로 가서 왜적을 피했
다. 만약 왜적을 만나면 같이 죽자고 약속하였는데, 어느날 왜적을 갑자기
만나자, 모두 벼랑에서 떨어져 죽었다. 昭敬大王때에 旌門하였다.

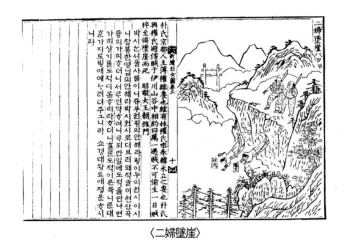

〈二婦墜崖〉

두 부녀자가 왜군에게 위난을 당하자, 정절을 지키기 위해 함께 절벽에
서 뛰어내려 자살했다.

이와 같이 왜군들은 여성들에게 특히 잔인한 방법으로 만행을 저질렀는
데, 그 행태는 형언할 수 없을 정도로 포악했다. 몇 가지 예를 들어보자.

---

28) 『新續烈女圖』 권3, 10.

○ 김씨가 머리를 잘리다(金氏斷頭)

〈원문〉

金氏永興府人幼學金允治妻也 壬辰倭亂賊徒猝至其家欲汚之 金氏抱兒拒而不從 賊斷頭而去屍體如生抱兒而坐今 上朝旌門[29]

〈번역〉

金氏는 永興府 사람이고, 幼學 金允治의 아내이다. 임진왜란때에 왜적의 무리가 갑자기 그 집에 와서, 붙잡아 가려하니, 金氏가 아이를 안고 저항을 하였다. 왜적이 목을 자르고 갔으나, 시체가 살아있는 것처럼 아이를 품에 안고 앉아 있었다. 上朝에 旌門하였다.

〈金氏斷頭〉

삽화를 보면 마루에 앉아서 어린아이에게 젖을 먹이고 있는 김씨의 목을 쳤고, 그 목이 마당에 뒹굴고 있다. 잔인한 모습이다. 뿐만 아니라 죽은 사람의 시신을 몇 번씩 자해하는 경우도 있었다.

---

29) 『新續烈女圖』 권4, 31.

○ 배씨를 세 번 죽이다(裴氏三斬)

〈원문〉
裴氏務安縣人判事尹趪妻也 有孝行丁酉倭亂携兩兒避賊 賊執而欲汚之罵拒不從 賊大怒腰斬三處掛肝於林木 十二歲子忠元十歲子孝元悲號抱母 賊携而去後皆逃 還尋母屍葬於先塋之側 今上朝旌門30)

〈번역〉
裴氏는 務安縣 사람이고, 判事 尹趪의 아내이다. 孝行이 있다. 丁酉倭亂에 두 아이를 데리고 왜적을 피하였으나, 결국 왜적에게 붙잡혔다. 왜적이 겁탈하려고 하자, 왜적을 욕하며 반항했다. 왜적이 화를 내며, 배씨의 허리를 자르고, 배씨의 간을 세 곳의 나무에 걸었다. 12살 의 아들 忠元과 10살의 아들 孝元은 슬퍼서 부르짖었다. 왜적이 돌아간 후에 도망하여 돌아와 어미의 시체를 祖上 옆에 장사지냈다. 上朝에 旌門하였다.

〈裴氏三斬〉

삽화를 보면, 왜군은 겁탈을 저항하는 裴氏를 세 번이나 베고, 간을 꺼내어 나무에 걸었고, 이 모습을 두 아이가 보고 있다. 또한 왜군이 잔인하게

---

30) 『新續烈女圖』 권8, 46.

죽이는 경우, 조선인의 사지를 자르는 만행도 있다.

○ 이씨는 사지를 잘리다(李氏斬肢)

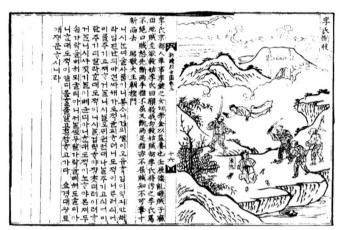

〈李氏斬肢〉

〈원문〉

李氏京都人 奉事李鍵之女 幼學金以益妻也 壬辰倭亂避賊于麻田地賊至欲殺姑
李氏曰願殺我勿殺姑賊刦 李氏將汚之李氏罵不絶口 賊怒先斷兩手指不屈 又斷兩
賊足指亦不屈 賊知不可奪寸斬而死 昭敬大王朝旌門31)

〈번역〉

李氏는 서울사람이고, 奉事李鍵의 딸이고, 幼學 金以益의 아내이다. 임진
왜란에 麻田에서 왜적을 피했는데, 왜적이 와서 시어머니를 죽이고자 했다.
李氏가 나를 죽이고 시어머니를 죽이지 말아 달라고 했다. 그러나 왜적이
李氏를 겁탈하려 했다. 李氏가 저항하며 욕하자, 왜적이 화를 내면서, 먼저
두 손가락을 베었다. 그러나 李氏가 계속 저항하자 두 발을 베었다. 왜적이
결국 劫奪하지 못하고 죽이고 갔다. 昭敬大王朝에 旌門했다.

---

31) 『新續烈女圖』 권3, 16.

저항하는 李氏를 두 손과 발목을 자르고, 그래도 저항하자, 寸斬 즉 난도질을 하여 살해했다는 것이다.

이상 烈女圖에 수록된 임란관계 433건의 신분은, 양반의 아내나 딸이 173건, 양인 183건, 중인 49건, 천민 28건이었으며, 지역별로는 경상 123건, 전라 92건, 서울 65건, 충청 43건, 강원 39건, 경기 28, 황해 22건, 함경 19건, 미상 2건으로 경상도 지역이 가장 많았다. 포상관계는 旌門 430건, 旌門復戶 2건, 미상 1건이었다.

4) 『五倫行實圖』

(1) 편찬과 구성

『五倫行實圖』는 1797년(정조 21)에 沈象奎, 李秉模 등이 正祖의 명을 받아,『三綱行實圖』와『二倫行實圖』의 두 책을 합하여 수정하여 간행했다.

이 책의 발간목적은 正祖가 서문에서 「이전에 三綱·二倫을 발간하여, 學官에 반포한 후, 백성을 감화시키고, 풍속을 좋게 이룩하는 근본이 되었으므로, 두 책을 표준삼아 鄕飮禮를 강조하고 시행하게 하고자.」 한 것이었다. 또한 이 책도 權採의 서문에 밝혔듯이 모든 일반 백성을 독자로 하였기 때문에, 圖版을 그려 넣고, 그 위에 諺文으로 설명을 써 넣었고, 그 다음 면에 漢文 原文과 詩를 수록했다.

이 책에는 중국인 133인, 우리나라 사람 17인, 총 150인의 행적을 효자·충신·열녀·형제·붕우의 5권에 나누어 수록했다. 우리나라 사람가운데 일본과 관련해서는 권3, 열녀편에 3인을 수록했는데, 모두『三綱行實圖』과 동일 인물이다.

(2) 왜구관계

① 최씨가 화를 내어 꾸짖다(崔氏奮罵)

〈원문〉

烈婦崔氏　靈巖士人仁祐女也　適晉州戶長鄭
滿　生子女四人　其季在襁褓　洪武己未　倭賊寇晉
闔境奔竄　時滿因事如京　賊攔入里間　崔年方三
十餘　且有姿色　抱携諸子走避山中　賊四出驅掠.
遇崔露刃以脅　崔抱樹而拒　奮罵曰　死等爾　與其
汚賊而無生寧死義　罵不絶口　賊遂害之　斃於樹
下　賊擄二子以去　第三兒晳　甫六歲　啼號屍側
襁褓兒猶匍匐就乳　血淋入口　尋亦斃焉　後十年
己巳　都觀察使張夏以聞　乃命旌門　蠲晳吏役

(* __ 친 부분은 『三綱行實圖』와 다름)

〈언해〉

최시는 고려 적 녕암 선비 인우의 똘이니 딘쥬 호댱 뎡만의 체 되어 네 ᄌ녀를 나코 사더니 왜적이 딘쥬를 티니 고을 ᄉ롬이 다 ᄃ라나ᄂᆞᆫᄃ라 뎡만은 셔울가고 왜적이 녀염에 드러오니 최시 나히 졈고 ᄌ식이 잇더니 여러ᄌ식을 ᄃ리고 산듕에 피란ᄒ엿다가 왜적을 만나 칼로 저히고 겁박ᄒ려 ᄒ니 최시 나모를 안고 ᄭᅮ지저 골오ᄃᆡ 왜적의게 더러이고 사ᄂᆞ니 출하리 죽으리라 ᄒ고 ᄭᅮ짓기를 그치디 아니ᄒᆞᆫ대 왜적이 드듸여 나모 아래셔 죽이고 두 ᄌ식을 잡아가니 셋째아ᄃᆞᆯ 습은 나히 계요 뉵 셰라 죽엄 겻히셔 울고 강보에 아히ᄂᆞᆫ 오히려 긔여 가 졋을 ᄲᆞ라 먹으니 피 흘러 입으로 드ᄂᆞᆫᄃ라 그 아히 즉시 죽으니라 그 후 십 년 만에 감ᄉᆞ 댱해 나라히 쟝계ᄒᆞ여 졍문ᄒᆞ고 습의 구실을 더러 주니라

이어 詩文이 있으나, 시문의 내용은 『삼강행실도』의 내용과 동일하다. 諺文을 現代語로 번역해 보면 다음과 같다.

〈諺解의 현대어역〉

崔氏는 고려시대, 靈巖 선비 崔仁祐의 딸이다. 晉州 戶長 鄭滿의 처가 되어 네 자녀를 낳고 살았다. 왜적이 晉州에 침구하자 마을사람이 모두 달아났다. 鄭滿은 서울에 가고, 왜적이 마을에 들어 왔다. 崔氏가 나이가 젊고 자식이 있었는데, 여러 자식을 데리고 산중에 피난하였다가 왜적을 만났다. 칼로 위협하고 겁탈하려 하니, 崔氏가 나무를 잡고 꾸짖어 말하되, "왜적에게 겁탈당하느니 차라리 죽겠다."하고 꾸짖기를 그치지 아니하였다. 그러자 倭賊이 나무 아래서 죽이고 두 자식을 잡아갔다. 셋째 아들 鄭習은 나이가 겨우 6세였다. 시체 곁에서 울고, 강보에 있던 아이는 여전히 젖을 빨았다. 피가 흘러 입으로 들어가면서 아이가 바로 죽었다. 그 후 십년 만에 관찰사 張夏가 나라에 장계하여 旌門하고 鄭習의 세금을 덜어 주었다.

이 내용은 앞의 『三綱行實圖』에서 서술한 것처럼, 1379년 5월, 진주에 침입했던 왜구의 잔혹성을 묘사하는 사건이다.

② 열부가 강에 뛰어들다(烈婦入江)

〈원문〉

裵氏 京山人 進士中善女也 旣笄 適郞將李東郊 善治內事 洪武庚申 倭賊逼京山 闔境搔擾 無敢禦者 東郊時赴合浦帥幕 未還 賊騎突入烈婦所居里 裵抱乳子走 賊追之及江 江水方漲 烈婦度不能脫 置乳子岸上 走入江 賊持滿注矢擬之曰 而來免死 裵顧見賊罵曰 何不速殺我 我豈汚賊者邪 賊射之中肩 再發再中 遂歿於江中 體覆使趙浚 上其事 族表里門

(* ___친 부분이 『三綱行實圖』와 다른 부분임)

〈諺解〉

빅시는 고려 적 경산 사름이니 진亽 듕선의 똘이라 낭당 벼슬 ㅎ는 니동

교의 체 되어 닉뎡을 잘 다스리더니 왜란을 만나 지아비 싸흠에 가고 혼자
이실 쌔에 왜적이 집에 드러오거늘 빅시 어린 즈식을 안고 드라나 강ㄱ에
다드르니 왜적이 쏠와 오거늘 빅시 면티 못홀 줄 알고 즈식을 언덕에 노코
강에 드라들려 ㅎ니 왜적이 활에 살을 먹여 쏘려 ㅎ며 닐오디 네 오면 살리
라 빅시도라보며 크게 꾸지저 굴오디 날을 쌜리 죽이라 내 엇디 왜적의게
더러이리오 흔대 왜적이 엇게를 쏘아 두 번 마쳐 물속의셔 죽으니 톄복ㅅ
됴쥰이 나라히 알외여 졍문ㅎ니라

〈諺解의 현대어역〉
　배씨는 고려 때 경산 사람이니 진사 중선의 딸이다. 낭장 벼슬을 하는 이
동교의 처가 되어 집안을 잘 다스렸다. 왜란을 만나 지아비가 싸움에 가고
혼자 있을 때에 왜적이 집에 들어 왔다. 배씨가 어린 자식을 안고 달아나
강가에 다다르니 왜적이 따라왔다. 배씨가 면치 못할 것을 알고 자식을 언
덕에 놓고 강에 달려들려 하였다. 왜적이 활에 화살을 먹여 쏘려하며 이르
되, "네가 오면 살 것이다." 배씨가 돌아보며 크게 꾸짖어 말하되, "나를 빨
리 죽여라. 내 어찌 왜적에게 더럽힘을 당하리요."하였다. 그러자 왜적이 어
깨를 쏘아 두 번 맞춰 물속에서 죽었다. 체복사 조준이 나라에 아뢰어 정문
하였다.

　이것은 앞에『三綱行實圖』에서 밝힌 것처럼, 1382년 6월 직전에 경상도
경산에서 일어난 사건을 수록한 것이다.

③ 임씨가 다리를 잘리다(林氏斷足)

〈원문〉
　林氏 完山府儒士梋之女也 適知樂安郡事崔
克孚 倭寇本府 林被執 賊欲汗之 林固拒 賊斷
一臂 又斷一足 猶不屈 被害

〈諺解〉
　님시ᄂᆞᆫ 본됴 전쥬 션비 거의 ᄯᆞᆯ이니 낙안

원 최극부의 체 되었더니 왜적이 잡아 핍박
ᄒ고져 ᄒ니 님시 좃디 아니ᄒ대 왜적이
ᄒ풀과 ᄒ 다리를 버히되 오히려 굴티아니ᄒ고 죽으니라

〈諺解의 현대어역〉
　임씨는 본조 전주 선비 임거의 딸이다. 낙안군사 최극부의 처가 되었는
데, 왜적이 잡아 핍박하고자 하니 임씨가 좇지 아니하였다. 왜적이 한 팔과
한 다리를 잘라도 여전히 굽히지 않고 죽었다.

　이와 같이 『五倫行實圖』의 편찬시기가 조선후기임에도 불구하고, 이 책
에 고려말, 조선초기의 인물만을 수록한 것은 『三綱行實圖』와 『二倫行實
圖』를 합하여 간행했기 때문이라고 생각한다.

3. 『行實圖』의 특징

1) 왜구관련 피해

　行實圖에 수록된 왜구관련 기사는 『삼강행실도』에 9건(1-9), 『속삼강행실
도』 3건(10-12), 『오륜행실도』(1,3,7)이다. 이상 12건을 도표화하면 아래 표
와 같다.
　아래의 도표를 일람해 보면, 『삼강행실도』의 왜구관련 기사는 1377년부
터 1389년까지 왜구의 약탈이 가장 극심했던 고려말 우왕때에 집중적으로
일어났다. 또한 대상지역도 경기 강화를 비롯하여 경상, 전라, 충청도 등 전
국에 걸쳐 있다. 피해자의 신분은 9건 중 8건이 여성이었으며, 피해형태는
9건 중 살해가 7건, 자살이 1건, 납치가 1건이었다.

〈왜구관련 피해 일람표〉

순번	제목	연도	분류	지역	신분	피해	포상
1	崔氏奮罵	1379	열녀	진주	士人의 女	살해	정문
2	三女投淵	1377	열녀	강화	府吏의 女	자살	
3	烈婦入江	1380	열부	경산	進士의 女	살해	정표
4	金氏死賊	1387	열부	광주	書雲正의 妻	살해	정표
5	慶妻守節	1389(87?)	열부	정읍	前 醫正의 妻	살해	
6	宋氏誓死	1389	열부	함양	驛丞의 妻	살해	
7	林氏斷足	1388	열녀	전주	儒士의 女	살해	
8	辛氏扼賊	1382	효녀	영산	郞將의 女	살해	정표
9	潘買贖父	1380	효자	안음	散員	납치	
10	得仁感倭	1460(?)	효자	동래	良人	칭탄	정문·수직
11	藥哥貞信	1396	열부	선산	船軍의 妻	납치	정문
12	崔氏守節	1419	열부	충주	副使의 妻	수절	정려

한편 『續三綱行實圖』에 수록된 3건은 주로 조선조에 들어와 발생한 사건들이며, 앞의 『三綱行實圖』의 피해사례와 사뭇 다른 형태를 보여준다. 즉 고려말의 피해사례가 살해가 많았는데, 조선조가 되면 납치 1건과 이제까지의 가해 사례와는 반대로 倭寇로부터 칭탄을 받은 특이한 사례가 보인다. 조선시대에 들어와 왜구가 점차 소멸되고, 통교자로 전환되는 현상과는 관계가 없는지, 향후 검토해 볼 만하다.

2) 임진왜란 피해

『東國新續三綱行實圖』에 수록된 1,587건 가운데, 약 36%를 점하는 576건이 임진왜란 때의 일본군에 의해 희생된 인물이었고, 희생자 가운데, 433건(75%)가 여성이었다.

〈『동국신속삼강행실도』의 수록건수와 성비〉

	충신도	효자도	열녀도	합계
남	96 (51)	670 (80)	·	766 (131)
여	3 (3)	72 (9)	746 (433)	821 (445)
총계	99 (54)	742 (89)	746 (433)	1587 (576)

* (   )는 임란관련기사

위의 표에서 알 수 있듯이 『東國新續三綱行實圖』에는 여성피해가 남성보
다 훨씬 많다. 남존여비의 유교사회에서는 예상치 못한 사항이며, 또 烈女
圖의 수가 전체의 절반이나 된다. 그리고 열녀도는 시기적으로 거의가 임진
왜란 관련 사례이기도 하다. 그만큼 임진왜란 때 부녀자들의 희생이 컸음을
나타내는 기록이다. 신분별로도 양인 이하 계층이 60%를 차지하고 있다.

〈신분별 분류〉

	양반	양인	중인	천민	계
충신	36	8	5	5	54
효자	24	50	9	6	89
열녀	173	183	49	28	433
계	233	241	63	39	576

또한 이들을 지역별로 분류해 보면, 다음과 같다.

〈지역별 분류〉

	서울	경기	강원	충청	전라	경상	황해	함경	미상	계
충신	11	3	5	4	14	10	4	3		54
효자	18	8	2	9	19	32		1		89
열녀	65	28	39	43	92	123	22	19	2	433
계	94	39	46	56	125	165	26	23	2	576

이 도표를 참고해 볼 때, 조선후기 사회의 일반적인 추세이지만, 양반 중심사회에서 양인 내지는 중인, 심지어는 천민까지도 사회 구성원으로서의 역할이 증대되어감을 볼 수 있으며, 임란 피해가 역시 전라·경상 지역이 다른 지역에 비해 심했음을 간접적으로 유추해 볼 수 있다.

한편『東國新續三綱行實圖』에 등재된 포상형태는 旌門, 旌閭, 旌門復戶, 旌閭復戶, 復戶, 賜米復戶, 賜米旌閭, 立碑, 立石 등이 있다. 포상 대상자가 사는 마을 입구나 집 앞에 세우던 붉은 문을 旌門이라고 하며, 마을 전체를 포상하는 의미에서 마을 입구에 붉은 칠을 한 旌門을 세워 표창하는 것을 旌閭라고 한다. 復戶란 국가에서 호에 부과하던 徭役을 면해주는 제도이다. 임란 관련 수록자의 포상은 忠臣의 경우, 旌門 53건, 旌閭 1건, 孝子는 전원 旌門, 열녀는 旌門 430건, 旌門·復戶 2건, 미상 1건으로 576건 중 572건이 旌門의 포상을 받았다.

이상에서 살펴본 바와 같이, 임란이후에 편찬·간행된『東國新續三綱行實圖』는 전란 후 흩어진 민심을 규합하고, 유교사회의 교화와 기강을 바로 잡는 계기가 되었지만, 반면 일본군의 만행에 대한 기억은 일본에 대한 적개심과 원한의 감정을 증폭시켜 갔으며, 조선인들에게는 잊을 수 없는 사건으로 기억되었다.

4. 결론

이상에서 살펴 본 바와 같이, 조선시대 조선인의 日本 내지 日本人에 대한 부정적인 인식은 왜구와 임진왜란에 의한 피해의식으로부터 시작된다. 왜구와 왜군에 의한 살해, 납치, 성폭행, 자살로 이어지는 일본인에 의한 가혹행위는 일본과 일본인에 대한 부정과 거부로 이어질 수밖에 없었다.

주지하다시피 조선왕조는 유교적인 가치관인 三綱五倫을 기본적인 이데

올로기로 삼는 국가였다. 국가와 국왕에 대한 忠誠, 부모에 대한 孝道, 奉養, 그리고 죽은 후에도 철저하게 侍墓를 지켰으며, 남편과 자신의 貞節을 지키는 것을 최고의 미덕으로 삼았던 사회였다.

그런데 왜구와 임진왜란은 이러한 이데올로기를 근본적으로 뒤흔드는 국가·사회·가정적인 위기를 초래했고, 『行實圖』는 이에 대한 사회적 귀감이 되었다. 『行實圖』의 편찬과 보급이 당초부터 일본을 의식하고 만든 것은 아니었다. 그러나 『行實圖』의 편찬과 보급은 일본에 대한 부정적인 인식을 만들어 냈고, 그것은 대를 이어가면서 확산되었고, 보편화되어 후대에 기억되고 전승되었던 것이다.

15세기 후반, 일본과의 교린체제의 기본 틀을 만든 申叔舟는 『海東諸國紀』에서, 「일본인의 습성은 강하고 사나우며, 무술에 정련하고 배를 익숙하게 다룬다. 우리나라와는 바다를 사이에 두고 서로 바라보고 있는데, 그들을 도리로 대하면 예절을 차려 조빙하고, 그렇지 않으면 함부로 약탈을 해왔다. 고려 말기에 국정이 문란하여 그들을 잘 어루만져 주지 않았더니, 그들이 연해지역 수천 리 땅을 침범하여 쑥밭으로 만들었다.」고 했다. 성신과 교린을 강조했던 申叔舟의 일본관도 일본인을 호전적이며 부정적으로 보는 기본인식에는 큰 차이가 없었던 것이다.

한편 이 글에서는 다루지 않았지만, 또 하나의 부정적인 인식의 근원은 조선인이 갖고 있었던 유교적인 華夷觀에 바탕을 둔, 일본에 대한 문화적인 우월감을 들 수 있다. 조선시대에는 전기 4회와 후기 12회 등, 총 16회에 걸쳐 조선사절이 幕府將軍에게 파견되었다. 이들 사절이 남긴 대일사행록이 43편 현존한다.[32]

조선사절의 사행기록은 각 시대마다 일본의 인상을 나름대로 사실적으로 묘사했다. 그러나 조선시대 전기간을 통해 「華夷觀」적인 세계관을 탈피하

---

32) 손승철, 「외교적 관점에서 본 조선통신사, 그 기록의 허와 실」, 『한국문학과 예술』 제2집, 숭실대학교 한국문예연구소.

지 못했고, 文化優越主義에서 벗어나지 못했다. 이러한 장애로 인해 결국은 일본을 객관적이고 상대적으로 인식할 수 없었으며, 변화하는 한일관계에 능동적으로 대처할 수 있는 힘을 자생적으로 키워갈 수 없었다.

물론 이들 사행록에 나타나는 각자의 華夷觀도 시대에 따라 차이를 보여주고 있다.

宋希璟의 경우, 조선초기 小中華論이 싹터가는 시기여서인지, 일본문화나 풍속에 대해 그다지 夷狄視하거나 배타적인 인식의 표현은 적었다. 그러나 퇴계·율곡에 의해 주자학이 심화되고 禮的 秩序가 강조된 金誠一의 시대에는 철저한 화이론적 입장에서 일본을 夷狄視하여, 華夷論的 명분론에 집착하여 일본사회나 문화에 대한 현실적인 이해가 어려웠다. 그리고 이러한 인식은 임진왜란을 겪으면서 피해의식과 증오심에 더욱 부정적인 성격을 강하게 했다.

그러나 18세기에 접어들면서 元重擧의 사행록은 實學의 산물로 평가될 만큼 화이관의 변화를 보여준다. 元重擧는 조선인과 일본인의 동질성을 밝히고, 조선인과 비교하여 일본인의 장점을 기술했다. 이러한 인식은 이후, 洪大容·朴趾源·朴齊家 등 北學派의 일본관 형성에 큰 영향을 주었으며, 丁若鏞과 金正喜에게까지 이어졌다고 파악되고 있다.[33] 그렇지만 18세기의 實學者들도 日本을 함께 살아가야 할 '共存의 對象'으로 인식하지는 못했다.

조선인에게는 조선전기와 후기가 별로 다르지 않게 일본은 여전히 조선을 약탈하고, 침략했다. 일본은 늘 가해자였고, 조선은 피해자였으며, 일본은 늘 경계의 대상, 원한의 대상이었다. 그리고 이러한 기억과 인식은 19세기에 접어들어, 조선에 대한 외세의 침략이 시작되면서 일본도 倭洋一體로 인식되었다. 나아가 20세기의 식민지시대를 경험한 또 다른 피해인식은 현재의 한국인에게도 면면히 이어지고 있다.

조선시대 500년의 한일관계는 다양한 관계가 존재한다. 약탈과 통교, 침략

---

33) 하우봉, 「元重擧의 일본인식」, 『조선통신사 사행록연구총서』 7, 396쪽.

과 전쟁, 교류와 협력 등, 과거의 다양한 ‘歷史經驗을 共有’하지 못하는 한, 한국과 일본이 ‘共生의 時代’를 열어 가기에는 아직도 요원하기만 하다.[34]

---

34) 이글 중,『三綱行實圖』의 내용은 2010년 3월, 제2기 한일역사공동연구위원회의『한일역사공동연구보고서』제2권의 <「14~15世紀 東아시아 海域世界와 韓日關係(-왜구의 구성문제를 포함하여-)」 3. ≪三綱行實圖≫의 倭寇關聯記述>과『東國新續三綱行實圖』의 내용은『壬辰倭亂과 東아시아世界의 變動』, 경인문화사, 2010,「『東國新續三綱行實圖』를 통해 본 壬辰倭亂의 記憶」을 수정·보완하여 재수록한 것이다.

제3장
조선시대 日本天皇觀의 유형적 고찰

1. 머리말

　조선왕조 건국 후 일본과의 관계에 나타난 최대의 관심사는 고려말부터 극심하였던 왜구를 금압하는 문제였다. 주지하는 바와 같이 당시 조선에서는 왜구금압을 위해 두 가지 정책을 실시하였는데, 하나는 왜구를 직접 토벌하거나 회유하는 것이었고, 다른 하나는 왜구금압을 위해 지방의 중소영주나 중앙의 실권자에게 외교교섭을 벌이는 것이었다.

　그런데 당시 조선측에서 외교교섭의 대상으로 삼았던 중앙의 실권자는 「天皇」이 아니라, 남북조 혼란기를 매듭지은 室町幕府의 장군이었다. 예를 들면 태조 이성계는 즉위 직후 1392년 11월, 승려 覺鎚를 足利義滿장군에게 보내어 왜구금지와 함께 왜구에게 끌려간 피로인의 송환을 약속 받았다. 그러나 당시 막부장군으로부터 받은 답서에는 막부장군을 스스로 日本國王이라 하지 않고, 日本國相國이라 했고, 막부장군이 외국에 통문한 예가 없으므로 장군 명의로 답하지 않는다고 했다. 이와 같이 막부장군을 일본의 실권자로 보면서도 그를 日本國王으로 부르지 않는 예는 조선도 마찬가지였다.1)

　조선에서 막부장군을 日本國王이라 부르기 시작한 것은 일본이 명으로부터 책봉을 받은 직후인 1404년 7월, 조선에 사신을 파견하면서이다. 이 사

---

1) 『조선왕조실록』에 기록된 장군의 칭호를 보면, 1398년 12월 是月條에는'相國大夫', 1399년 5월 을유조에는 '日本國大將軍', '日本國大相國', 1402년 무오조에는 '日本國大相國', 1403년 2월 경신조에는 '日本大相國'이라고 쓰여있다. 孫承喆, 『朝鮮時代 韓日關係史研究』 제2장 1절. 朝日交隣體制의 구조와 성격, 지성의 샘, 1994, 53쪽.

실을 『朝鮮王朝實錄』에는 '일본에서 사신을 보내 내빙하면서 토산물을 바쳐왔는데, 일본국왕 源道義였다.'[2] 라고 기록하고 있다. 당시 동아시아 국가 간에서 國王이란 호칭은 그 나라 최고의 정치적 실권자를 의미하는데, 막부 장군을 日本國王이라고 호칭했다는 것은 조선에서도 그를 일본의 최고 실권자로 인식하고 있었다는 것을 의미한다.

이와 같이 건국 직후 조선인들은 막부장군에게만 관심이 있었지, 천황에 대하여는 무관심하였고, 이러한 무관심은 1420년(세종 2), 대마도정벌 이후 回禮使였던 宋希璟의 『日本行錄』을 통해서도 확인이 된다. 예를 들면 송희경도 장군에 대하여는 王이라고 호칭하면서 여러 가지 언급을 하였지만, 천황에 대해서는 단 한 구절도 기록하고 있지 않다.[3] 결국 이것은 당시 조선인들이 일본의 최고권력자를 왕으로 인식하였기 때문에, 왕인 장군에게만 관심이 있었을 뿐, 천황에 대해서는 전혀 관심이 없었다는 말이 된다.

이 글에서는 건국 직후 일본천황에 대한 이러한 무관심이 어떻게 하여 조선인에게 관심의 대상이 되었으며, 천황의 어떠한 면에 관심을 갖게 되었고, 또 그것이 어떻게 표현되며, 어떻게 변화되어 가는가를 조선초기부터 한말에 이르기까지 통시적으로 고찰하고자 한다. 그러나 현재 조선시대 일본천황에 대한 기록은 일본에 사행한 기록과 피랍된 기록, 그리고 일부 실학자들의 저술을 제외하고는 거의 찾아 볼 수가 없다. 따라서 여기서는 이들 기록 중 천황에 대한 내용을 중심으로 조선인의 천황관을 유형적으로 검토하고자 한다.

---

2) 『태종실록』 권8, 4년 7월 기사. 「日本遣使來聘 且獻土物 日本國王源道義也」.
3) 宋希璟, 『日本行錄』 4월 23일. 「21日 王部落下馬於魏天家」(『海行總載』 제8권 79쪽, 민족문화추진위원회 국역본), 이하 『海行總載』는 민족문화추진위원회에서 간행한 국역본을 가리킴.

2. 조선전기의 천황관

1) 『海東諸國紀』의 천황관

조선시대 일본천황에 대한 기록이 처음 나타나는 것은 1471년(성종 2)에 편찬된 申叔舟의 『海東諸國紀』이다. 신숙주는 『海東諸國紀』를 「日本國紀」, 「琉球國紀」, 「朝聘應接紀」의 세 부분으로 저술하였는데, 천황에 대하여는 「日本國紀」의 天皇世系의 항목에서 역대 천황의 계보를 장황하게 일일이 소개하였지만 아무런 논평이나 비판 없이 기술하였다.

그 내용을 간략히 보면, 처음에 天皇 7대, 地皇 7대라 쓰고, 이어서 人皇으로 神武天皇이 기원전 660년에 초대천황으로 즉위한 사실을 기록하고 있다.

<u>人皇 神武天皇 시조 이름은 狹野이며, 地神末主 彦瀲尊의 넷째 아들이다. 어머니는 玉依姬(속칭 해신의 딸이라고도 함)이며, 경오년에 신무천황이 탄생하였다(周 幽王 11년).</u> 49년 무오에 大倭州에 들어가 中洲의 衆賊을 모조리 소탕하고, 52년 신유(周 平王 51년) 정월 경신에 비로소 천황이라 일컬었으며, 110년 기미(周 惠王 15년)에 국도를 정하였다. 재위한 연수는 76년이고, 수는 127세이다.[4]

이어 『海東諸國紀』가 편찬될 당시의 천황인 後花園天皇(재위 1428~1464)까지 101대에 걸쳐 모든 천황의 세습에 관하여 간략히 기술하고 있다. 그 내용은 주로 천황의 세습관계, 그때 그때의 역사적인 사건, 정치동향, 전란 및 우리 나라 삼국과의 관계 및 중국과의 교류 등을 기록하였으며, 그 외에 혜성, 지진, 대설, 대풍 등 天災나 화재, 기근, 역질 등 각종 재난에 대한 기록으로 구성되어 있을 뿐, 천황의 치적이나 그에 내한 비평은 전혀 언급하고 있지 않다. 따라서 이 「天皇世系」를 통하여는 단순히 천황의 세습관계를

---

4) 申叔舟, 『海東諸國紀』「日本國紀」 天皇世系(『海行總載』 제1권 66쪽).

편년식으로 알 수 있을 뿐, 신숙주가 일본천황을 어떻게 생각했으며, 구체적으로 어떠한 천황관을 갖고 있었는가는 전혀 헤아릴 수가 없다.

한편 國王代序의 항목에서는 1158년 征夷大將軍 源賴朝에 의한 鎌倉막부의 창설과 그 이후 室町막부의 足利義政에 이르기까지 막부장군의 세습에 관하여 서술하였다. 그리고 끝부분에서 당시의 막부장군인 義政을 國王이라고 호칭하면서,

> 국왕은 그 나라에서는 감히 왕이라 일컫지 아니하고, 다만 御所라 하며, 그의 명령문서는 明敎書라고 한다. 매년 세정(元旦)에 만대신을 거느리고 천황을 한번 알현할 뿐, 평상시에 서로 접촉하지도 않는다. 국정과 이웃나라와의 외교관계도 천황은 관여하지 않는다.[5]

라고 하여, 천황과 장군과의 관계에 대하여 아무런 논평 없이 언급하였으며, 국정과 외교를 모두 國王(將軍)이 전담하고 천황은 이와는 전혀 무관한 존재임을 밝히고 있다.

또 國俗에서는

> 천황의 아들은 그 친족과 혼인하고, 국왕의 아들은 여러 대신과 혼인한다.

고 하여, 천황의 결혼 풍습에 관하여 서술하고 있다.

또 8도 66주의 항목에서는 天皇宮에 대하여,

> 산성주(지금의 경도지방)의 동북모퉁이에 있는데, 토담으로 둘렀으며, 대문이 있다.
> 군사 수 백 명이 파수하는데, 국왕이하 여러 대신들이 그 휘하의 군사로

---

5) 위의 책, 國王代序(『海行總載』 제1권 94쪽).

써 윤번으로 교체하여 지킨다. 대개 문을 지나가는 사람은 모두 말에서 내린다. 궁중의 비용은 별도로 2주에서 세금을 거두어 바친다.[6]

라고 하여 천황의 거처에 대하여 묘사하고 있다.

이상이 『海東諸國紀』에 실려있는 천황에 관한 기록의 전부이고, 그 외에는 중소영주들과의 통교현황이나 통교규정을 다룬 「朝聘應接紀」, 그리고 일본과는 별도로 통교관계에 있던 琉球國에 관한 내용이다.

따라서 이러한 내용을 통하여 볼 때, 『海東諸國紀』에 천황에 대한 기록이 처음으로 나오지만, 결국 신숙주도 건국초기와 크게 다르지 않게 천황 자체에 대하여는 특별한 관심이 있었다고는 볼 수 없다. 그도 역시 천황보다는 오히려 국정과 외교의 실권자였던 장군(국왕)이나 지방의 중소영주 등 조선과 실제적인 통교를 행하고 있던 계층에 주된 관심이 있었다고 본다.

그것은 조선의 경우 이 시기가 일본관계에 있어 최대의 관심사였던 왜구를 여러 가지 통제규정에 의하여 평화적인 통교자로 정착시키는 단계였고, 그를 위한 제도적인 정비가 이루어지고 있었던 때이므로 천황에 대한 관심은 소원할 수밖에 없었기 때문이다. 이 시기는 일본내에 있어서도 황실이 가장 쇠퇴하였던 시기였던 만큼[7] 천황의 존재도 드러나지 않아 외국인이 천황의 존재를 의식할 수 없었던 것은 당연한 일이라고 생각한다. 그러나 임진왜란 직전에 일본에 통신사로 파견되었던 김성일의 『海槎錄』에서는 이와는 다른 천황관을 볼 수 있다.

2) 임란 직전의 천황관

조선에서는 1590년 일본에 대한 국정탐색과 왜구대책을 위하여 통신사

---

6) 위의 책, 八道六十六州, 天皇宮(『海行總載』 제1권 100쪽).
7) 今谷 明, 『前近代の天皇』 「義滿政權と天皇」 第2章 天皇權力の構造と展開, 靑木書店, 1993.

를 파견하였는데, 이 사절단은 關白이던 豊臣秀吉에의 알현형식을 놓고 庭
下拜를 할 것인가, 아니면 檻外拜를 할 것인가로 양국간의 외교적인 갈등을
일으키게 되었다. 이때 通信使 副使였던 金誠一은 庭下拜의 부당성을 주장
하면서 그 이유에 대하여 다음과 같이 피력하였다.

> 대저 일본이란 어떤 나라인가 하면 우리 조정과 대등한 나라요, 관백이란
> 어떤 벼슬인가 하면 소위 僞皇의 대신입니다. 그런즉 일본을 주관하는 것은
> 소위 僞皇이며 관백이 아니며, 관백이란 정승이며 국왕이 아닙니다. 그러나
> 오직 그가 일국의 권력을 마음대로 하기 때문에, 우리 조정에서 그 실정을
> 모르고 국왕이라고 하여 우리 임금과 대등한 예로써 대우하였으니, 이것은
> 우리 임금의 존엄을 강등하여 아래로 이웃나라의 신하와 더불어 대등하게
> 된 것이니, 욕되게 한 것이 아닙니까. 전부터 일본 여러 殿의 서신에 우리
> 임금을 황제폐하라고 한 것은 또한 소위 僞皇이 우리 임금과 대등한 것으로
> 알았기 때문에 높이기를 이와같이 하여 관백은 감히 우리임금과 겨루지 못
> 하였던 것입니다.
> 우리 선왕들께서 먼저 명분을 다루어야 할 것을 알지 못한 것이 아니면
> 서도, 황제폐하라는 칭호를 거절하지 아니한 것은 대개 그것을 거절한다면
> 우리 임금이 소위 천황과 대등하게 되지 못하고 도리어 관백과 대등하게 되
> 기 때문이었습니다. 근년에 의논하는 신하들이 깊이 생각하지 못하고 그 칭
> 호를 사양하며 받지 않으려고 하였었는데, 지금 와서 본다면 어찌 심한 실
> 책이 아닙니까.[8]

라고 하여, 일본을 주관하는 것은 천황임을 분명히 밝히면서 천황이 최
고의 통치자라고 하였다. 그리고 이제까지 최고의 통지자로 알려진 관백은
실상 천황의 대신이며 정승이라는 것이다. 그러나 조선에서는 관백이 일국
의 권력을 마음대로하기 때문에, 조선에서는 그 실정을 모르고 관백을 일본의
최고 통치자로 대우하여 조선국왕과 대등하게 대하여 왔다는 것이다. 또한

---

8) 金誠一, 『海槎錄』 3. 「與許書狀論禮書」(『海行總載』 제1권, 296~7쪽).

하늘에는 두 해가 없고 땅에는 두 임금이 없는 것은 천지의 떳떳한 법인데, 일본의 僞皇이 이미 나라의 임금이 되었으니 관백은 비록 귀하더라도 신하일 뿐이다. 사신이 僞皇을 만나볼 때에는 정하배를 하겠지만 관백에게는 정하배를 하는 것이 예가 아니다. 지금 관백이 만약 정하배를 받는다면 이것은 天皇으로 자처하는 것이니, '관백이 天皇을 존경하는 뜻이 어디에 있는가'하여 이 뜻을 가지고 분명히 타이르면 그도 또한 반드시 깨달아 굴복할 것이니, 좇지 아니할 염려가 있겠습니까.[9]

라고 하여, 천황이 곧 일본의 임금이므로 조선국왕과 대등한 예는 천황에게 해당되므로 관백에게는 신하에 대한 예인 영외배를 해야 한다는 것이다.

여기서 한가지 특이한 사실은 김성일이 천황의 호칭을 僞皇과 天皇으로 각기 다르게 사용하고 있다는 점이다. 즉 조선의 입장에서 천황을 지칭할 때는 僞皇이라는 칭호를 썼고, 일본의 입장에서 천황을 지칭할 때는 天皇이라고 표기하고 있다. 김성일의 천황관을 엿볼 수 있는 한 단면이라고 생각한다.

결국 김성일의 주장대로 영외배가 이루어졌고, 이들은 장군의 답서를 받아 가지고 귀국을 하여, 국왕 선조에게 일본관찰을 보고하였다. 그런데 이 자리에서 정사 황윤길과 서장관 허무는 豊臣秀吉의 인상을 눈동자가 예리하며 안광이 빛나는 것으로 보아 반드시 병화가 있을 것으로 보고하였으나, 부사 김성일은 그의 눈은 쥐와 같아 겁낼 것이 없으며, 침략에 가능성에 대하여도 부정하였다. 이들의 상반된 보고에 대해 당시 조정은 김성일의 의견을 좇아 방비를 소홀히 하게 되었고, 그 결과 임란은 초반에서 큰 참패를 보았던 것이다.

따라서 이 같은 논리로 본다면, 당시 김성일의 일본관찰은 일본의 실제적인 권력상황이나 정치구조를 정확히 보지 못하였고, 또 객관성을 결여하고 있다는 측면을 가지고 있었다고 평가할 수밖에 없다.[10] 그러나 천황을

---

9) 위의 책, 『海槎錄』 5. 「附行狀」(『海行總載』 제1책, 352쪽).

일본의 최고권력자로 보고 있으며, 관백(장군)을 신하로 보고 있다는 점은 초기의 천황관과는 많은 차이를 보여주고 있다.

3) 임란 중의 천황관

임란 중이던 1596년, 講和의 통신사로 일본에 파견되었던 정사 黃愼은『日本往還日記』에서 천황에 관하여 다음과 같이 기록하고 있다.

> 나라 안에는 소위 天皇이란 자가 있는데, 지극히 높아서 나라 일에는 참견하지 아니하며, 오직 날마다 세 차례씩 목욕하고, 한 차례씩 하늘에 참배할 뿐이다. 그의 장자는 그 족속에게 장가들고, 그 외의 아들은 모두 장가들지 아니하며, 천황의 딸들은 모두 여승이 되고, 시집가지 아니하는데, 대체로 그 높음이 상대가 없어서 시집갈만한 사람이 없어서이다. 이른바 관백은 바로 그 권세 부리는 대신으로서 '국왕전'이라고 이름한 것이다. 지금은 關伯 平秀吉이 그 아들에게 전위하고, 스스로 태합이라고 칭하는데, 나라 일은 모두 秀吉이 관계한다는 것이다.[11]

라고 하여 천황의 성격을 종교적이며, 의례적인 존재라고 기술하면서, 국정은 대신인 관백 平秀吉이 관장한다고 하였다. 이 황신의 기록에서 천황이 제사를 행하는 종교적인 기능을 담당하고 있다는 사실과 나라일(국정)은 모두 관백(장군)이 담당하고 있다는 이분법적인 인식을 처음 발견할 수 있다.

천황의 종교적 기능에 관하여는 비슷한 시기인 1597년 정유재란 때 일본군에게 잡혀 3년간의 피로 생활 후에 귀환한 鄭希得의『海上錄』에도 언급되어 있다.

> 개벽 이래로 한 姓이 서로 전하여 지금까지 바뀌지 않았는데, 전대에 있

---

10) 하우봉,『조선후기 실학자의 일본관연구』, 일지사, 1989, 21쪽.
11) 黃愼,『日本往還日記』병신년 12월(『海行總載』제7권, 175쪽).

어서는 이른바 국왕이란 자가 오히려 국정을 스스로 보았지만 수 백년 전부터는 정사를 관백에게 맡기고 그 王은 祭祀만을 주장했으므로 비록 국내가 크게 어지러워도 범하는 자가 없었다.[12]

고 하여, 천황과 관백의 기능을 양분하여 천황은 제사의 종교적인 기능만을 주관하고, 국정과 정사는 장군이 전담하는 것으로 기술하였다. 이러한 이분법적인 인식은 우연한 일이겠지만, 같은 시기에 일본에 와서 활동하고 있었던 야소회 선교사들도 똑같은 표현을 하고 있었다.[13]

그런데 여기서 한가지 주목할 사실은 이제까지 천황이라고 불러왔던 호칭을 사용하지 않고, 천황을 國王이라고 쓰고 있다. 즉,

이른바 국왕은 관백에게 정사를 맡기고 제사만을 주장했기 때문에, 비록 나라안이 크게 어지러워도 왕을 범하는 자가 없고, 관백만이 권위를 오로지 하여 세력이 무거웠다 합니다.[14]

그러나 같은 시기인 1598년 5월 전남 무안에서 피랍되어 2년간의 피로생활 후, 송환된 姜沆은 『看羊錄』에서는,

신이 그 국사의 編年 및 이른바 吾妻鏡이란 것을 구득하여 보았더니, 4백년 전까지도 이른바 왜천황이 오히려 그 위복을 주는 권한을 잃지 않았으나, 前世로부터 대신 한 사람을 선택하여 나라 정사를 총괄하게 하였던 것입니다. 그러나 관백은 그 천황의 명령을 받들어 행할 뿐이었는데, 관동장군 源賴朝 이후부터 정사를 관백에게 위임하고 제사는 천황이 받들었는데, 급기야 적괴 信長이 나타나 백성의 곤궁이 심하여 졌고, 천황도 畿·縣의 토지를 모두 적괴에게 탈취 당하였습니다.[15]

---

12) 鄭希得, 『海上錄』 「風土記」(『海行總載』 제8권, 214쪽).
13) 荒野泰典, 「二人の皇帝」 『前近代の日本と東アジア』, 吉川弘文館, 1995.
14) 鄭希得, 『海上錄』 권1, 「自賊倭中遷泊釜山日封疏」(『海行總載』 제8권, 297쪽).
15) 姜沆, 『看羊錄』 「倭國八道 六十六州圖」(『海行總載』 제2권, 120쪽).

고 하여, 천황이라고 하였는데 그 기능에 대하여는 역시 제사와 정사로서 이분하여 기록하고 있다. 그리고 천황이 이와 같이 제사만을 전담하게 된 것이 源賴朝 이후부터라고 그 기원을 설명하고 있다. 이와 같이 천황과 장군의 기능을 종교와 정치로서 이분하는 인식은 이 시기 천황관의 특징이기도 하다.

한편 이유는 설명하고 있지 않지만, 조선전기에 있어서도 천황의 호칭이 기록에 따라 여러 가지로 나타나고 있음을 볼 때, 그들의 천황에 대한 인식에도 사뭇 차이가 있음을 쉽게 짐작할 수 있겠다. 천황 호칭의 문제는 후에 일괄하여 상술하도록 한다.

3. 조선후기의 천황관

1) 통신사의 천황관[16]

조선시대 일본에 파견되었던 사절들의 기행문을 집대성 한 『海行總載』에는 임란 후 한일관계를 재개한 1607년 제1차 정미 회답겸쇄환사의 부사인 慶暹의 『海槎錄』을 비롯하여 1811년 신미통신사의 수행 군관이었던 柳相弼의 『東槎錄』에 이르기까지 총19편의 기록이 남아있다. 이들 기록중 대표적인 것 몇 가지를 통하여 조선의 사절로 일본을 다녀온 통신사들의 천황관에 대하여 살펴보자.

먼저 임란 후 단절되었던 양국의 국교를 재개시킨 정식의 강화사였던 1607년 제1차 정미 회답겸쇄환사의 부사로 파견되었던 慶暹의 경우를 보자.

---

16) 조선후기 조선에서 일본에 파견된 사절을 모두 通信使로 호칭할 수는 없다. 왜냐하면 주지하는 바와 같이 1607년, 1617년, 1624년에 파견된 세 차례의 사절단은 그 공식 명칭이 모두 回答兼刷還使이었으므로 통신사로 불러서는 안된다. 그러나 본고에서는 편의상 이후의 통신사와 합쳐서 소제목에는 통신사로 표기하였다.

경섬의 『海槎錄』에는 일본의 제도와 법령을 소개하는 부분에서,

> 60世인 安德天皇 때에 征夷大將軍 源賴朝가 국정을 전단하여, 크고 작은 일을 가릴 것 없이 모두 그의 손에서 나왔다. 그래서 <u>천황은 다만 헛 이름만 가지게 되었는데, 지금도 祭天과 排佛의 예만 행할 뿐이다.</u> 천황에게 지공하는 비용은 和泉·山城 두 주의 세에서 덜어내어 지급해 준다. 해마다 정월 초 하룻날, 관백이 모든 장수들을 거느리고 천황에게 한번 배알 할 뿐, 평상시에는 상접하는 예가 전혀 없다. 관백이 국정을 죄다 장악한 것이 이때부터 비롯되었다.…(중략)…<u>오직 관백만이 권세가 있으므로 아침에 얻었다가 저녁에 잃어버리기도 하여 끊임없이 서로 쟁탈하여 어떤 이는 한 두 대 만에 망한 자도 있고 어떤 이는 자기 대에 얻었다가 자기 대에 잃어버린 자도 있다.</u>[17]

고 하여, 천황이 권력을 잃게 된 원인과 시기, 그리고 당시의 천황의 기능과 관백과의 관계에 대하여 구체적으로 언급하면서, 천황은 실제 정치와는 전연 무관한 제천과 배불 등 소위 종교적인 기능을 담당하고 있는 것으로 인식하였다.

그러나 1617년(광해군 9) 제2차 정사 회답겸쇄환사의 종사관이었던 李慶稷은 『扶桑錄』에서

> 倭京에 있을 때 들으니, 秀忠이 관백이라는 호칭을 정하고자 하여, 그들의 소위 천황을 가서 보려했으나 허락치 않으므로 그대로 헛걸음하고 돌아왔다 한다. 우리들이 일본 형편을 살펴보건대, 소위 <u>천황이란 것은 다만 하나의 높여 놓은 사람으로서 자리만 채웠을 뿐이므로, 秀忠이 하고 싶어하는 바를 천황이 감히 허락하지 않을 리가 만무한데, '秀賴가 관백자리를 계승했다가 지금 그의 생사를 모르니 경솔하게 허락할 수가 없다…(후략)….'고</u> 말하기까지 하니, 이 말은 더욱 근사하지도 않다. 그런데 포로되었던 사람들도 모두 말하고 왜인의 말도 한입에서 나온 것 같으니 까닭을 모르겠다.[18]

---

17) 慶暹, 『海槎錄』 下 7월 17일(『海行總載』 제2권, 332쪽).

고 하여, 천황과 관백의 이분법적인 구분에 의문을 제기하고 있다. 즉 德川秀忠이 관백의 직을 받고 싶어하나 천황이 허락하지 않아서 불가능하다고 하면서 관백이 국정을 전담한다는 사실을 이해하기 어렵다는 표현을 하고 있다. 또한『扶桑錄』의 끝 부분에 수록되어 있는 일본의 제도와 풍습에 관한 부분에서

> 관백은 攝政大臣으로서 국사를 전단하는 신하이다. 그러므로 나라안에서는 소위 천황을 임금(君)으로 하고, 관백을 왕이라 일컫지 않는다.…(중략)… 소위 천황은 비록 높은 자리에 있으나, 國事에는 간여하지 않고 오직 관직 除目에 도장을 찍는 값이 있을 뿐이다. 관백이 제배하고 도장을 천황이 찍는 까닭으로, 除拜에 대한 謝恩을 하면서 종이 한장에 '어마 한필, 대도 한자루'라고 적어 바친다. 그 값을 지척해서 말하지 않으려고 다만 말과 칼이라고만 적는다. 말 값은 銀이 10매이고 칼도 또한 이와 같은데 이것을 받아서 비용에 쓴다고 한다.19)

라고 하여, 천황을 임금(君)으로 칭하고 있고, 그가 가장 높은 지위에 있지만 국사는 관백이 전담한다고 하였다. 그러나 천황이 국사에 관여하지는 않으면서도 관직의 除目에 도장을 찍고, 또 관백이 除拜한다(叙位任官權)는 사실을 적어 그 까닭을 이해할 수 없다고 하였다. 당시 유교적인 중앙집권 체제하에 있었던 조선관리로서 이러한 제도를 이해할 수 없었던 것은 당연한 일일 것이다.

그런데 또 한가지 주목할 사항은 1624년(인조 2) 제3차 갑자 회답겸쇄환사 때에 부사였던 姜弘重의 『東槎錄』에는 천황과 관백의 혈통에 대하여,

> 이른바 천황은 곧 源賴朝의 후예이다. 安德天皇 이전에는 크고 작은 정사를 모두 천황이 재결하였는데, 源賴朝가 찬탈한 후에는 관백에게 전임시키

---

18) 李慶稷, 『扶桑錄』 정사 9월 14일 병오(『海行總載』 제3권, 108쪽).
19) 李慶稷, 『扶桑錄』 정사 10월(『海行總載』 제3권, 151쪽).

고 국사를 간여하지 않았으므로 權柄이 수중에 없고 오직 부귀를 누릴 뿐이었다. 그러므로 그 자리를 넘보지 않았다.[20]

고 하여, 天皇과 源賴朝가 같은 혈통이라고 하였고, 천황이 존속할 수 있는 까닭을 천황에게 권력이 수중에 없기 때문이라는 이유를 피력하고 있다.

관백이 천황의 후손이라는 견해는 1636년 통신사 명칭이 다시 사용되기 시작하는 병자통신사 때의 부사였던 金世濂의 『海槎錄』에도 보인다.

> 高倉天皇 때에 源賴朝가 군사를 일으켜 鎌倉을 차지하였는데, 곧 지금의 江戶이며 관백은 실상 그의 후손이다. 제56대 淸和天皇이 여섯째 아들 貞純에게 源이라는 성을 내리니 源씨가 여기서 비롯되었으며, 平씨는 46대 桓武天皇의 다섯째 아들에게 성을 하사한 것이니, 源과 平이 함께 천황의 후손인데 대대로 서로 공격하였다.…(중략)…해마다 사신을 거느리고 한번 천황을 뵈올 뿐 평상시에는 서로 대하지 않으며, 나라의 정사 및 이웃나라와 방문하는 일을 다 천황이 관여하지 않으니, 거꾸로 된 患이 賴朝에게서 비롯된 것이며, 더러 賴朝가 천황이라 일컬으며 자손이 길이 전하여 간다고 말하였다는 것은 틀린 것이다.[21]

고 하여, 관백을 천황의 후손으로 보고 있는데, 현재는 그 관계가 거꾸로 된 우환(倒置之患)에 의해 잘못되었다고 평하고 있다.

이러한 기록은 이후의 사행록에서 여러 차례 산견된다. 당시 유교적인 君臣의 관념을 갖고 있었던 이들에게 천황과 관백의 관계는 계속 모호할 수밖에 없었고, 또 그러한 관계가 지속될 수 있었던 이유에 대하여도 납득이 가지 않았던 것 같다. 그 결과 양자의 혈통관계에 대하여도 관심을 갖게 되는 것이 아닐까.

관백이 천황의 후손이라는 기록은 종사관 황호도 마찬가지였다. 그는 천

20) 姜弘重, 『東槎錄』 을축 3월 聞見總錄(『海行總載』 제3권, 286쪽).
21) 金世濂, 『海槎錄』 병자 11월 16일(『海行總載』 제4권 74쪽).

황에 대하여,

> 제56대 淸和天皇이 여섯째 아들 貞純親王에게 성을 源으로 내리니, 원씨가 이에서 비롯하였고, 平氏는 제46대 桓武天皇이 다섯째 아들에게 성을 平氏로 내렸으니, 源氏와 평씨가 함께 천황의 후손인데 대대로 서로 공격하였으며,…(후략)….

라고 하여, 김세렴과 같은 내용을 기록하면서,

> 천황은 한갓 헛된 이름만 지니고 있으며 나라의 정사에는 참여하지 못한다…(중략)…천황의 아들딸은 모두 승니가 되어 절에 흩어져 살며, 다만 만아들만이 천황의 자리를 잇는다. 그 혼인은 존귀하기 짝이 없는 까닭으로 그 족속 밖에서 하지 않는데, 오직 지금의 관백이 천황의 딸에게 장가들었으니 전례가 아니라고 한다. 천황은 한 달 중에 보름이전에는 목욕재개하고 고기와 薰菜를 먹지 않으며 촛불을 밝히고 밤새도록 바로 앉아서 하늘에 기도하되, 보름 후에는 오로지 주색에 빠진다고 한다. 신이 역관을 시켜 지금의 왜황에 관하여 물어 보았더니, 6~7년 전에 그 딸에게 전위하여, 지금의 왜황은 女皇이며, 모시는 사내 20여인을 가까이 두었는데, 나라 안에서는 이를 侍女라고 부른다하니 禽獸의 풍속임을 알만하다.[22]

라고 하여, 천황이 정사에 참여하지 못함을 말하고는, 천황이 일상적으로는 제사의 기능을 담당하나, 그의 일상생활을 보면 매우 난잡하여 금수와 같다는 매우 부정적인 표현을 하고 있다.

천황의 일상생활에 대하여는, 1643년(인조 21) 계미통신사의 부사였던 趙絅도 시문집 『東槎錄』에서 다음과 같이 묘사하였는데,

---

[22] 황호, 『東槎錄』 병자 11월 18일(『海行總載』 제4권, 362쪽).

천황이라 이름하고 평생 위복 내버리니,	生抛威福號天皇
나라의 흥망이란을 누가 주장하나?	理亂興亡孰主張
옥식으로 백년동안, 또 백년 뒤,	玉食百年百歲後
재단엔 한달에 열흘 남짓	齋壇一月一旬强
시남들은 사향을 차고 한연임을 자랑하고,	侍男麝佩誇韓掾
교녀들은 아미눈썹으로 상궁을 원망하네.	嬌女娥眉怨上方
신선에 부귀를 겸했다고 다투어 말하지만,	爭道神仙兼富貴
우리 안의 돼지가 겨죽에 밀린다고 이를까	我言牢豕壓糟糠

라는 시를 지어서 천황의 처지에 대하여 동정적인 묘사를 하면서도, 천황을 우리 안의 돼지로 비유할 만큼 대단히 부정적인 표현을 서슴치 않고 있다.

천황에 대한 이 같은 부정적인 인식은 1711년 신묘통신사의 부사 任守幹의 『東槎日記』에 첨부된 종사관 李邦彦의 『聞見錄』에,

왜황은 황후를 맞이하되 동성과 지친을 피하지 않고, 또 나라 풍속이 다 그러하여 형수 또는 처제가 과부로 있으면 역시 동거한다.[23]

고 하여, 특히 결혼풍속에 대하여 아주 심한 비판을 하고 있는데, 이는 유교적인 윤리관으로 볼 때 도저히 용납할 수 없는 부도덕한 행위로 인식하였기 때문일 것이다.

이러한 인식은 그후 1764년 갑신통신사 정사였던 趙曮의 『海槎日記』에도 구체적으로 나타난다. 즉 조엄의 경우 천황과 관백의 기원과 관계에 대하여는 종전의 인식을 그대로 계승하면서, 천황의 무력함에 대해 더욱 노골적인 표현을 하고 있는데,

---

23) 任守幹, 『東槎日記』 坤, 문견록(『海行總載』 제9권, 273쪽).

…(전략)…그후 陽成皇에 이르러 藤源基經으로 섭정을 하게 했는데 곧 關白이라고 칭했다. 관백의 명칭이 이때부터 시작되어 국가의 모든 일이 모두 관백에게서 결정되었으며, 소위 왜황이란 자는 한갓 虛器만을 안고 있을 뿐이었다…(중략)…중엽이후로는 정사를 관백에게 위임하고 황제의 자리만 지켰다. 天神을 빙자하여 한달 가운데 보름은 마음과 몸을 깨끗이 하여 經을 외우고, 보름은 술을 마시고 음탕한 짓을 하였으니, 속담에 '하는 일이 없이 많은 봉급을 받는다.'고 한 것이 왜황을 두고 한 말이다. 세상에 어찌 이러한 황제가 있단 말인가.24)

라고 하여, 천황의 방탕함과 허세를 비웃고는, 이어서

소위 왜황의 궁궐이 (왜경의) 동북 모퉁이에 있는데 토담을 쳤으며, 관백이 자기에게 소속된 장관으로 군사를 거느리고 지키게 했다. 그리고 관백의 별궁이 서북 모퉁이에 있었는데, 京尹 한 사람과 町守 한 사람과 京奉行 두 사람과 伏見奉行 한 사람을 시켜서 지키게 했다. 이들은 모두가 관백의 신임을 얻은 자이었으니, 그 의도가 왜황을 지키는데 있었다.25)

고 하여, 그 원인을 관백이 천황을 견제하고 있는 것과 관련이 있는 것으로 설명하고 있다. 결국 이 문맥으로 보면, 관백은 천황을 감시하기 위하여 자기의 측근으로 하여금 군사를 배치하여 지키도록 한다는 것이며, 그 결과 천황이 무력해 질 수밖에 없다는 인식을 하고 있는 것이다.

한편 천황에 대한 이같은 부정적인 인식과는 달리, 천황이 소외되는 현상에 대하여 천황 옹호적인 견해도 나타나고 있다.

즉 1719년 기해통신사의 제술관이었던 申維翰은 『海游錄』에서, 당시 막부의 조선정책에 지대한 영향을 미치고 있었던 雨森芳洲와의 대화를 다음과 같이 기록하였는데, 우선 당시 천황과 관백의 관계에 관하여 그 기원과 기능에 대한 일반적인 인식을 말하고는,

---

24) 趙曮, 『海槎日記』 3. 갑신 정월 28일(『海行總載』 제7권, 160~163쪽).
25) 위의 책, 같은 부분.

'…(전략)…지금 본즉 귀국의 천황이 친히 정치를 하지 아니하고, 관백이 하가 다만 천황의 작명만을 가지고서 군이니 후니 대부니 하여, 성읍과 백관이 있어 모든 실무는 다 대부의 가신에게 있고, 각주의 섭정·봉행 모든 사람은 또 태수에게 사사로 군신의 분을 맺어서 각기 능히 자기 일국의 정치를 행하니, 이와 같은 것은 戰國의 세상에 견줄 수 있는 것입니다.' 하였다. 우삼동이 놀래어 사례하여 말하기를, '이는 진실로 정확한 이론입니다. 그러나 중국에서는 이 법이 다만 전국시대에만 행하였는데, 일본은 백대로 폐단이 없으니, 이것이 어려운 것입니다.'하였다. 나는 또 말하기를, '지형과 민속이 중국과 같지 아니한 때문입니다. 주나라 말기에 列國이 나누어 경쟁하여 정치가 천자에게서 나오지 아니하므로 제후와 대부들이 나라를 집으로 삼아서 전쟁이 연달아 백성이 견디어 낼 수가 없었다.…(중략)…귀국은 바다 가운데 궁벽하게 있어 이웃나라와 전쟁하는 화가 없으므로 모든 州의 대부가 세습제도에 습관이 되어 상하가 다른 뜻이 없으니, 이것이 나라의 운수가 다함이 없고, 또한 변하지 아니하여 지금토록 폐단이 없는 것입니다. 그러나 하늘, 땅, 사람이 생긴 이래로 한가지 일, 한가지 물건도 억만년 고쳐지지 아니하는 것이 없는데, 이 뒤에 일본의 관제가 다시 진·한과 같은 때가 다시 있을런지 어찌 알겠습니까?' 하니, 雨森 東이 탄식하기를, '이것은 곧 이치를 아는 말입니다.'하였다.26)

고 하여 천황과 장군의 역전된 관계를 중국의 전국시대에 비유하면서, 그 관계가 다시 변할 수 있는 가능성을 제시하였다는 점에 있어 매우 주목할 만한 새로운 인식을 하고 있다. 천황과 장군의 관계 변화에 대한 예견은 1748년 戊辰通信使의 종사관이었던 曺命采의 『奉使日本時聞見錄』의 「聞見總錄」에 아주 구체적으로 기술되어 있다.

대개 倭京의 인물은 앞을 다투어 문예를 서로 숭상하고 중국제도를 흠모하여 항상 일변할 뜻이 있으므로 江戸와 여러 주의 문사들도 소문을 듣고 본 받아서 倭京에 와서 벼슬하고자 하는 자가 있으나, 그 나라 금령에 얽매여 감히 조금도 동요하지 못한다.

26) 申維翰, 『海游錄』 下, 「聞見雜錄」(『海行總載』 제2권, 52~53쪽).

그러나 스스로 군신의 분의를 대강 안다하여 항상 관백이 국권을 천단하여 방자하는 것에 대해 아픔을 참는 뜻을 깊이 품어서 분연히 한번 반정할 뜻이 있으나, 江戶에서는 무력을 숭상하여 병력을 겨루기 어렵고, 또 秀賊 이후로 66주의 권한을 모두 제어하여, 여러 주의 태수로 하여금 한해 걸러 강호에 번들게 하고, 그 처자들을 데리고 가지 못하게 하였으므로, 여러 주의 태수가 분노하면서도 감히 움직이지 못한다.

閭巷간에 호걸스런 인사가 없지 않으나, 왜인은 관직을 세습하기 때문에 세상에 쓰임을 받지 못한다. 자신에게 관직이 없으면 수하에 거느린 사람이 없으므로 비록 창의하여 일으킨다해도 형세가 어떻게 할 수가 없다. 그러나 태수가 모두 노여워하고 온 나라가 같이 분하게 여겨 때를 기다려 일어나려 하니, 조만간 국내의 변은 반드시 없다고 보장하기 어렵다.[27]

라고 하여, 관백의 국권천단에 대한 반발이 일본 국내에서 일고 있으나, 소위 大名의 江戶參府 제도에 의하여 현실적으로 어쩔 수 없는 형세이지만, 머지않아 大名들의 반발에 의하여 변이 일어나 천황의 復權이 이루어질 가능성이 있다고 했다. 천황의 복권 가능성에 대한 예견은 실학자 李瀷과 安鼎福에게서 아주 구체적으로 제시된다.

2) 실학자의 천황관

조선후기 실학자들은 앞서 언급한 사행원들과는 달리 일본을 다녀오거나 일본인을 만나는 등 일본에 대한 직접적인 경험은 없다. 그래서 사행원에 비하여 일본에 대한 지식이 부족하고 남긴 저술의 양도 적지만, 일본에 대한 지식은 오히려 객관적인 측면이 있기도 하다. 왜냐하면 그들은 기본적으로 실학자로서의 개방적인 世界觀과 문화적인 華夷意識을 벗어나려는 태도를 가지고 일본에 대한 접근을 시도하고 있기 때문이다.[28]

---

27) 曺命采, 『奉使日本時聞見錄』 「聞見總錄」(『海行總載』 제10권, 246~249쪽).
28) 孫承喆, 「朝鮮後期 實學思想の對外認識」 『朝鮮學報』 제122집, 1987 참조.

조선후기 실학자로 일본에 관하여 주요한 저술을 남긴이는 이익, 안정복, 이덕무, 정약용, 한치연 등을 꼽을 수 있으나, 이 글에서는 특히 천황의 復權에 대하여 깊은 관심을 보인 이익과 안정복을 중심으로 그들의 천황관에 대하여 정리해 보고자 한다.29)

먼저 李瀷(1681~1763)의 경우를 보면, 천황과 장군과의 권력관계에 아주 예민한 관심을 보이고 있다.

> 姜睡隱의 『看羊錄』에 '400년 전에는 천황이 그래도 권력을 잃지 않았다' 고 하였다. 임진년에서 거슬러 헤아리면 源·平의 전쟁과 安德이 바다에 빠진 것이 꼭 400년이 된다. 관백이 국내에서 다만 御所라고 칭하고 王이라 칭하지 않았으니 오히려 천황에게 신하 노릇을 한 것이다. 후일에 만약 세상의 변하게 되면 권력이 다시 천황에게 돌아가지 아니할런지 어찌 알 수 있겠는가, 나라를 다스리는 자는 마땅히 알아야 할 것이다.30)

라고 하여, 천황의 失權과 정치적 지위에 대한 복권의 가능성에 대하여 예시하면서, 조선에서는 그러한 변화에 대한 외교적인 대비를 갖추어야 할 것을 촉구하였다. 이익이 이와 같이 천황과 관백의 지위와 기능에 대하여 관심을 가졌던 이유는, 양국이 1636년 병자통신사 이후 막부장군의 호칭문제로 외교적인 갈등을 겪었고,31) 또 한편으로는 조선국왕의 교린의 상대였던 관백의 정치적 성격과 지위가 국왕중심의 전제군주체제하에 있던 조선 관리로서는 이해하기 힘든 부분이었기 때문이라고 여겨진다.

이러한 이익의 천황에 대한 견해는 「日本忠義」에서 아주 구체적으로 언

---

29) 조선후기 실학자의 일본관에 관하여는 이미 河宇鳳, 『朝鮮後期 實學者의 日本觀 硏究』, 일지사, 1989에 의하여 자세히 밝혀진 바 있다.

30) 李瀷, 『星湖僿說』 권18, 經史門 「日本史」.

31) 임란이후 조선에서 막부장군에게 보낸 국서에는 막부장군의 호칭이 1607년, 17년, 24년에는 日本國王, 1636년, 43년, 55년, 82년에는 日本國大君, 1719년, 48년, 64년, 1811년에는 다시 日本國王으로 國王-大君-國王-大君으로 여러 차례에 걸쳐 바뀌고 있음을 볼 수 있다(柳在春, 「朝鮮後期 朝·日國書硏究」 『韓日關係史硏究』 창간호, 참조).

급된다. 그는 먼저 외교의례상 조선국왕과 관백을 대등한 관계로 설정하고
있음을 비판하였는데,

> 亡子 孟休가 일찍이 말하기를, 통신사행을 할 때 그 書, 弊, 文字를 우리의
> 대신으로 하여금 (일본의 관백과) 대등하게 상대함이 옳다. 그런데 국사를
> 도모하는 자가 멀리 생각치 못하고 눈앞의 미봉책만을 행하고 있고, 또 관
> 백이 왕이 아닌 줄도 알지 못하고 이에 이르렀으니 몹시 애석하다.[32]

고 하였다. 즉 그의 죽은 아들 李孟休는 당시 조선국왕이 외교의례상 관
백과 대등한 예의를 갖추었는데, 이를 못마땅하게 생각하고 조선국왕 대신
에 大臣이 천황의 대신인 關白과 대등한 예를 행해야한다고 주장하였는데,
이익도 이에 동조하고 있었던 것이며, 이익은 자신의 견해를 1590년 통신부
사였던 김성일의 주장을 인용하여 제시하고 있다.[33]
  이어 이익은 이러한 입장에서 한 걸음 더 나아가 천황의 복권에 대하여
구체적으로 언급하고 있다.

> 왜황이 실권한 것이 또한 6~7백년에 지나지 않는데 국민의 원하는 바
> 가 아니다. 점차 충의지사가 그 사이에 나오는데 명분이 바르고 말이 옳으
> 니 뒤에 반드시 한번 통하는 바가 있을 것이다. 만일 蝦夷를 연결하고 천황
> 을 붙들어 보좌하면서 제후에게 호령한다면 반드시 대의를 펴지 못할 바도
> 없을 것이다. 66주의 태수들이 어찌 호응하는 자가 없겠는가, 만일 그렇게
> 되면 저쪽은 천황이요 우리는 왕이니 장차 어떻게 처리할 것인가.[34]

라고 하여, 천황의 실권에 대한 일본 국민의 반발이 있다고 하면서, 천황
의 복권이 반드시 이루어 질 것이며, 그렇게 될 경우에 장군과 대등한 의례

---

32) 위의 책, 권17, 人事門 「日本忠義」.
33) 李瀷, 『星湖先生文集』 권15, 「答安百順 問目」.
34) 李瀷, 『星湖僿說』 권17, 人事門 「日本忠義」.

를 취하고 있는 조선국왕의 외교적 입장이 곤란하게 될 것이니, 이에 대한 대비를 갖추어야 할 것이라는 탁견을 제시하고 있다. 천황의 복권가능성에 대한 이러한 견해는 앞서도 부분적으로 언급하였는데, 1719년 기해통신사 때의 제술관 신유한이나 1748년 무진통신사 때의 종사관 조명채의 주장보다도, 이익의 견해는 한 걸음 더 나아가 그것이 곧 한일간의 외교문제로 이어질 것이라는 매우 가시적인 예견을 하고 있다.[35]

다음 安鼎福(1712~1791)의 천황관을 보자. 안정복은 이익에게 직접 배운 바는 없지만, 35세에 이익을 만난 후 16년간 서신을 교환하였으며, 그의 학문과 사상은 소위 성호학파의 핵심적인 위치를 점하고 있다.

안정복은 천황을 '日本王'·'倭女王' 등으로 표기하였고, 관백을 '倭酋'라고 부르는 등, 華夷的 認識에서 일본을 夷狄視하면서도,

> (천황은) 하나의 성으로 전해 내려와 오늘에 이르기까지 끊이지 않았는데, 이것은 중국의 聖王도 능히 이루지 못한 바로서 실로 기이한 일이며 封建之法이 능히 행해지고 있는 것이다.[36]

고 하여, 天皇一姓의 역사적 유구성을 '중국에서도 이루지 못한 기이한 일'이라고 하면서 당시 천황이 정치적으로는 무력하지만 그것이 가지는 역사적 의미를 결코 과소평가하지 않았다.

그리고 이러한 입장에서 조선국왕과 관백이 대등한 의례를 취하는 당시의 실정에 대해,

---

35) 1868년 明治維新에 의해 실제로 천황이 집권하면서, 조·일양국간에는 바로 이것이 문제가 되어 전통적인 대등 교린관계가 파종에 이르게 되었다. 즉 일본에서는 명치유신을 알리는 서계를 보내왔는데, 그 내용 중 일본천황이 조선국왕에게 보내는 국서식은 과거 장군과 조선국왕의 대등관계를 벗어난 것이었고, 이를 거부한 서계 거부사건은 결국 양국관계를 단절시키는 원인이 되었던 것이다(孫承喆, 『朝鮮時代 韓日關係史硏究』, 제5장 교린체제의 변질과 붕괴, 지성의 샘, 1994, 참조).
36) 安鼎福, 『順菴先生文集』 권2, 「星湖先生書」(戊寅).

> 관백이 비록 있다고는 하나 또한 倭皇의 신하이다. 그런데 우리 나라가
> 관백과 대등한 의례를 취하고 있으니 그 욕된 바가 심하다.[37]

고 비판하였고, 이러한 인식의 선상에서 천황에 대하여 언급하고 있다. 이같은 안정복의 천황관이 유교적인 명분론에서 나온 것인지, 아니면 일본의 실제 정치상황을 바탕으로 이루어진 것인지는 알 수 없지만, 그는 심지어 조선이 天皇復權(復位)운동에 직접 개입할 수도 있다는 대단히 적극적인 천황복권론을 주장하고 있다.

> 그 나라는 東武와 西京이 서로 仇敵이 된 것이 오래되었다(關白은 東都에
> 있고, 倭皇은 西都에 있으면서 문사를 주로 하였다. 왜황이 자리를 잃고 관
> 백이 정치를 전담한 이후 兩도시가 서로 원수 보듯이 하였는데 힘이 약하여
> 감히 움직이지 못한다고 한다).
> 또한 어찌 忠臣義士가 분통함을 품고 왜황의 지위를 회복시키고자 하는
> 자가 없겠는가. 만일 우리가 天時와 人和를 얻어 나라안의 정치에 여유가
> 있고 국방에도 어려움이 없어진다면 知彼知己를 충분히 요량한 후, 비로소
> 관백에게 글을 보내 君臣의 大義로써 권력을 내놓게 하고 (천황을) 복권하
> 게 하는 것이다. 그러면 그들은 반드시 놀라고 나라안이 모두 흉흉해 질 것
> 이다. 또 九州와 나라안에 檄文을 전하면 그 나라에서 서로 따르는 자가 반
> 이 될 것이다. 이렇게 하여 (관백의) 죄를 토벌하고 그 명분을 바르게 하면
> 이것은 천하의 의거로서 이른바 한번 힘써 영원히 편안케 하는 것이다.[38]

라고 하여, 일본내에서는 막부체제에 불만을 품고 천황을 부흥시키려는 충신의사들이 있으므로 천황의 복위(復權)가 불가능한 것이 아니라고 하였다. 나아가 심지어 조선에서 정세를 잘 판단하여 힘을 키운 후, 국방의 어려움을 없게 한 후, 관백에게 군신대의를 밝히는 글을 보내고, 구주와 일본국 중에 격문을 선포하면 일본인의 반 이상이 따르게 될 것이고, 그때 관백의

---

37) 李瀷, 『星湖先生文集』 권15, 「答安百順 問目」.
38) 安鼎福, 『順菴先生文集』 권19, 「倭國地勢說」.

죄를 다스리고 명분을 바르게 하여 천황이 복위하게 되면, 앞으로 두 나라 사이가 영원히 편하게 될 것이라고 하는 주장을 하였다.

그렇다면 안정복의 천황복권론은 어떠한 성격을 가지고 있는 것일까. 즉 앞의 인용문을 보면 안정복의 천황복권론은 기본적으로 관백에 대한 비판과 천황옹호의 입장만을 가진 것 같지만, 실제는 그렇지만도 않다. 예를 들면 안정복의 입장은

> 일본의 법은 왜황이 편히 寄生하면서 아무 것도 할 수 없게 되어 있다. 그러나 천하의 사변은 정해진 형태가 없으며 오랑캐들의 흥하고 쇠함에는 일정한 운수가 없다. 만일 왜황이 宇文邕처럼 처음에는 비록 재주를 숨기고 있다가 끝내는 권세를 잡게 되든지, 혹은 관백이 스스로 황제가 되고 그 신하를 관백으로 삼는 경우도 있을 수 있는데, 그때에 이르러 전날의 잘못된 관례를 따르고자 한다면 반드시 분쟁이 일어날 것이다.[39]

라고 하여, 안정복의 관심은 어느 한편의 입장을 두둔하는 것이 아니다. 즉 그는 천황이 다시 권력을 장악하는 경우나 당시의 관백이 황제가 되고, 그 신하를 관백으로 했을 때의 두 경우를 모두 상정한다는 측면에 있어서 누가 천황이 되는 것이 문제가 아니라, 새로 천황이 실권을 잡았을 때, 조선 국왕과의 외교의례를 어떻게 설정할 것인가가 문제였던 것이다. 이점에서 안정복의 천황복권론은 매우 현실적인 의미를 갖게 되며, 이러한 우려가 100년 후 명치유신에 의해 현실화되었다는 점을 상기할 때, 주목할 만한 탁견이라고 생각된다.

---

39) 安鼎福, 『星湖先生文集』권15, 「答安百順 問目」.

4. 개항기의 천황관

개항이후 일본에 파견되었던 조선사절의 천황관은 그 이전의 견해와 사
뭇 달라지고 있음을 볼 수 있다. 명치유신 이후 일본을 처음 방문했던 修信
使 金綺秀는 『日東記游』에서 먼저 천황의 집권에 대하여,

> 금상 무진년에 그 나라가 관백을 폐하고 천황이 몸소 정사를 다스리게
> 되자, 우리 나라에 통문하였으나 邊臣이 이를 보고하지 않았으니, 이는 그
> 명호의 참망한 것을 미워한 까닭이었다. 이 때문에 봄에 강화도 사건이 있
> 었으나, 조정에서는 비로소 그들이 다른 뜻이 없음을 알고 예전의 화호를
> 계속해서 허락함에 저들 사신이 기뻐하며 돌아갔다.40)

고 하여, 명치유신에 의한 천황의 집권을 설명하고, 이어 강화도조약에
의하여 조선국왕과 천황의 대등한 외교관계가 이루어지고 있음을 간략히
설명하였다.

천황의 집권에 대한 그의 평가는 다음의 기록을 통하여 알 수 있다.

> 관백이 섭정 할 때는 이른바 倭皇은 하나의 허위에 지나지 않았으니, 배
> 부르게 먹고 色慾을 충족하고 궁실에 편안히 거처할 뿐이며, 다른 일에 간
> 섭하지 않았다. 그런 까닭으로 자신도 또한 자포자기가 되어 鍾皼의 소리가
> 밖에 들린다는 것도 감히 盛德의 일이라고는 말할 수가 없었다. 지금의 왜
> 황은 단시일에 분발하여 관백을 없애고 비로소 친히 정무를 살피게 되었으
> 니, 그것이 잘 변혁되었는지 잘못 변혁되었는지는 알 수 없지만, 또한 사람
> 이 세상에 난 보람에는 부끄럽지 않겠다.41)

고 하여, 천황의 집권이 잘된 일인지, 아니면 잘못된 일인지에 대한 평가

---

40) 金綺秀, 『日東記游』 제1권, 事會 1칙(『海行總載』 제10권, 347쪽).
41) 金綺秀, 위의 책, 제3권, 政法 22칙(『海行總載』 제10권, 453쪽).

는 유보하고 있지만, 그 자체에 대하여는 거부감 없이 받아들이는 입장을
취했다.

한편 천황을 접견한 소감에 대하여,

　　왜황을 赤坂宮에서 보았는데, 한결같이 우리 임금을 拜見하는 것 같이 하
였다. 먼저 肅拜禮를 행하고 다음에 入侍禮를 행하였는데, 진퇴할 적에는 공
경하여 감히 예절을 어기지 아니하였다. 왜황이 거처하는 곳에 이르러서는
趨蹌하여 나아가 그 의자 앞에 서서 두 손을 마주잡고 서 있었다. 왜황은
보통 체구에 얼굴은 희나 조금 누르고, 눈은 반짝 반짝하게 정채가 있으며,
神氣는 단정하고 조용하였다. 자세히 다 살피지도 못하였는데, 傳語官이 물
러가라 하므로 몸을 돌이키지 않고 뒷걸음으로 나왔다. 후일에 돌아와서 다
른 사람에게 이야기하였더니, 그 사람들이 혹 비웃기도 하므로 나는 말하기
를, '그대의 선조도 저들의 관백에게 조복을 입고 뜰 아래에서 배례하지 않
았는가, 관백은 신하이고 왜황은 군주이니, 나의 배례가 어찌 그대의 선조
가 배례한 것과 같겠는가, 그가 의자를 피하고 몸을 공손히 하여 서서 보는
예절이, 어떤 전고에서 나왔는지 알 수 없다. 그러나 관백이 전상에 깊숙이
앉아 있는데 감히 쳐다보지도 못했던 일에 비한다면, 나의 소득이 너무 많
은 것이 아닌가,'하였다.42)

고 하여, 과거 관백을 접견할 때의 절차가 잘못되었음을 지적하고, 천황
을 접견하는 절차가 조선국왕을 배례하는 절차와 크게 다르지 않았다는 견
해를 피력하고 있다.

그리고『日東記游』의 마지막 부분에서 천황에 대한 총평을 하였는데,

　　그들의 이른바 황제는 나이 지금 25세인데, 보통의 체구였습니다. 얼굴은
희나 조금 누르고 눈에는 精彩가 있었으며, 천연적으로 생김새가 고왔습니
다. 정력을 다하여 정치에 힘쓰고, 매우 부지런하여 관백도 능히 폐지할 만
하면 폐지하고, 제도도 능히 변경할 만하면 변경했습니다. 다리에 딱 붙는

---

42) 金綺秀, 위의 책, 제1권, 行禮, 의복, 부11칙(『海行總載』 제10권, 377쪽).

바지와 반신의 옷이라도 군대를 부리는데 이로울 만한 것은 비록 서양인의 옷이라도 서슴없이 옛날 것을 버리고 따랐으나 사람들은 감히 다른 주장을 할 수가 없었습니다. 옛날의 관백도 지금은 從四位의 관직으로서 봉록만 받고 강호에 있으나, 또한 감히 원망하는 기색과 윗사람을 엿보는 마음이 없다고 합니다.

　이 사람(천황)은 이미 중국 君主의 처지로서는 논할 수도 없는 것이며, 斷髮文身과 雕題漆齒도 또한 서양인의 의복보다 나을 것이 없으니, 이것으로써 저것을 바꾸어도 그다지 다를 바가 없습니다. 그러나 대개 영명하고 용단성이 있어 인재를 가려 임용하는 것은 취할 만한 점이 많은 것 같았습니다.[43]

라고 하여, 천황의 복권과 국정 능력에 대하여 매우 긍정적인 평가를 보이고 있다. 그러나 그가 비록 천황의 복권에 대해 긍정적인 평가를 하고 있지만, 그 천황의 직위가 중국의 황제에는 비교가 될 수 없다는 단서를 달았다는 점에 있어 천황의 복권을 다만 집권자의 교체라는 일본의 국정변화 차원에서 인식하고 있음을 알 수 있다. 그리고 천황의 복권과 일본의 근대화를 연결 지어 논함으로써 그것 자체를 일본내의 하나의 정치개혁으로 받아들였던 것 같다.

　그후 1881년 신사유람단의 일원으로 일본에 파견되었던 이헌영은 『日槎集略』에서 천황친권에 대하여 '일본국의 국왕은 무진년으로부터 모든 정치를 친히 하여 정치가 아주 새로와 졌다'[44]고 기록하면서 천황을 국왕으로 호칭하였다. 그 외에 천황에 대한 다른 특별한 언급은 없었고, 다만 일본의 근대화를 장황하게 기술하고 있을 뿐이다.

　그런데 1882년 임오군란 후 수신사로 파견되었던 朴泳孝의 『使和記略』에는 천황의 호칭에 상당히 다른 변화가 보인다. 예를 들면 일본 외무성에서 외무경과의 대화에서는,

---

43) 金綺秀, 위의 책, 제4권, 還朝, 附行中聞見別單(『海行總載』 제10권, 511~512쪽).
44) 李金憲永, 『日槎集略』 天, 聞見錄(『海行總載』 제11권, 19쪽).

(전략)…나는 말하기를 '지금 국서를 받들고 왔으니, 陛見할 시일을 속히 질정하여 주시기 바랍니다.'하고는 國書의 등본을 외무경에게 전하니 외무경 이하 여러 관원이 살펴보았다.…(중략)…나는 이에 陛見할 때의 頌辭의 초본을 내어 보이고는 이내 辭別을 하면서 읍하였다.[45]

고 하여, 천황을 직접 지칭하지 않고 陛見이라는 표현을 썼다. 폐견이란 폐하를 알현한다는 뜻으로 天子나 皇帝를 알현한다는 의미로 쓰여졌던 말이다. 그런데 그가 전달한 국서와 송사에는 조선국왕을 大朝鮮國大王, 천황을 大日本國 大皇帝 또는 大日本國 大皇帝陛下라고 호칭하였던 것이다. 그러나 다음날 궁내성에서 천황에게 국서를 전하는 광경을 기록한 내용에는

세 사신은 차례대로 나아가 문턱에 이르러 曲拜禮를 행하고 앞으로 나아가 몸을 굽혔다. 日皇이 일어서서 관을 벗으니 容儀는 정숙하고 보통 체구인데 눈이 커서 도량이 있는 듯하였다. 내가 국서를 받들어 日皇에게 바치니, 일황이 몸을 굽혀 받아서 한번 읽는데 소리가 크고 맑았다.[46]

고 하여 日皇이라고 표기하였는데, 일황이 皇帝의 皇인지, 아니면 天皇의 皇인지는 알 수 없다.

한편 그로부터 2년후 1884년 갑신정변 직후에 봉명사신으로 일본에 갔던 사절단의 종사관 朴戴陽은 천황의 모습을 다음과 같이 묘사하고 있다. 즉

병장의 갓을 거쳐 몸을 돌이켜 문을 들어가 바라보니, 일본 임금(日主)은 신장이 6~7척이나 될 것 같고, 낯이 길며 거무스레한 눈에 精彩가 있었다. 몸에는 양복을 입고 황금빛으로 앞뒤의 두 옷깃에 국화를 수놓았는데 이것은 육군의 표식이다. 금실로 짠 끈을 틀어서 만든 노끈을 가로로 두 어깨 위에 붙였으며, 또 금색수로 접시만큼 큰 원형을 만들어 두 겨드랑이 위에 붙였는데 이것은 해군의 표지이다. 한 가닥 길다란 금색띠가 너비는 3~4촌이나 될

---

45) 朴泳孝, 『使和記略』 임오 9월 5일(『海行總載』 제11책, 336쪽).
46) 위의 책, 임오 9월 8일(『海行總載』 제11책, 341쪽).

것 같은 것을 왼쪽 어깨에서 오른쪽 겨드랑이에 이르도록 맨 것은, 우리 나라의 금·은패를 차는 것과 같은 모양인데 이것은 <u>병대의 표식</u>이다.[47]

라고 하여, 군복을 입고 있는 천황의 모습을 자세히 묘사하고 있는데, 이것은 이미 군국주의화 되어가는 일본천황의 모습에 대한 비판적인 기록이라 생각한다. 그런데 여기서는 천황을 日主라고 호칭하고 있다.

결국 이러한 맥락에서 볼 때, 개항초기 천황의 집권과 그에 의한 근대화를 긍정적으로 인식하였던 개화파 조선사절의 천황관도 일본이 점차 군국주의화되어가고 침략의 속성을 드러내기 시작하면서 그에 대한 비판과 부정적인 인식으로 바뀌어져 갔던 것이다.

5. 천황 호칭의 변화

다음으로 이상의 기록에 나타난 천황과 관백 칭호의 변화를 통하여 천황관이 어떻게 변모되어 가는가를 유추하여 보자. 위의 기록에 나타난 천황과 관백의 칭호를 도표화하면 다음 표와 같다.

이미 부분적으로 살펴본 바와 같이 천황의 명칭은 시대와 기록에 따라 매우 다양하게 나타난다. 그러나 모든 기록이 마찬가지이지만 왜, 어떠한 이유로 그 명칭이 달라지는가에 대한 특별한 설명은 찾아볼 수가 없다. 따라서 천황호칭에 대한 인식을 구체적으로 언급하는 것은 불가능하며, 다만 기록자의 일본에 대한 다른 서술들을 통하여 천황호칭에 대한 인식을 간접적으로 유추할 수밖에 없다. 그러면 천황호칭에 나타나는 특징을 시기별로 정리해 보도록 하자.

먼저 조선전기 천황의 칭호가 처음 나타나는 것은 이미 밝힌 대로 신숙

---

47) 朴戴陽, 『東槎漫錄』 일기, 을유 1월 6일(『海行總載』 제11책, 424~5쪽).

주의 『海東諸國紀』이다. 그러나 여기서 신숙주는 천황을 단순히 편년식으로 나열하였을 뿐, 장군을 국왕으로 표기하여 그를 최고의 국정담당자로 인식하였다. 그후 김성일의 『海槎錄』에서는 천황을 「僞皇」이라고 하여 그가 실권이 없는 허상의 천황임을 강조하였고, 장군은 일본내에서의 칭호인 關白으로 기록하였다.

〈표 1〉 천황·장군의 호칭일람표

순번	연 대	저 자	사 료	천 황	장 군
1	1404	·	朝鮮王朝實錄	없음	國王
2	1420	宋希璟	日本行錄	없음	王
3	1471	申叔舟	海東諸國紀	天皇	國王
4	1590	金誠一	海槎錄	僞皇	關白
5	1596	黃愼	日本往還日記	天皇	關伯
6	1599	鄭希得	海上錄	王	關伯
7	1600	姜沆	看羊錄	天皇	關白
8	1607	慶暹	海槎錄	天皇	關白
9	1617	李慶稷	扶桑錄	天皇	關白
10	1624	姜弘重	東槎錄	天皇	關白
11	1636	金世濂	海槎錄	天皇	關白
12	1636	黃㑊	東槎錄	天皇	關白
13	1643	趙絅	東槎錄	天皇	關白
14	1711	李邦彦	東槎日記(聞見錄)	倭皇	關白
15	1719	申維翰	海游錄	天皇	關白
16	1747	·	朝鮮王朝實錄	倭皇	關白
17	1748	曹命采	奉使日本時聞見錄	倭皇	關白
18	1755	李瀷	星湖僿說	倭皇	關白
19	1755	安鼎福	順菴先生文集	倭皇	關白
20	1764	趙曮	海槎日記	倭皇	關白
21	1876	金綺秀	日東記游	倭(天)皇, 皇帝	關白
22	1881	李憲永	日槎集略	國王	없음
23	1882	朴泳孝	使和記略	日皇	없음
24	1884	朴載陽	東槎漫錄	日主	없음

한편 조선후기에는 1599년 정희득의 『海上錄』에서 「王」이라고 표기한 것을 제외하고는 대체로 「天皇」이라고 호칭하고 있다. 그러나 17세기 중엽부터 천황의 무력함이 부각되고 반면 천황복권의 가능성이 시사되면서부터 천황의 호칭은 「倭皇」으로 변화된다. 왜, 어떠한 이유로 이때부터 「倭皇」으로 호칭되는지 아직 정확한 이유는 밝힐 수 없지만, 현재로서는 병자호란 이후 조선인의 대외관으로 고조되는 조선 중심주의의 「朝鮮中華主義」와 무관하지 않을 것으로 생각된다.[48] 이점은 관찬사료인 『朝鮮王朝實錄』에 1747년 11월, 이듬해에 파견되는 戊辰通信使의 국서문제를 거론하는 가운데에 천황을 倭皇으로 호칭하였다는 사실과 무관하지 않다. 참고로 실록에 기록된 천황에 관한 호칭을 보면 다음 표와 같다.

〈표 2〉『朝鮮王朝實錄』의 천황 호칭표

순번	서 기	천황	장 군	기사내용	출 처
1	1479	天皇	國王	일본에 가는 通信使의 事目.	성종 10.03.신사
2	1587	天皇	關白, 大將軍, 大君	일본국사 橘康廣의 내빙사실보고.	선수 20.09.정해
3	1591	天皇	關白, 大君	통신사 황윤길의 귀국보고.	선수 24.03.정유
4	1598	天皇	國王, 關白	정응태가 명에 무고한 주문.	선수 31.09.계미
5	1598	天皇	國王	『海東紀略』의 내용.	선조 31.09.계묘
6	1598	天皇	없음	영의정 유성룡의 상언.	선조 31.09.을사
7	1629	天皇	國王	예조의 보고문.	인조 07.윤04.신사
8	1747	倭皇	大君, 關白	통신사행에 관한 논의.	영조 23.11.갑진
9	1747	倭皇	關白	변방방비와 교린에 대한 논의.	영조 23.11.신해
10	1809	倭皇	關白	도해역관 현의순의 대마도사정보고.	순조 09.12.정해

한편 개항 이후 천황에 대한 호칭은 기록에 따라 전부 다르게 나타난다. 즉 명치유신 후 처음으로 일본에 파견된 김기수의 『日東記游』에서는 그 이

---

48) 조선중화주의에 대하여는 孫承喆, 「朝鮮後期 脫中華의 交隣體制의 독립성과 허구성」 『국사관논총』 제57집, 1994 및 이 책의 제2편 제3장 주19) 참조.

전에 사용된 倭皇의 호칭 이외에도 天皇과 皇帝 등을 혼용하여 쓰고 있다. 특히 주목할 것은 중국의 천자에게만 쓰던 皇帝라는 호칭을 쓴다는 사실이다. 이점에서 김기수의 천황호칭은 매우 혼란스럽다. 그러나 그후의 이헌영의 『日槎集略』에서는 國王이라고 썼다. 그러나 박영효의 『使和記略』에서는 「日皇」이라고 하여 다시 皇자를 썼는데, 皇帝의 皇인지 아니면 天皇의 皇인지는 알 수 없다. 그런데 갑신정변 직후에 파견된 박재양의 『東槎漫錄』에서는 단순하게 日主라고 호칭하고 있다. 따라서 이러한 맥락에서 볼 때, 개항 직후의 천황관은 긍정적인 인식에서 점차 부정적인 천황관으로 바뀌어 가는 한 단면을 시사하는 것이 아닌가 한다.

6. 맺음말

이상에서 조선인의 일본천황관을 조선초기부터 한말에 이르기까지 통시적으로 고찰하였다. 그러나 조선시대 일본천황에 관한 사료의 한계성 때문에 그 대상은 주로 일본에 사행했거나 피랍되었던 사람, 그리고 실학자가 남긴 기록을 중심으로 살펴 볼 수밖에 없었다.

앞서 서술한 바와 같이 이 글은 조선시대 천황관을 두 가지 관점에서 고찰하였다. 하나는 조선인들의 천황에 대한 관심이 어떻게 시작되며, 그것이 어떻게 변화되어 가는가의 문제였고, 또 다른 하나는 천황과 관백의 관계를 어떻게 인식하고 있었으며, 그 호칭이 어떻게 달라지는가였다.

조선초기 조선인의 일본에 대한 관심은 왜구를 통제할 수 있는 실질적인 힘의 주체가 누구였는가에 집중되었었다. 그래서 이 경우 외교교섭의 대상은 실질적인 권력자였던 막부장군이었고, 그러한 예는 1420년 회례사였던 송희경의 『日本行錄』에서도 천황에 대한 언급이 전혀 없으며, 오히려 장군을 王으로 기술하고 있었다는 점을 통해서 확인할 수 있다.

조선측의 사료 중 천황에 대한 기록이 처음 나타나는 것은 1471년 신숙주의 『海東諸國紀』이다. 그러나 여기서도 역대 천황의 世系만을 자세히 언급하였을 뿐, 천황은 국정과 외교에 관여하지 않는다고 함으로써 천황에 대하여는 여전히 특별한 관심을 두고 있지 않음을 볼 수 있다. 그러나 이때부터 그 명칭이 「天皇」으로 정착됨을 볼 수 있다.

천황의 지위와 기능에 대하여 분명한 언급이 나타나는 것은 1590년 김성일의 『海槎錄』이다. 그는 장군에의 알현형식이 외교문제가 되자, 일본을 주관하는 것은 천황이며, 장군은 국왕이 아니고 대신이라는 입장에서 관백에 대한 영외배를 관철시켰다. 그리고 김성일은 천황의 허상을 비웃듯이 천황을 「僞皇」이라고 표기하였다. 이로 볼 때 당시 조선인의 천황에 대한 관심은 역시 천황 자체에 대한 인식의 변화보다는 관백에 대한 외교의례 문제에서 비롯됨을 알 수 있다.

이후 천황에 대한 관심은 천황의 역할에 집중되었다. 1596년 황신의 『日本往還日記』, 정희득의 『海上錄』, 강항의 『看羊錄』에서는 천황의 기능을 祭祀로 보고 관백의 기능을 政事로 양분하여 각기 종교적 기능과 정치적 기능을 담당하는 것으로 인식했다.

조선후기에 접어들면서 이러한 천황관은 크게 변화를 갖게 되는데, 대체적으로 보아 두 가지 유형을 지니고 있었다. 하나는 천황의 무력함에 대한 비판이며, 또 하나는 천황의 복권가능성에 대한 시사이다.

먼저 이경직의 『扶桑錄』에서는 천황과 관백의 이분법적인 인식에 회의를 나타내고, 이어 천황의 叙位任官權의 모순을 지적하면서, 현실적으로 천황의 무력함을 비판하기 시작하였다. 천황의 무력함에 대한 비판은 조경의 『東槎錄』에서 천황을 심지어 '우리 안의 돼지'라는 비유로 나타낼 만큼 부정적인 표현을 서슴지 않고 있다. 그러나 그럼에도 불구하고 천황이 존속할 수 있는 이유를 강홍중의 『東槎錄』에서는 관백이 천황의 후손이고, 천황이 권력이 없기 때문이라고 설명하고 있다.

그러나 1719년 신유한의 『海游錄』에서는 천황과 장군의 권력관계를 현실적으로 역전된 관계로 보면서, 천황복권의 가능성을 시사하기 시작하는데, 조명채의 『奉使日本時聞見錄』에서는 머지않아 大名들이 반발하여 변이 일어나 천황의 복권이 이루어질 것을 예상하기도 했다.

이러한 천황복권론은 실학자들에게 이르러 매우 구체적으로 제시되는데, 이익은 「日本忠義」에서 천황의 복권은 반드시 이루어질 것이며, 그 경우를 대비하여 조선의 외교적 입장을 정리해야 한다고 했으며, 안정복은 「倭國地勢說」에서 한걸음 더 나아가 조선이 천황의 복권에 직접 개입할 수도 있다는 대단히 적극적인 천황복권(복위)론을 주장하기도 했다. 그러나 안정복의 천황복권론은 그 핵심 내용이, 천황이 다시 권력을 장악하는 경우와 관백이 황제가 되고 그 신하를 관백으로 한다는 두 경우를 모두 상정하고 있다는 점에서, 누가 천황이 되는가가 문제가 아니고, 누구든 새로 천황이 되어 권력을 잡았을 때, 조선국왕과의 외교의례를 어떻게 정할 것인가가 관심의 대상이었다.

따라서 실학자들의 이러한 천황복권론이 당시 일본의 실제 정치상황에 대한 이해를 바탕으로 이루어졌는지는 알 수 없지만, 그들의 천황에 대한 관심은 천황 자체보다는 오히려 조선국왕의 외교상대가 누구인가 하는 외교 의례적인 문제였고, 그것이 곧 천황복권에 대한 관심으로 이어졌다고 생각한다. 또한 천황복권에의 관심은 외교의례에서 갈등을 일으킨 막부장군에 대한 불신감과 상하질서를 원칙으로 하는 유교적인 명분론이 바탕이 되었음도 배제할 수 없다.

그런데 실제로 이러한 우려는 이로부터 100년 후 明治維新에 의하여 현실화되었고, 결국 천황과의 외교의례문제(서계거부)로 인하여 양국의 국교가 단절되었다. 이점에서 1876년의 강화도조약은 사실상 천황과 조선국왕과의 관계를 재설정하는 것이었다고 해도 좋다. 1876년 수신사 김기수는 『日東記游』에서 천황복권과 그의 국정능력에 대하여 긍정적인 평가를 하고 있

다. 이것은 유교적 입장과 근대화의 대명제 앞에서 당연한 인식이라고 생각
한다. 그러나 일본천황의 직위가 중국황제에 비교될 수 없다는 단서를 달았
다는 점에 있어서 천황복권을 다만 일본내에서의 집권자의 교체라는 정치
적 변화의 차원에서 인식하고 있었음을 알 수 있다.

그러나 개항초기 개화파 조선사절의 천황복권과 천황에 대한 긍정적인
인식도 이후 일본이 군국주의화하여 조선침략의 마수를 뻗치면서, 점차 부
정적인 인식으로 바뀌어 갔던 것이며, 이점은 천황의 호칭이 「皇帝」에서 「日
主」로 바뀌어 가는 현상을 통해서도 확인할 수 있다.

제1장
朝·琉 교린체제의 구조와 특징

1. 머리말

한반도와 동남아해역으로 통하는 길목에 위치한 유구와의 구체적인 접촉이 기록에 나타나는 것은 고려말 창왕 때이다. 즉 1389년 8월 유구국왕인 察度가 玉之를 보내어, 稱臣하면서 왜구에게 붙잡혀 간 피로인과 方物(硫黃, 蘇木, 胡椒, 甲具 등)을 바쳐 오면서 시작되었다. 당시 유구로부터 사신이 온 이유에 대하여 『高麗史』에는 그해 2월 고려가 대마를 정벌한 소식을 듣고 사신을 보내왔다고 한다.[1] 이에 고려에서는 유구사신에 대하여 의구심을 품고, 접대에 논란이 있었으나, 멀리서 온 사행을 박대하는 것은 예의가 아니라는 「待遠人之道 厚饋」의 원칙과 왜구에 피랍된 조선인을 송환하여 주었다는 답례로 후하게 접대하고 예물을 주어 돌려보냈다. 그리고 그들의 귀환 편에 報聘使 典客令 金允厚, 副令 金仁用을 유구에 보내어 피로인 37명을 송환하였다.[2] 이렇게 시작된 유구와의 관계는 조선의 건국 후에도 계속되었다.

『朝鮮王朝實錄』에 의하면 유구관계는 건국 직후인 1392년(태조 원년) 8월에 유구국 中山王이 사신을 보내 내조했다는 기록으로부터 1840년(헌종 6) 3월 조선인이 유구에 표착했다는 기록까지 총 437건이나 수록되어 있으며, 그 외에 유구관계사료집을 참고하면 1868년 조선인 표착까지 조선

---

1) 『고려사』 권137, 열전50 신우 부 창조. 그러나 『海東諸國紀』 「琉球國紀」에는 공양왕 2년으로 기록하고 있다.
2) 『고려사』 권45, 세가45, 공양왕 2년 8월 정해.

시대 거의 전기간에 걸쳐 여러 가지 형태의 관계가 이루어지고 있음을 볼 수 있다.

그러나 지금까지 조선과 유구관계에 대한 연구는 그다지 많지 않다. 예를 들면 1990년대 이전 조·유관계에 관한 학술적 연구는 閔丙河, 李鉉淙의 단 두편이 있었을 뿐이며, 1990년대에 들어와서야 비로소 활기를 띠면서, 孫承喆, 李元淳, 李薰, 河宇鳳 등에 의하여 연속적으로 조·유관계의 실상이 조명되기 시작하였고,3) 1994년에는 楊秀芝에 의하여 박사학위논문이 제출되기도 했다.4) 물론 그 외에도 중국과 일본에서 발표된 논문들이 있기도 하다.5) 그러나 조·유 관계사연구는 아직도 일천한 상태이며 최근에 이르러서야 겨우 윤곽을 드러내기 시작하였다고 평가할 수 있을 정도이다. 하지만 이들 논문들도 대체적으로는 시대가 조선 전기 내지는 임란 직후에 한정되어 있고(李薰 논문은 제외), 또 다룬 분야도 주로 외교·무역관계·표류민 송

---

3) 민병하, 「麗末鮮初의 琉球國과의 關係」 『國際文化』 3, 1966.
　　이현종, 「琉球南蠻關係」 『한국사』 9, 국사편찬위원회, 1981.
　　손승철, 「對琉球交隣體制의 構造와 性格」 『서암조항래교수화갑기념 한국사학논총』, 1992.
　　이원순, 「朝鮮前期 朝鮮廷臣의 琉球認識」 『裵鍾茂總長退任紀念 史學論叢』, 1992.
　　하우봉, 「朝鮮前期의 對琉球關係」 『국사관논총』 59, 1994.
　　李　薰, 「朝鮮後期 漂民의 송환을 통해서 본 朝鮮·琉球관계」 『史學志』, 단국대 사학회, 1994.
　　손승철, 「『歷代宝案』을 통해서 본 조선과 유구관계」 『부촌 신연철교수정년퇴임기념 사학논총』, 1995.
　　이원순, 「歷代宝案을 통해서 본 朝鮮前期의 朝琉關係-直接通交期를 中心으로-」 『국사관 논총』 65, 1995.
　　하우봉, 「琉球와의 관계」 『한국사』 22, 1995.
　　손승철, 「朝鮮·琉球關係 史料에 대하여」 『成大史林』 12·13합집, 1997.
4) 楊秀芝, 『朝鮮·琉球關係硏究-조선전기를 중심으로-』, 한국정신문화연구원 한국학대학원, 1994.
5) 이 기간 동안 발표된 중국과 일본에서의 朝琉關係에 관한 논문은 楊秀芝의 글과 李元淳, 河宇鳳의 글에 대체로 소개가 되어 있다.

환문제 등에 치중하였기 때문에, 조선시대 조·유관계사를 총체적으로 이해
하는데는 아직도 많은 부분에 미흡함을 느끼지 않을 수 없다.

이 글에서는 이러한 연구들을 바탕으로, 시기적으로는 조선시대 전기간
으로 확대하여 조·유관계사의 전체적인 흐름을 파악한 뒤, 그 구조와 성격
을 총체적으로 파악하고자 하는데 목적을 두고자 한다. 물론 조·유관계사
의 총체적인 실상을 파악하는데는 通交體制의 전부분에 관한 검토가 필요
하지만, 이 글에서는 通交現況의 실상을 규명하는데 초점을 맞추기로 한다.

2. 조·유관계의 추이와 문제점

『朝鮮王朝實錄』에 의하면 조선과 유구관계기사는 건국직후인 1392년 8
월부터 시작되며 1840년 3월까지 총 437건이 기록되어 있다.[6] 이 사료들은
내용별로는 조·유관계의 모든 부분을 망라하고 있어 조·유관계의 현황을
파악하는데 가장 중요하고 기초적인 자료라 할 수 있다. 그리고 그 외에도
조·유관계의 현황을 파악할 수 있는 사료로『海東諸國紀』·『同文彙考』·『漂
人領來謄錄』·『歷代宝案』·『沖繩縣史料』 등이 있는데, 이들 사료에 기록된
조·유 관계기사들을 시대순으로 정리하면 다음과 같은 일람표를 만들 수
있다.

---

6)『조선왕조실록』에 기록된 조·유 관계 기사의 내용과 분류에 관하여는 이 책의 제3
　편 3장 「朝鮮·琉球關係 史料에 대하여」를 참조할 것.

〈표 1〉 조선·유구 접촉일람표[7]

번호	연 월	왕대	기 사	비 고	출 전
1	1392. 8	태조 원	유구국 중산왕이 사신을 보내어 조회함.		태조 원년 8월 정묘
2	윤12	원	유구국 중산왕 찰도가 칭신하고, 예물을 바침.	피로 8인 송환.	태조 원년 윤12월 갑신
3	1394. 9	3	유구국 중산왕 찰도가 사신을 보냄.	피로 12인 송환.	태조 3년 9월 병오
4	1397. 8	6	유구국 중산왕 찰도가 書와 방물을 바침.	피로·표류 9인 송환.	태조 6년 8월 을유
5	1398. 2	7	진양에 우거중인 유구국 산남왕 온사도에게 의복을 줌.		태조 7년 2월 계사
6	1400. 10	정종 2	유구 국왕 찰도가 사신을 보내어 錢과 방물을 바침.		정종 2년 10월 병오
7	1409. 9	태종 9	유구국 중산왕 思紹가 咨文과 예물을 보냄.	피로녀 3인 송환.	태종 9년 9월 경인
8	1410. 10	태종 10	유구국 중산왕 思紹가 咨文을 보냄.	피로 14인 송환.	태종 10년 10월 임자
9	1416. 7	태종 16	通信官 前護軍 李藝가 왜구에게 잡혀서 유구에 팔려간 조선인을 쇄환함.	조선인 44인 쇄환.	태종 16년 7월 임자
10	1418. 8	세종 원	유구 국왕의 둘째아들이 사신을 보내어 단목·백반 등을 바침.		세종 원년 8월 신묘
11	8	원	유구국에서 보낸 사절이 풍랑을 만남.		세종 원년 8월 무술
12	1420. 8	3	유구국 상선이 대마인에게 습격당했다함.		세종 3년 11월 을축
13	1423. 1	5	유구국 사신을 칭하며 예물을 올리고자했으나, 書契와 圖書가 가짜여서 거부.		세종 5년 1월 병술
14	1429. 8	11	유구국 사람 15인이 강원도에 표착하여 상경시킴.	유구인 15인 표착.	세종 11년 8월 기축
15	1430.윤12	12	통사 김원진이 유구국에서 유구국장사 양회의 서한을 가지고 돌아옴.		세종 12년 윤12월 임술
16	1431. 11	13	유구국왕 尙巴志가의 사신 夏禮久가 경복궁에서 망궐례를 하고 咨文을 바침.		세종 13년 11월 경오
17	1437. 7	19	金元珍이 유구국에 가서 6인을 송환함.	표착조선인 6인 송환.	세종 19년 7월 무진
18	1451. 10	문종 원	유구국 毛三郞 등이 임금의 탄신을 하례함.		문종 원년 10월 계유
19	1453. 3	단종 원	유구국왕사 도안이 왔다하여 선위사로 맞이함.		단종 원년 3월 무진

20	1455. 8	세조 원	유구국왕사 도안이 국왕 상태구의 서계와 예물을 바침.	조선표류인송환 대장경청구.	세조 원년 8월 무진
21	1457. 7	3	유구국왕사 도안이 토산물을 바침.	조선표류인 송환.	세조 3년 7월 을해
22	1458. 2	4	유구국왕사 오라사야문이 표류인을 송환함.	조선표류인 송환.	세조 4년 2월 을묘
23	3	4	유구국왕사 友仲僧이 咨文과 토산물을 바침.	조선표류인 송환.	세조 4년 3월 병신
24	3	4	유구국왕사로 일본인 宗久가 옴.	조선표류인 송환.	세조 4년 3월 무술
25	8	4	유구국왕사가 토산물을 바침.		세조 4년 8월 병자
26	1459. 1	5	유구국사 도안이 대마도에서 조선의 예물을 약탈당함.		세조 5년 1월 계사
27	9	5	유구국왕사 而羅洒毛가 토물을 바침.		세조 5년 9월 병신
28	1461. 5	7	유구국왕사가 토산물을 바치고, 표류인을 송환함.	조선표류인 송환.	세조 7년 5월 기사
29	6	7	유구국사 덕원이 표류민 송환함.	조선표류민 송환.	세조 7년 6월 정축
30	12	7	유구국왕사 普須古가 자문과 토산물을 바침.	조선표류민 송환, 불경하사.	세조 7년 12월 무진
31	1467. 3	13	유구국왕사 同照·東渾이 앵무새를 바침.	불경하사.	세조 13년 7월 병자
32	1468. 5	14	유구국왕의 동생 閔意가 사자 파견함.		세조 14년 6월 경술
33	1470. 6	성종원	유구국 中平田大島 平州守 等閔意가 토산물 바침.		성종 원년 6월 병자
34	1471. 11	2	유구국왕 상덕이 自端西堂을 보내어 서계를 바침.	대장경하사. 상관인 信重에게 종2품 수직.	성종 2년 12월 경진
35	1472. 1	3	유구국 喜里主가 사신을 보냈으나, 접대치 않음.		성종 3년 1월 갑인
36	1477. 6	8	유구국왕 尙德이 內原里主를 보내어 서계와 예물을 바침.		성종 8년 6월 신축
37	1479. 5	10	유구국사 新時羅 등 219인이 표류인 송환함.	대장경청구, 조선표류인 송환.	성종 10년 5월 신미
38	1480. 4	11	유구국총수 李國圓 등이 아들을 파견함.		성종 11년 4월 정사
39	6	11	유구국왕 尙德이 敬宗을 파견하여 서계와		성종 11년

			예물을 바침.		6월 을묘
40	1483. 12	14	유구국왕 尙圓이 新四郞을 보내어 서계와 예물을 바침.	비로법보청구.	성종 14년 12월 정축
41	1491. 12	22	유구국왕이 耶次郞을 보내어 서계와 예물을 전함.	비로법보청구.	성종 22년 12월 갑진
42	1493. 6	24	유구국왕이 梵慶과 也次郞을 파견하여 서계와 예물을 전함.		성종 24년 6월 무진
43	1494. 5	25	유구국 中山府主가 使僧 天章을 파견하여 예조에 교역을 원하는 서계를 보내옴.		성종 25년 5월 무술
44	1500. 11	연산 6	유구국왕사 梁廣과 梁椿이 옴.	대장경청구.	연산군 6년 11월 무오
45	1505. 7	11	유구국왕사가 옴.		연산군 11년 7월 신축
46	1509. 8	중종 4	유구국 等閑意의 사신이라 칭하는 자들이 옴.		중종 4년 8월 무진
47	1519. 3	14	유구국 平田大島 平州守가 사자 파견함.		중종 14년 3월 임인
48	1524. 9	19	유구국 等閑意가 都船主 國次를 보내옴.		중종 19년 9월 계해
49	1527. 10	22	유구 표류인 7인을 금부에서 추국함.	유구표류인 추국.	중종 25년 10월 정사
50	1530. 10	25	유구국 표류인 7인을 정조사편에 북경을 통하여 송환시킴.	유구표류인 북경 우회송환.	중종 25년 10월 을축
51	1546. 2	명종원	제주인 박손 등이 동지사편에 귀국함.	조선표류인 북경 우회송환.	명종 원년 2월 무자
52	1589. 8	선조 22	표착 유구인을 북경을 통해 유구진공사편에 귀국시킴.	유구표류인 북경 우회송환.	선조 22년 8월 무진
53	1596. 8	29	동지사편에 우호를 돈독히 하는 자문을 보냄.	회답자문	선조 29년 8월 갑인
54	1597. 8	30	유구국왕 尙寧 진공사편에 표류민송환에 감사함.		역대보안 권 39
55	1601. 8	34	유구국왕 尙寧 진공사편에 豊臣秀吉의 죽음을 알림.		역대보안 권 39
56	1606. 8	39	豊臣秀吉 죽음에 대한 통보감사. 책봉국간의 우호다짐.		역대보안 권 39
57	1607. 2	37	유구국의 세자가 동지사편에 자문과 예물을 보내옴.		선조 37년 2월
58	1607. 2	광해 원	중국을 통해 유구국 중산왕에게 移咨하고, 우호교린할 것을 말함.		광해군 즉위년 3월 계묘
59	1607. 12	광해 원	유구국왕이 조경사신을 통해 조선에 자문	유구표민 송환감사.	광해군 즉위년

			을 보내어 표민송환에 감사함.		12월 무진
60	1610~12	2~4	광해군 즉위 및 책봉축하, 살마번침입에 대한 위로 감사.		역대보안 권 41
61	1612. 9	광해4	조선표착 유구인을 동지사편에 송환시키되, 天朝에 주문하고, 본인에게 附咨함.	유구표민 북경우회 송환.	광해 4년 9월 계묘
62	1621. 8	13	유구국왕 尙豊의 세습, 薩摩藩의 침입, 책봉국간의 우호다짐.		역대보안 권 41
63	1623. 10	인조 1	先代를 이어 우호교린다짐.		역대보안 권 41
64	1626. 12	인조 4	유구의 자문 및 예에 대한 감사.		역대보안 권 39
65	1628. 7	인조 6	유구표류민 송환과 교린을 다짐하는 답례.	유구표민송환감사.	역대보안 권 39
66	1631. 3	인조 9	1628년 건사에 대한 답례, 우호교린다짐.		역대보안 권 41
67	1634. 7	12	1631년 자문에 대한 감사, 책봉국간의 우호다짐.		역대보안 권 31
68	1636	14	1634, 36년 자문에 대한 답례, 형제우의다짐.		역대보안 권 41
69	1638	16	1636년 자문에 대한 답례.		역대보안 권 41
70	1662. 10	현종 3	전라도 무안현 남녀 17인 유구국에 표착, 대마를 거쳐 송환함.	조선표민 대마경유 송환.	현종 3년 10월 기해
71	1663. 7	4	유구에 표착한 전라도 해남인 28명 대마도를 통하여 송환함.	조선표민 대마경유 송환.	현종 4년 7월 경오
72	1669. 10	10	유구에 표착한 전라도 백성 21명을 대마도를 통해 송환함.	조선표민 대마경유 송환.	현종 10년 10월 계해
73	1698. 10	숙종 24	전남 영암 남녀12인 복건을 통해 송환함.	조선표민 복건경유 송환.	동문휘고 원편 권 66
74	1716. 12	42	유구에 표착하였다가 청국을 통해 돌아온 전라도 진도백성 9인을 조사함.	조선표민 복건경유 송환.	숙종 42년 12월 임진
75	1728. 2	영조 4	전라도 제주 9인 송환.	조선표민 북경경유 송환.	동문휘고 원편 권 66
76	1735. 6	11	경상도 남녀 12인 송환.	위와 같음.	동문휘고 원편 권 66
77	1741. 2	17	제주 백성 21인이 유구국에 표류한지 4년만에 중국을 통해 귀국함.	위와 같음.	영조 17년 2월 기유
78	1780. 9	정조 4	진하겸사은정사편에 유구국에 표류한 李再晟 등 12명을 閩縣으로 보냈다는 禮部의 자문을 보내옴.	위와 같음.	정조 4년 9월 임진

79	1790. 7	14	전라도 흥양현에 유구인 7인이 표착하여 송환하도록 함.	유구표민 복건경유 송환.	정조 14년 7월 기축
80	1790. 7	14	제주에 표착한 유구국 나하촌 사람들을 수로로 돌아가도록 함.	유구표민 수로 송환.	정조 14년 7월 무술
81	1794. 9	18	제주목사의 장계에 의해 유구국 표류민을 중국 복주를 통해 귀국토록 함.	유구표민 복건경유 송환.	정조 18년 9월 을미
82	1794. 9	18	유구국 八重山島 표착인 3인을 사행편에 귀국토록 함.	유구표민 복건경유 송환.	정조 18년 9월 을미
83	1795. 12	19	조선인 안태정 등 10명 송환.	조선표민 북경경유 송환.	동문휘고 원편, 속
84	1796. 1	20	황해도인 7인 송환.	위와 같음.	동문휘고 원편, 속
85	1797. 10	21	전라도 강진인 10인 송환.	위와 같음.	동문휘고 원편, 속
86	1797. 윤6	21	제주 대정현에 표착한 유구국 나하인 7인을 수로를 통해 송환시킴.	유구표민 수로로 송환.	정조 21년 윤6월 을사
87	1800. 3	24	進賀使가 북경에서 유구진공사와 만나 상호간의 송환경로에 관하여 문의하였음을 보고함.		정조 24년 3월 경신
88	1804. 3	순조 4	전라도 흑산도 4인 송환.	조선표민 북경경유 송환.	동문휘고 원편, 속
89	1816. 6	16	전라도인 7인 송환.	위와 같음.	동문휘고 원편, 속
90	1820. 7	20	제주목사가 제주도에 정박중인 유구선박에 대해 보고하자, 육로로 송환할 것을 지시함.	유구표민 복건경유 송환.	순조 20년 7월 을묘
91	1821. 6	21	제주에 표류한 유구국인을 북경을 통해 송환토록 함.	위와 같음.	순조 21년 6월 계사
92	1826. 6	26	흥해현에 표류한 유구국 상인 3명을 북경을 통해 송환.	위와 같음.	순조 26년 6월 병인
93	1826. 10	26	전라도 해남인 5인 송환.	조선표민 북경경유 송환.	동문휘고 원편, 속
94	1829. 4	29	전라도 제주인 12인 송환.	위와 같음.	동문휘고 원편, 속
95	1831. 7	31	제주도 대정현에 표착한 유구국인을 북경을 통해 송환.	유구표민 복건경유 송환.	순조 31년 7월 신묘
96	1832. 9	32	제주도 대정현에 표착한 유구국 나하부 3인을 육로로 송환함.	위와 같음.	순조 32년 9월 정묘
97	1833. 10	33	전라도, 제주인 26인 송환.	조선표민 복건경유 송환.	동문휘고 원편, 속
98	1834	34	조선인 이인수 송환.	위와 같음.	동문휘고

					원편, 속
99	1837. 4	헌종 3	조선인 손익복 송환.	위와 같음.	동문휘고 원편, 속
100	1856	철종 7	조선인 표류인 6인 송환.	위와 같음.	충승현사료
101	1860. 10	11	유구인 6인 유구송환.	유구표민 복건경유 송환.	동문휘고 원편, 속
102	1861	12	유구인 대마도경유 송환.	유구표민 대마경유 송환.	대마도 종가문서
103	1865	고종 2	전라 해남 문백익 등 15명, 대도표류.	송환 불명.	충승현사료
104	1868	5	조선국 6명 久米島표류.	송환 불명.	충승현사료

이상 현재 밝혀진 자료들을 중심으로 조선시대 조선과 유구의 접촉실상을 정리해 보면서, 아울러 이 글에서 다루어질 주제에 관한 문제를 제기해 보자.

① 조선과 유구의 관계는 조선시대 전기간에 걸쳐서 이루어지고 있다는 점이다. 즉 적어도 『조선왕조실록』에 의해서만 보더라도 양국관계는 건국직후인 1392년 8월에서부터 1832년 9월까지 기록되어 있으며, 다른 사료인 『沖繩縣史料』에는 1868년의 표착기록까지 있어 이를 포함시키면 조·유관계는 결국 조선시대 전기간을 통하여 이루어진다고 볼 수 있다.

② 조선시대 전후기에 걸쳐서 조선과 유구와의 접촉사례는 총 100여 차례 이상이 산견되는데, 그 정확한 접촉 횟수에 관하여는 의문의 여지가 많다. 그 이유는 우선 사행의 기록이 도항에서부터 귀국에 이르기까지 상세하지 않으며, 대마도인이나 박다인 등 중간자의 위사행위가 중첩되기 때문에 유구사행이라고는 기록되어 있지만, 유구국사신인지 아닌지도 불투명한 경우가 많다. 또한 표착기록도 산발적으로 나타나고 있어 통계가 불분명하다. 따라서 접촉횟수 자체에는 절대적인 의

---

7) 이 일람표는 『朝鮮王朝實錄』『海東諸國紀』『同文彙考』『通文館志』『漂人領來謄錄』『歷代宝案』『沖繩縣史料』 등과 기존의 연구에 수록된 통계를 참고로 작성하였다.

미를 부여할 수는 없다.

③ 접촉의 대체적인 형태를 볼 때는 크게 세 가지로 분류할 수 있다고 본다. 즉 첫째, 정식 사신의 명칭을 띄고 직접 교린이 이루어지는 경우(1392~1524), 둘째, 북경을 경유하여 양국의 사절단이 접촉하는 경우(1530~1638), 셋째, 표류민의 송환을 계기로 청을 통하여 이루어지나 공식적인 접촉은 없는 경우(1662~1868) 등이다.

④ 양국의 사행관계를 볼 때, 기록에 나타나는 대부분의 사행은 유구에서 조선에 사절을 파견한 것이고, 조선에서 유구에 간 것은 단 세 번뿐으로 1416년 7월의 通信官 前護軍 李藝와 1430년 7월과 1437년 7월의 김원진의 기사이다(사료 9, 15, 17). 그러나 이 김원진은 조선인이 아니라는 설이 있으므로 확실히 말할 수 있는 것은 1416년 李藝의 파견뿐이다.

⑤ 유구국에서 오는 사행의 경우 왜구에 붙잡혀간 피로인과 유구에 표착한 표류인의 송환을 병행하면서 물자의 교역을 원하고 있다는 점이다. 피로인과 물자의 교역에 관하여는 별도의 표류민관계 논고가 있으므로 이 글에서는 언급을 피하도록 한다.

⑥ 유구국왕 사자로 위장된 사자와 대장경의 청구가 매우 빈번했다는 사실이다. 조선에서 유구국 사자의 진위가 문제가 되기 시작한 것은 1423년(사료 13)부터인데, 그 이후 사자의 진위가 계속 문제가 되었다. 기록에 의하면 1500년(사료 44)의 유구국왕사 梁廣과 梁椿은 스스로 유구로부터 40년만의 사자였다고 했다. 이글에 의하면 1461년 이후의 사자는 모두 위사라는 이야기가 되지만 문제의 여지가 많아 뒤에 상술한다. 또한 위사가 문제가 되는 시기에는 불경의 청구가 급증하는데, 위장된 사행과 불경의 청구는 조선전기 양국관계를 이해하는 데 매우 중요한 단서가 된다.

⑦ 조·유관계의 내용이 단순히 물자의 교류 뿐만 아니라, 양국의 정치·

외교·국방·표류민송환에 이르기까지 다양하게 구성된다는 점이다. 따라서 이 내용을 종합적으로 분석할 필요성이 제기된다.

그러면 이러한 문제의식을 중심으로 다른 논제와 중복되지 않는 범위안에서 조·유관계의 구조와 성격을 검토하기로 하자.

3. 직접 교린체제

1) 구조와 성격

조선에서는 건국 직후부터 왜구문제를 해결하기 위한 노력을 다양하게 전개하였음은 이미 잘 알려진 사실이다. 예를 들면 건국 직후부터 일본의 중앙정권인 室町幕府에 사신을 보내어 왜구의 금지를 요청하는 한편, 왜구의 실제 세력이었던 對馬島 및 九州 등 연안의 중소 영주세력들과 다양하게 접촉을 벌이는 동시에, 왜구의 근본원인이 경제적인 빈곤임을 감안하여, 이들에게 회사품이나 식량을 지급하여 평화적인 통교자로 전환시키는 노력을 경주하였다. 그 결과 외교적인 절충과 평화적인 통교자의 우대책은 큰 성과를 거두어 가면서 왜구를 분해 변질시켜갔고, 대마정벌 이후 체계화한 교린체제의 정비에 의해 적어도, 1443년 계해약조를 전후하여부터는 일본과의 관계가 敵禮的 對等交隣과 羈縻交隣의 체제속에 안정되어 갈 수 있었다.[8] 그러나 동 시기의 유구는 일본과는 전연 별개의 독립국으로 조선과는 별도의 교린관계를 맺고 있었다.

그러면 조·유관계의 구조와 성격을 파악하기 위하여 먼저 동시기의 명 중심의 동아시아 국제질서인 책봉체제와 교린관계, 양국 사행의 명칭이나

---

8) 손승철, 『조선시대 한일관계사연구』 제2장 1절 참조.

형태, 유구사절에 대한 접대형식, 양국에서 주고받은 외교문서양식 등을 중심으로 살펴보자.

첫째, 명 중심의 책봉체제하에서의 교린관계를 유지하였다.

중국에서 朱元璋이 명나라를 수립한 해는 고려말인 1368년(공민왕 17)이었다. 명은 건국초기부터 주위의 여러 나라들과 조공관계 및 책봉체제를 통하여 우호관계를 수립하는 일에 힘을 기울였다. 그 결과 동아시아 국가간에는 명 중심의 새로운 국제질서가 형성되었고, 이것을 전제로 피책봉국간에는 소위 「交隣」이라고 하는 새로운 「通交體制」가 수립되었다.

조선과 유구 가운데 명과 조공관계를 먼저 맺은 것은 유구였다. 명에서는 1372년 使臣 楊載를 파견하여, 명의 건국사실과 함께 여러 주변국이 이미 명에게 조공한 사실을 유구에 전하였다.9) 이에 유구국의 中山王 察度는 명의 사신이 귀국하는 편에 곧바로 자신의 아우인 泰期를 함께 보내 명에 입공하였다. 이러한 사실은 유구의 역사에 중대한 영향을 미치게 되었다.10) 中山王의 명에 대한 조공관계 수립은 유구내의 세력경쟁자인 山南王·山北王에게도 자극을 주어, 山南王은 1380년, 山北王은 1383년에 명과 조공관계를 맺었다.11)

명과 조공관계를 맺은 이후 유구는 명에 유학생을 파견한다든지, 명으로부터 36姓의 뱃사람이 유구로 이주한다든지, 항해용 선박을 사여받는다든지 각종의 지원을 받아, 유구의 대내적인 발전 및 대외관계에 있어서 큰 변화의 계기가 되었다. 유구가 명으로부터 정식의 책봉을 받았다는 기록은 1407년, 第一尙氏王朝의 思紹(1406~1421, 재위)가 請封使를 파견하면서부터이다. 이때부터 유구는 국왕이 새로 즉위할 때마다 계속하여 책봉을 청하는

---

9) 安南, 占城, 高麗, 爪哇國 등으로 여기에는 이미 高麗가 포함되어 있었다.

10) 양수지, 앞의 논문, 23쪽.

11) 이 산남의 국왕들은 중산왕이 조공을 시작한 이래 中山王 尙巴志에 의해 유구가 통일된 1429년까지 57년간 中山王이 89회, 山南王이 34회, 山北王이 15회 조공하였는데, 그 비례는 三山의 국력에 비례하듯이, 6:2:1로 나타난다(楊秀芝, 앞의 논문, 24쪽).

請封使節을 명에 파견하였으며, 그에 대하여 명으로부터 册封使가 정식으로 보내졌다. 명으로부터의 책봉사의 파견은 第二尙氏王朝의 8대 尙豊(1621~1640, 재위)이 책봉을 받는 1633년까지 계속되었다.

한편 조선의 경우는 1392년 건국직후부터 명에 대하여는 조공사절을 파견하여 우호관계를 유지하려는 노력을 지속하였다. 하지만 건국직후 명과의 관계는 그렇게 평탄하지 않았다. 즉 명의 조선에 대한 의심에서 비롯된 「생흔 3조」와 「모만 2조」사건 및 「표전문제」의 갈등을 겪으면서, 1403년 4월에 가서야 비로소 都指揮 高得과 左通政 趙居任의 책봉사가 파견되어, 誥命과 金印 및 印池가 전달되었다. 이리하여 1403년 太宗代부터 받기 시작한 책봉은 명이 멸망할 때까지 계속되었다.

따라서 이 시기 명과 조선, 명과 유구와의 관계를 본다면, 조선과 유구 두 나라가 모두 명과 조공관계를 맺고 있었으며, 각기 1403년과 1407년부터 1644년 명이 멸망할 때까지 모두 명 중심의 册封體制 속에 편입되어 있었다는 것을 알 수 있다.

결국 이러한 양국의 대외적인 조건이 조선과 유구사이에 정식의 교린관계가 이루어지는 바탕이 되었다고 본다. 물론 조선과 유구는 고려말 양국이 책봉을 받기 전인 고려말부터 이미 교린관계를 맺고 있었다. 그러나 책봉을 받기 전과 후를 비교할 때, 여러 가지 면에서 커다란 차이를 보여준다. 예를 들면 유구로부터의 사신들이 휴대한 문서의 내용에 책봉 후에는 명으로부터의 책봉을 구체적으로 명시하면서 隣交를 이룰 것을 요청한다는 점이다. 그리고 또 조선에서도 유구가 명의 책봉국임을 인정하여 교린관계를 유지한다는 점을 명확히 하고 있다는 점이다.[12]

---

12) 태종 9년(1409) 9월 유구국 중산왕 사소가 사신편에 예물과 피로인을 송환하는 내용의 咨文을 보냈는데, 그 자문에는, "지금 대명황제의 먼곳 사람을 회유하는 은혜를 입어, 영광스럽게 王爵을 封해 이 지방을 관장하게 되었으니, 흠준하여 朝貢하는 외에 隣國의 義交에 대한 일절을 생각컨데, 또한 마땅히 사신을 보내어 서로 소식을 통하는 것이, 이것이 곧 四海가 한 집이 되고, 거의 윤당할 듯하기에, 이 때문에

이점에서 조선시대 조·유관계는 외교적으로 볼 때는 기본적으로 명의 책봉체제하에서 이루어지는 「交隣關係」임을 확인할 수 있겠다. 물론 이러한 특징이 조선시대 전기간에 해당되는 것은 아니다.

둘째, 琉球使行의 명칭이나 형태를 통해 양국관계를 보면, 국가 대 국가의 일원적인 관계였다.

먼저 사행형태는 사신의 호칭에서 비교할 수 있는데, 유구로부터의 사신은 대부분이 琉球國王使 또는 琉球國使로 불려지고 있었다. 즉 일본으로부터의 사자가 日本國王使를 비롯하여 巨酋使, 九州節度使, 對馬島主의 特送使, 諸酋使와 受職人 등 매우 다양하였음에 반하여, 유구사신은 琉球國王使 또는 琉球國使로서, 위장된 사신까지도 호칭상에 있어서는 적어도 유구국을 대표하는 것으로 호칭되었다. 이점에서 일본과의 관계가 階層的이며 多元的이었음에 비하여, 유구와의 관계는 표면상으로는 조선국왕과 유구국왕 사이를 왕래하였거나, 유구국을 대표하는 성격을 지니고 있었다는 점에서 조선과 유구의 교린관계는 一元的인 성격을 갖고 있었다.

또한 조선에서 유구에 파견한 최초사절인 李藝의 공식적인 직함이 通信官이었다는 점이다. 물론 이 시기 통신사의 개념이 정형화된 시기는 아니지만 통신이란 개념은 적어도 상호간에 신의를 나눌 수 있다는 개념에서 사용되는 의미와 정종 원년에 일본 足利幕府 장군에게 파견되었던 朴惇之의 직함도 같은 通信官임을 상기할 때, 적어도 조선의 입장에서는 유구를 일본과 마찬가지로 하나의 通信의 대상국인 독립적인 交隣國으로 상대하고 있었음을 볼 수 있다.

셋째, 유구사절에 대한 접대방식은 일본국왕사와 차이가 없었다.

정사 阿乃佳結制 등을 보내어 본국의 해선을 타고 예물을 장속하여 싣고 귀국에 가서 국왕전하께 나아가 봉헌하게 하여, 약간의 수사의 정성을 펴오니 받아들여 주시기를 바랍니다."라고 하여 조선과 책봉국간의 교린을 지향하고 있음을 밝혔다(『태종실록』 권9, 9년 9월 경인, 이원순, 「조선전기 朝鮮廷臣의 유구인식」, 1992, 179쪽).

유구국의 사신이 조선에 오면, 이들은 일본국왕사나 야인의 사신들과 더불어 조선국왕을 알현하였다. 유구국사가 朝參에 참석한 사례를 보면, 1392년(태조 원)에는 동5품하, 1431년(세종 13)에는 서반3품이었는데, 이에 비해 일본국왕사는 1398년(정종 원)에는 4품의 班次, 1420년(세종 2)에는 서반 종3품, 1425년(세종 7)에는 서반 3품으로 되어 있다. 이외의 『世宗實錄』의 「五禮儀」에서는 일본국왕사와 유구국왕사를 같은 종2품의 班次에 규정하여 野人보다 상위에 위치시켰고,13) 『經國大典』에는 유구사절의 접대에 三品朝官이 通事를 동행하여 迎送하도록 되어있으며, 포소에 도착후 연회와 상경하는 과정에서의 각종 접대는 물론 숙배일에 궐내에서 연회를 베푸는 것까지 모두 일본국왕사와 똑같이 대우하도록 규정하고 있다.14)

접대의 구체적인 예를 들면 1431년(세종 13) 9월 유구국인이 乃而浦에 왔을 때, 이들이 만약 國王使라면 日本國王使의 예에 따라 접대하도록 하였는데,15) 그후 한양의 東平館에 머물면서 세종을 알현하는 문제가 대두되자, 세종은

유구국 사신은 敵國의 사신이니 從二品의 반차를 정함이 어떠한가.16)

라고 하여, 敵禮國의 사신으로 대우하자고 제의하였다. 그러나 예조판서 申商은 유구국은 일본보다 小國이고, 이미 3품의 열에 차례를 정하도록 하였으므로 3품으로 하도록 하자고 하여 세종도 그에 따랐다. 그리고 1453년(단종 원년) 유구국왕사 道安이 왔을 때의 接待事目에는 신해년(1431년) 유

---

13) 『世宗實錄』 五禮·嘉禮儀式·朝賀 「題方客使位於懸之東西 倭使在東 野人在西 當文武班 准品序立 日本琉球等國使副 當從二品」
14) 『經國大典』 권3, 「禮典」 待使客.
15) 『世宗實錄』 권53, 13년 9월 정묘. 「禮曹據慶尙道監司關啓 琉球國客人 來泊乃而浦 若國 王使人 則其支待之禮 請依日本國王使臣例 若因興販私自出來者 依諸島客人例 從之」
16) 『世宗實錄』 권54, 13년 11월 경오. 「今琉球國使臣 乃敵國之使 序於從二品班次 若何」

구국왕사 夏禮久를 따르도록 하였고, 임신년(1452년)의 일본국왕사의 예에 따라 시행하도록 하였다.[17)]

이상의 내용을 통하여 볼 때, 조선은 유구국사에 대한 접대를 일본국왕사와 별 차이 없이 거의 동등하게 생각하고 있었고, 비록 유구와 직접적인 관계가 이루어지고 있지 않던 조선후기의 사료이기는 하나 『交隣志』 『增正交隣志』 『通文館志』 등에도 모두 接待에 있어서는 일본과 유구국에 차이를 두지 않고 있다.

넷째, 양국이 주고받은 외교문서는 咨文의 양식이었다.

조·유간에 주고받은 외교문서에 관하여는 『歷代宝案』의 연구를 통하여 어느 정도 그 윤곽이 드러나 있다. 『歷代宝案』에 수록되어 있는 17건의 왕복문서 중에서 書式의 문서가 3건, 書咨 겸용문서가 1건, 移文이 1건, 咨文이 12건이다. 그런데 書式 문서는 3건이 전부 조선전기에 조선에서 유구에 보낸 것이고, 조선후기에 이르러서는 조선과 유구 모두가 상호간에 모두 咨文의 형식을 취한 문서를 주고받았다.[18)] 일반적으로 書式이란 국가간의 문서양식에 적용하는 경우, 특히 중국의 책봉을 받은 나라끼리 일반화되어 있는 형식으로, 대등한 국가간에 「國王 對 國王」의 관계에 쓰여졌다. 한편 咨文은 명의 관료제에서 쓰던 문서양식으로 二品 이상의 대등한 관청에서 사용했는데, 나아가 책봉을 받은 국왕과 명의 관청사이의 외교문서로도 사용했다.[19)]

그런데 조선에서 유구에 보낸 문서의 양식은 처음부터 정형화되어 있었던 것 같다. 즉 고려말 1389년(창왕 원)에 典客令 金允厚를 보빙사로 유구에 파견할 때의 외교문서가 書의 양식을 갖추었다.[20)] 그 이후 조선에 들어와

---

17) 『端宗實錄』 권4, 원년 3월 무진. 「凡接待宴享 參考辛亥年琉球國王使者夏禮久 壬申年日本國王使者例施行」
18) 孫承喆, 「<歷代宝案>을 통해서 본 朝鮮과 琉球關係」 부촌 신연철 교수정년 기념 『史學論叢』 1995 참조.
19) 高橋公明, 「外交文書 '書·咨'について」 『年報中世史研究』 제7호, 1982 참조.

유구에 보낸 문서들이 어떠한 형식을 갖추었는가는 알 수 없다. 그렇지만 1431년(세종 13)에 조선 조정에서는 유구에 보낼 문서의 양식에 관한 논의가 이루어 졌는데, 당시 조선에서는 유구로부터의 외교문서들이 일정한 격식을 갖추지 않았기 때문에, 그에 대한 답서의 양식을 어떻게 정할 것인가에 대해 의견이 분분하였다. 그리하여 조정에서는 답서형식을 놓고 논의를 하게 되었고, 그 결과 세종은 유구국에 보내는 답서의 양식을 書契나 咨文보다는 책봉국의 국왕간의 왕복문서의 기본형식인 書契式을 취하여 교린정책의 원칙인 敵禮國의 대우를 하였던 것이다. 이러한 논의를 거쳐 유구국에 보낸 답서가 바로 『歷代宝案』에 수록된 1431년 12월자의 국서이다.[21]

그런데 이 書는 몇 가지 특징을 가지고 있다. 첫째, 문서를 보내는 사람과 받는 사람이 나란히 명시되며, 朝鮮國王 李陶가 琉球國王殿下에게 奉復한다는 문구로 되어 있다. 둘째, 일반적으로 국서는 본문의 시작하는 말과 끝나는 말이 있는데, 조·유 왕복문서에서는 정형화되어 있지 않다. 셋째, 연월일을 표기할 때 양국이 모두 明의 연호를 쓰고 있다. 넷째, 別幅을 붙이고 있어 전형적인 書契의 형식을 취하였다.

따라서 우리는 이 문서의 특징을 통하여, 조선의 유구 정책의 구조와 성격을 짐작할 수 있다. 즉 조선에서는 유구를 「國王 對 國王」간의 대등한 관계의 敵禮 交隣國으로 상대하였다는 점, 그리고 두 나라의 관계는 기본적으로 명의 책봉체제를 전제로 하고 있었다는 점 등이다.

2) 僞使問題

유구국으로부터 조선에 내왕한 사신중 僞使에 관한 최초의 기록은 1423

---

20) 이 문서는 「高麗權署國事王昌端肅復書 琉球國中山王殿下」로 되어 있어 그 양식이 書式임을 알 수 있다.

21) 『歷代宝案』 권39-2.

년(세종 5)부터 등장한다. 당시의 기록에 의하면,

> 유구국의 사신이라고 일컫는 자가 사람을 보내어 토산물을 가지고 와서
> 올리는데, 그 書契와 圖書가 모두 유구국의 것이 아니므로, 정부에 의논하기
> 를 명하니, 좌의정 李原이 아뢰기를, '書契·圖書와 客人이 모두 유구국 것이
> 아니니, 올린 예물을 마땅히 물리치고 받지 말아야 될 것입니다.'라고 하므
> 로 그대로 따랐다.22)

라고 기록되어 있음을 볼 때, 이때부터 이미 위장된 유구국 사신이 내항
하고 있음을 볼 수 있다.

그러면 당시 위사로 내왕한 유구국 사신은 누구였을까. 그에 대하여 명
확한 해답을 찾을 수는 없지만 그 전후 기사로 보면 그들은 대마도인들이
거나 九州 또는 博多의 상인들이었다. 예를 들면 대마도인들이 유구 선박에
피해를 주는 사례가 위사가 발생하기 직전에 조선에 보고된 사실이 있다.
그 내용에 의하면,

> (전략)… 요사이 유구국의 상선이 대마도의 적에게 요격되어, 양편에서
> 죽은 사람이 거의 수백 명이나 되었으며, 드디어 배를 불사르고 사람과 물
> 건을 노략질하였던 것입니다.23)

고 하여, 대마도에서 조선에 왕래하는 유구선박을 중간에서 탈취하는 사
례가 있음을 보고하고 있다.

그리고 1431년 9월에 도항하여 11월에 세종을 알현한 유구국왕사 夏禮久
도 대마도 客商의 배에 편승한 것으로 기록되어 있음을 볼 때, 적어도 이
시기에 이르면 대마도인이 조선과 유구의 왕래에 개입하고 있음을 알 수

---

22) 『세종실록』 권19, 5년 1월 병술.
23) 『세종실록』 권14, 3년 11월 을축.

있다. 또한 1430년 윤12월 通事 金源珍이 유구국에서 琉球國長史 梁回의 서한을 가지고 돌아왔다는 기록이 있는데, 田中健夫는 1437년 7월에 유구국에서 조선인 金龍德 등 6인을 송환해 온 金元珍과 동일인물이라고 하면서 이들이 조선인이 아니라고 했다.[24] 물론 상고의 여지가 있는 사항이나 이러한 내용들은 이미 이 시기에 조선과 유구의 직접 통교에 상당한 장애가 있었음을 시사하는 기록들이다. 이후 1453년(단종 원) 3월, 1455년 8월(세조 원), 1457년 7월(세조 3)의 3회는 모두 倭僧 道安이었으며, 1458년 3차례의 사신이었던 吾羅沙也文, 友仲僧, 宗久도 모두 博多商人들이었다. 한편 1459년 1월에는 유구국 사자 覇家島와 道安 등이 조선에서 서계와 예물을 받아 가지고 유구로 돌아가다가 대마도에 이르러 약탈당하는 사건이 발생하였고, 조선에서는 이를 대마도에 엄중 항의하였다.

이후 유구국에서는 1461년부터 1524년까지 총21회에 걸쳐 사신이 도항하는데 대부분이 위사로 의심이 되는 사행이었다. 그 내용을 정리해보자.

〈표 2〉 위사관련 사행 일람표

번호	연월	왕대	기사	비고	출전
1	1461. 5	세조 7	유국국왕사가 토산물을 바치고, 표류인 송환함.	조선표류민 송환.	세조 7년 5월 기사
2	6	7	유구국사 덕원이 표류민 송환함.	조선표류민 송환.	세조 7년 6월 정축
3	12	7	유구국왕사 普須古가 자문과 토산물을 바침.	조선표류민 송환, 불경하사.	세조 7년 12월 무진
4	1467. 3	13	유구국왕사 同照·東渾이 앵무새를 바침.	불경하사.	세조 13년 7월 병자
5	1468. 5	14	유구국왕의 동생 閔意가 사자파 견함.		세조 14년 6월 경술
6	1470. 6	성종 원	유구국 中平田大島 平州守 等		성종 원년

---

24) 田中健夫, 「琉球に關する朝鮮史料の性格」 『中世對外關係史』, 東京大學出版會, 1975, 291~294쪽.

			悶意가 토산물 바침.		6월 병자
7	1471.11	2	유구국왕 상덕이 自端西堂을 보내어 서계를 바침.	대장경하사. 상관인 信重에게 종2품 수직.	성종 2년 12월 경진
8	1472. 1	3	유구국 喜里主가 사신을 보냈으나 접대치 않음.		성종 3년 1월 갑인
9	1477. 6	8	유구국왕 尙德이 內原里主를 보내어 서계와 예물을 바침.		성종 8년 6월 신축
10	1479. 5	10	유구국사 新時羅 등 219인이 표류인 송환함.	대장경청구, 조선표류인 송환.	성종 10년 5월 신미
11	1480. 4	11	유구국총수 李國圓 등이 아들을 파견함.		성종 11년 4월 정사
12	6	11	유구국왕 尙德이 敬宗을 파견하여 서계와 예물을 바침.		성종 11년 6월 을묘
13	1483.12	14	유구국왕 尙圓이 新四郞을 보내어 서계와 예물을 바침.	비로법보청구.	성종 14년 12월 정축
14	1491.12	22	유구국왕이 耶次郞을 보내어 서계와 예물을 전함.	비로법보청구.	성종 22년 12월 갑진
15	1493. 6	24	유구국왕이 梵慶과 也次郞을 파견하여 서계와 예물을 전함.		성종 24년 6월 무진
16	1494. 5	25	유구국 中山府主가 使僧 天章을 파견하여 예조에 교역을 원하는 서계를 보내옴.		성종 25년 5월 무술
17	1500.11	연산 6	유구국왕사 梁廣과 梁椿이 옴.	대장경청구.	연산군 6년 11월 무오
18	1505. 7	11	유구국왕사가 옴.		연산군 11년 7월 신축
19	1509. 8	중종 4	유구국 等閑意의 사신이라 칭하는 자들이 옴.		중종 4년 8월 무진
20	1519. 3	14	유구국 平田大島 平州守가 사자 파견함.		중종 14년 3월 임인
21	1524. 9	19	유구국 사자를 사칭하는 자들을 접대치 않기로 함.		중종 19년 9월 계해

이 기간 중의 유구국사의 위사여부를 가리는 문제는 그리 간단치 않다. 그러나 1500년 11월 유구국사 梁廣·梁椿이 왔는데, 예조가 그들을 접대하

는 자리에서 유구국사는,

　　'예전에 우리 나라 사람이 여기 온 지 40년만에 우리가 또 여기에 왔습니
　　다.'하기로 등록을 상고해 보니, 그 나라 사신이 온 것이 辛巳年이었다.[25]

라고 하였는데, 辛巳年은 1461년(세조 7)이므로 이로부터 40년간 파견된
사신은 모두 위사라는 말이 된다. 이들이 위사라는 사실은 조선에서도 위사
에 관한 논의가 여러 차례 이루어지고 있다는 기록을 통해서도 확인할 수
있다. 예를 들면 1480년(성종 11) 6월의 기록에,

　　전자에 유구국왕의 書契를 싸가고 온 것이 있었는데, 그 국왕의 이름이
　　尙德이었습니다. 그 뒤에 尙圓으로 變稱하였는데, 지금 敬宗이 싸가지고 온
　　글에 또 尙德이라 칭하였고, 또 이르기를, '成化 15년 庚子年'이라고 하였으
　　니, 그 글을 믿을 수가 없습니다. 유구의 사자가 대개는 그 나라 사람이 아
　　니고 왜인이 장사하러 갔다가 인하여 서계를 받아 가지고 옵니다. 지금 敬
　　宗도 또한 믿을 수가 없으니, 본조에서 위로하여 잔치할 때에, 원컨대 서계
　　의 사연을 물어서 진실인가 아닌가 징험하게 하소서.[26]

라고 하였다. 그러나 당시 성종의 답변은 물어는 보겠지만 끝까지 힐문
하지는 않겠다는 미온적인 태도를 보인다. 즉 이 기록에 의하면 유구국왕의
이름이 틀리고, 또 서계의 成化 15년은 간지가 庚子년이 아니라 己亥년이기
때문에 위사임이 틀림없다는 말이다.
　　또한 1493년(성종 24) 6월에 유구국왕 尙圓이 梵慶과 也次郞을 보내 왔는
데, 그들이 휴대한 서계를 보고 승정원에서 아뢰기를,

　　유구국의 사신은 모두 본국인이 아니고 바로 중간에서 홍판하는 무리입

---

25) 『연산군일기』 권39, 6년 11월 임술.
26) 『성종실록』 권118, 11년 6월 기미.

니다. 신들이 지난해의 서계와 이번에 가지고 온 서계를 가져다 보았더니,
印文이 자못 달랐습니다. 也次郎은 지난해에도 내조하였으니, 이는 필시
九州 사이에 살면서 圖書를 위조하여 이익을 늘리는 것을 일삼는 자일 것
입니다.27)

이어 도승지 曹偉도 아뢰기를,

也次郎은 지난해에 우리 나라에 왔다가 돌아간지 얼마 되지 않았는데, 어
떻게 갑자기 또 올 수 있겠습니까? 하물며 印文이 전번 서계의 印文과 같지
않으니, 이는 의심할 만합니다. 저들은 우리가 유구국의 사신을 매우 후하
게 접대하고 回奉도 많기 때문에, 서계를 위조해 가지고 와서 자기의 이익
을 엿보는 것임에 틀림없습니다. 이제 우리가 이미 간사함을 알았는데도 전
례에 의하여 후하게 접대한다면 후에는 반드시 우리를 속이기를 그치지 않
을 것입니다. 신은 회답하는 서계에 符驗이 없으면 믿기 어렵다는 뜻을 명
백히 알리고 答賜도 줄이는 것이 어떨까 생각합니다.28)

고 하여, 이들이 위사임을 조선에서도 알고 있었다. 그리고 이와 같이 위
사가 빈번한 이유를 결국 조선의 후한 접대에 있다고 하면서, 위사의 방지
책으로 符驗制度를 강화할 것을 아울러 개진하고 있다.29)

그렇다면 과연 이 시기 유구국사의 진위문제를 어떻게 확인해야 할 것인
가. 1500년 11월 유구국사 梁廣·梁椿의 말대로 이전 40년간의 유구국사를
모두 위사로 단정해야만 할까. 다행히 이 문제에 관하여 하나의 단서가 제
공되는 사료가 있는데, 그것이 앞에서 언급했던 유구외교문서인 『歷代宝案』
이다.

즉 『歷代宝案』에는 이 시기에 해당되는 서계가 3건이 수록되어 있다. 그

---

27) 『성종실록』 권279, 24년 6월 신미.
28) 위와 같음.
29) 琉球僞使의 割符制에 관하여는 橋本 雄, 「朝鮮への琉球國王使と書契·割符制」-15世紀
僞使問題と博多商人-『古文書研究』 44·45 合輯, 1997참조.

것은 ① 1461년 7월 7일자로 작성된 세조가 유구국왕에게 보낸 서계, ② 1467년 8월 19일자로 작성된 세조가 유구국왕에게 낸 서계, ③ 1470년 4월 1일자로 작성된 유구국왕 尙德이 조선국왕 成宗에게 보낸 서계이다. 그러면 이 서계를 전달한 유구국사는 과연 누구일까.

먼저 ①의 1461년 7월자의 조선에서 유구에 보낸 서계를 보자. 같은 해에 유구에서 조선에 내왕한 유구 사신은 두 번 있었다. 한 번은 5월 기사(30일)에 조선인 표류민 孔佳 등 2인을 대동하고 왔고, 또 한 번은 6월 정축(8일)에 조선인 표류민 양성과 고덕수를 소환한 것으로 되어 있으나, 6월 신미(2일)의 기사를 보면 이는 다른 사신이 아니라 같은 사신인 僧 德源임을 알 수 있다. 따라서 이 서계는 僧 德源의 편에 보내졌던 서계였던 것이다.

그런데 이 서계에는 1458년 2월에 조선인표류민 卜山과 升通·吾之 등을 송환해 온 吾羅沙也文편에 면유 210필과 면포 1,031필을 보내면서 인교를 다짐하는 내용이 수록되어 있으나, 공교롭게도 그가 정말 유구 국왕이 보낸 사신인지 아닌지는 몰라도 이 吾羅沙也文은 유구인이 아니라 博多나 對馬人으로 추정되는 인물이다.[30]

다음 ②의 1467년 8월 19일자로 작성된 세조가 유구국왕에게 보낸 서계이다. 이 서계는 내용으로 보아 1467년 3월에 유구국왕이 僧 同照 등을 보내어 앵무새·큰닭·호초·犀角·서적·沈香·天竺酒 등을 바친 것에 대한 회답으로 보낸 것이다. 그런데 이 물품들은 1461년 12월에 내왕한 유구국왕사 普須古 편에 요청했던 물품들이었으므로 이 1461년 12월과 1467년 3월의 두 사행은 모두 유구국사로 보아야 할 것이다.

다음 ③의 1470년 4월 1일자로 작성된 유구국왕 尙德이 조선국왕 成宗에게 보낸 서계이다. 이 서계는 書와 咨의 형식을 모두 취하고 있는데, 발신인이 尙德으로 되어 있지만, 사실 尙德王은 이 서계가 작성되기 이전인 1469년 8월에 이미 사망하였다. 당시의 국왕은 尙圓이었는데, 왜 尙德의 명의로

---

30) 田中健夫, 앞의 책, 303쪽 참조.

작성하였는지는 알 수 없으나, 세 가지로 추측은 해 볼 수 있겠다. 우선 과거 유구국에서는 상덕의 명의로 몇 차례에 걸쳐 조선에 사신을 파견한 바가 있었으므로 조선이 그의 이름을 잘 알고 있으리라고 여겨 借名하게 되었다고 보는 견해이다.[31] 두 번째로 상원왕이 아직 명의 책봉을 받지 못하였기 때문에 상덕왕명을 그대로 썼다는 것이다.[32] 그러나 무엇보다도 이 사신은 이보다 3년 앞선 앞의 1467년 3월에 조선에 왔다가 8월에 유구로 돌아갔던 유구국왕사 승 同照와 博多商人 東渾 편에 조선측에서 서계와 더불어 다량의 회사품을 보낸 것에 대한 답례 사행으로, 조선국서가 尙德 앞으로 보낸 것이기 때문에 그에 대한 답서의 형식을 취하다 보니 尙德으로 했을 가능성이 가장 높다고 보겠다. 그래서 이 서계의 발신인 尙德 다음에 답서를 의미하는 奉復이란 용어를 썼던 것이다.

그런데 『朝鮮王朝實錄』에는 1467년과 71년 사이에 두 차례에 걸쳐 유구국왕 동생 閔意와 유구국 中平田大島 平州守 等閔意 명의로 仁壽和尙 등이 유구국 사신으로 조선에 왔다는 기록이 있다. 그렇다면 이들 또한 僞使일 수밖에 없다.

이후 『朝鮮王朝實錄』에는 계속하여 유구국 사신의 내왕이 기록되어 있지만, 『歷代宝案』에는 1597년 이전에는 아무런 사료가 남아있지 않다. 그렇다면 이 이후 1500년까지의 사행은 모두 위사일까. 현재까지의 모든 연구들은 이들을 모두 위사로 단정하고 있지만 좀더 살펴보아야 할 것이다. 왜냐하면 사실 1500년의 梁廣·梁椿에 대한 사료도 『歷代宝案』에는 없기 때문이다. 그러나 1500년의 사행은 1534년 조선에서 北京에 파견되었던 進賀使가 귀국해서 中宗에게 보고한 내용중에 조선에 파견되었던 梁椿을 만난 사실이 기록되어 있으므로 위사로 보기는 어렵다(주 38. 참조). 한편 『朝鮮王朝實錄』에는 이 시기에 久邊國이란 나라에서도 사신을 보내오는 기록이 있는데

---

31) 이원순, 「歷代宝案을 통해서 본 조선전기의 朝琉關係」 『국사관논총』 65, 1995, 21쪽.
32) 하우봉, 「조선전기의 對琉球關係」 『국사관논총』 59, 1994, 154쪽.

(1478년 10월, 1482년 2월, 1482년 윤8월) 이들을 모두 위사로 보는 견해도 있다.[33)]

물론 위사가 1500년에 끝나는 것도 아니다. 그 이후에도 4차례나 더 유구국으로부터 사자가 오지만 모두 위사로 추정된다. 그리고 이러한 유구국 위사도 1524년 9월 유구국 等悶意가 보낸 都船主 國次를 끝으로 유구로부터의 직접적인 내왕은 모두 막을 내린다. 그리고 이후부터는 북경을 통하여 우회하는 통교를 행하게 된다.

한편 위사들에게 나타나는 또 하나의 특징은 통상의 경제적인 목적 이외에 大藏經을 요청하고 있다는 사실이다. 일본으로부터의 대장경의 청구는 이미 조선초기부터 있어왔던 일로 조선도항의 중요한 목적중의 하나였음은 이미 주지의 사실이다. 종래의 연구에 의하면 1388년에서 1539년에 이르는 150년간에 확인된 것만 하더라도 50부 이상의 대장경이 일본에 전해진 것으로 되어 있다.[34)] 유구국 사신으로부터의 대장경청구는 1455년을 비롯하여 1461년, 1467년, 1471년 2회, 1479년, 1483년, 1491년, 1500년 등 9회에 달하고 있으며, 이중 대장경이 사급된 것은 1467년(다른 불경으로 대치), 1471년(1번)과 1483년을 빼고 6회에 달하고 있다. 이들 대장경이 현재 어디에 있는지는 확인할 수가 없다. 왜냐하면 대부분이 위사였기 때문이다. 그러나 앞에 서술한대로 1455년과 1461년의 유구사신이 위사가 아니라면, 이것들이 유구로 전달되었을 가능성은 충분하다.

그렇다면 유구에 전해진 대장경은 어찌되었을까. 유구측 사료인『琉球國由來記』권10「諸寺舊記」나 권7「琉球國舊記」의「寺社」條에는 尙德王 때 조선의 세조로부터 하사 받은 대장경을 봉안하기 위해 1502년(尙眞王 26)에 유구왕성 밖에 圓覺寺 總門 앞에 인공으로 연못을 만들고, 연못 가운데인 丹鑑池 中之島에 藏經閣을 지어 안장하였다고 한다. 아마도 1455년의 대장

---

33) 하우봉, 앞의 논문, 152~3쪽.
34) 村井章介,「倭人海商の國際的位置」『アジアの中の中世日本』, 校倉書房, 1988, 336쪽.

경이 아닐까. 그러나 이 장경각이 1609년 일본의 薩摩藩의 琉球侵攻으로 전란의 화를 입어 파괴됨으로써 대장경의 자취는 오늘날 유구에서는 찾을 수 없게 되었다.[35]

그러면 조선은 이렇게 각종의 명분을 가지고 내왕해 오는 유구국사를 어떠한 입장에서 수용하였으며, 이것은 조·유 관계사에 어떠한 의미를 가지는 것일까.

앞의 인용문에서 보듯이 조선에서는 1423년 최초의 위사가 도항했을 때부터 그들이 위사임을 알았다. 그래서 書契와 圖書가 모두 유구의 것이 아니라는 이유를 들어 접대를 거부하기도 했다. 그러나 연이어 조선인 표류민을 송환하여 왔고, 또 당시는 아직 일본(對馬島와 九州)과의 관계도 정비되지 않은 시기여서 그들과의 관계를 고려하여 대체로 그들의 요구를 들어주는 방향으로 수용하였다. 특히 위사가 한창 고조되었던 1493년과 94년의 예에서처럼 조정대신들이 여러 차례에 걸쳐 논란을 거듭한 결과, 상식의 외교에서는 용납될 수 없는 일이었지만 위사 也次郎의 발언에서 보듯이, 접대를 하지 않을 경우 大國인 조선의 허물이 된다는 사실, 그리고 對馬島主의 路引을 소지했다는 명분과 더 이상 외교상의 문제로 비화되는 것을 방지한다는 방침에서 그들을 접대하였다. 그러나 그들에 대한 접대는 國王使로서가 아니라 商倭(巨酋使)로서 대우하였다.

결국 이러한 점에서 조선은 이미 이 단계에서 유구가 독립적으로는 대조선관계를 할 수 없다는 상황을 충분히 인지했던 것이고, 그래서 僞使라 할지라도 大國의 입장에서 敵禮交隣을 하면서 남방의 제세력과 우호관계(羈縻交隣)를 지속해 간다는 방침을 세웠던 것이 아닌가한다. 따라서 이 점을 충분히 고려한다면 이후 北京을 통하여 조선의 冬至使와 유구의 進貢使가 양국관계를 계속해 가는 측면을 이해할 수 있지 않을까 한다.

---

35) 이원순, 앞의 글, 36쪽.

4. 간접 교린체제

僞使에 의한 교류가 종말을 고하면서 1530년(중종 25)부터 1636년(인조 14)까지 조선과 유구와의 제반교류는 북경을 통하여 우회하는 방법에 의하여 이루어진다. 북경우회의 조·유관계가 시작된 것은 1530년 8월 제주도에 표류한 유구인을 송환시킬 때, 명으로 떠나는 正朝使 편에 이들을 북경을 경유하여 귀환시킨 것이 계기가 되었다.

그러나 표착유구인을 북경을 우회하여 송환시키는데에는 여러 차례 논의 끝에 결정된 것이었다. 당시 토의된 내용을 검토해 보면, 1530년 8월에 제주에 표류한 유구인은 7인이었는데, 제주목사는 이들을 모두 상경시켰고, 조정에서는 이들을 처음에 禁府에서 추문하도록 했으나, 달리 물을 만한 것이 없다고 하여 延接都監으로 옮겨 예조에서 추문하였다. 예조에서는 이들이 다른 혐의가 없자, 곧바로 돌려 보내는 방법을 논의하였다. 처음에는 대마도인을 통해 대마도와 薩摩州를 거쳐 송환하도록 결정하였다. 그러나 표류한 유구사람들은 왜인편에 돌려보내진다는 말을 듣고는 해를 입을까 두려워하여 밤새 통곡하였다고 한다. 그러자 조정에서는 송환방법에 대해 논의를 다시 거듭한 결과, 유구국 사람은 이따금 중국에 조공하고 또 우리 나라 사람도 전에 유구국에 표류하였다가 중국을 거쳐서 돌아온 적이 있으니, 이번에 표류한 사람들을 중국을 거쳐 유구로 돌려보내도록 건의하였다.[36] 그리하여 正朝使 편에 돌려보내도록 결정하였다.

그러나 정조사 吳世翰은 표류한 유구인들이 남방사람들이기 때문에 북경으로 가는 도중에 추위를 견디어 낼 수 있을까에 대해 염려하면서 다른 기회에 송환하여 주도록 건의하였다. 그러자 中宗은,

북경에 갈 때에는 추위를 견디는 사람도 오히려 얼어 상할세라 염려하는

---

36) 『중종실록』 권69, 25년 10월 정사, 무오, 기미, 신유, 계해, 갑자.

데, 더구나 이 유구사람이겠는가? 남방의 따뜻한 곳에 살았으므로 과연 중
도에서 얼고 굶주릴 염려가 있기 때문에 봄의 따뜻한 때에 다음 행차를 기
다려서 들여 보낼 것을 나도 생각하였으나, 正朝에 모든 나라가 모이는 날
이므로 유구국의 사신도 반드시 중국에 조공하러 올 것이고 聖節에는 외국
사람의 왕래가 드물 것이므로, 표류한 사람을 어쩔 수 없이 이번 행차에 딸
려 보내는 것이다. 아뢴대로 의복과 양식을 장만하여 주도록 하라.[37]

고 하였다. 즉 正朝에는 유구국 사신이 북경에 올 것이므로, 그에 맞추어
북경에 호송하도록 한 것이다.

즉 이와같은 기록을 참고할 때, 조선에서는 유구인의 송환에 대해 대마
도를 신뢰할 수 없었고, 표류한 유구인 자신들도 왜인들에게 해를 입을 것
을 두려워하여 육로를 통하여 귀환하기를 원하고 있었다. 또한 조선에서도
유구국이 중국에 조공사절을 보내고 있으므로, 북경에 가면 자연히 유구조
공사와 접촉이 이루어 질 것이므로, 그 편에 돌려보내는 것이 안전하다고
판단하였던 것이다. 그리하여 이들 7명의 표류인들은 조선에서 북경에 보내
는 정조사편에 동행하여 북경으로 호송되었고, 북경에서 명의 중재하에 유
구사절들에게 다시 인계되었다. 그후 유구표류인들이 송환된 소식은 이로
부터 4년후 1534년 북경에 파견되었던 進賀使 蘇世讓이 귀국후 사정전에서
중종을 인견하는 자리에서 보고되었다. 즉 소세양은 유구국 사신을 만났던
일을 다음과 같이 보고하였다.

유구국 사신은 梁椿이었습니다. 신과 같은 館에 함께 있었는데, 양춘이
사람을 시켜서, '내가 나이 28세 때 조선에 갔다왔는데, 지금 듣건데 사신이
여기 와 있다니 반갑다.' 하기에 신도 역시 사람을 보내 사례했습니다. 그
뒤 유구국의 정사 양춘은 병으로 누웠고 副使와 아랫사람들이 모두 와서 뵙
기를 청하기에 신이 즉시 관대를 차리고 나가서 만나보고 茶禮를 행했습니
다. 이어 '지난 경인년(1530년)에 귀국 사람들이 우리나라에 표류해 왔을 적

---

37) 『중종실록』 권69, 25년 10월 을축.

에 우리 전하께서 중국으로 인계하여 귀국으로 돌아가게 했는데 몇 사람이
나 살아서 돌아갔는가?'하니 '더러는 중국 지방에서 죽고 단지 4명만 살아
서 돌아왔다. 우리나라 국왕이 기뻐하여 감사함을 이기지 못하였지만 길이
멀어서 사례하지 못하였다. 지금 재상에게 謝意를 표하고 싶다.'하면서 즉시
일어나 읍하고 재삼 감사하다는 말을 하다가 물러갔습니다.38)

고 하였다. 이 내용으로 볼 때, 이들이 유구표류인들이 그후 어떤 경로를
통해 유구로 돌아갔는지는 알 수 없지만, 7명중 4명만이 송환된 것은 확인
이 된다.

이러한 조처에 대해 명은 어떻게 생각하였을까. 당초 조선에서는 북경을
경유하여 유구인들을 돌려보내는 것을 놓고, 찬반이 엇갈렸다. 그 이유는

> 만약에 이 사람들이 뒷날 중국에 가서 캐어 물을 때에 우리나라에서 처
> 음에는 왜인에게 딸려 들여보내려 하였다는 뜻을 말한다면 우리나라가 왜
> 국과 교통하는 일도 저절로 드러날 것이니, 이것도 염려하지 않을 수 없습
> 니다.39)

라고 하여, 조선이 일본과 통교하는 것이 명에 드러날까 걱정이 되었던
것이다. 그러나 조선에서는 정조사편에 유구인들을 송환하기로 결정하고,
그들과 동행하여 북경으로 향하면서, 그 뜻을 명의 예부에 알렸다. 이에 대
해 명에서는 조선에서 걱정했던 것과는 달리, 外國의 流民을 돌보아 중국에
명을 청하고 있으니, 불쌍한 자를 구휼하고 물에 빠진 자를 건져주는 仁에
밝을 뿐만 아니라 또한 忠君 報國의 義를 다하고 있다고 하면서, 다음과 같
은 칙서를 보내왔다.

> 조선국왕 諱의 상주에 의하면, 유구국 백성 馬木邦 등 7인이 표류하여 본

---

38) 『중종실록』 권77, 29년 4월 경신.
39) 『중종실록』 권69, 25년 10월 을축.

국의 지경에 도착하였으므로, 進貢使편에 딸려 京師로 押解하겠다고 했다. 이를 보니 왕이 이웃을 돌보아 구제하는 의리를 알 수 있고, 따라서 그 忠敬이 가상스럽다. 마목방들은 본국으로 돌려보내도록 하라.40)

고 하여, 매우 호의적으로 받아들였다.

그렇다면 명은 왜 북경을 경유한 표류민의 송환에 긍정적이며 호의적인 반응을 나타냈을까. 그 이유는 명확치는 않지만, 명은 표류민의 송환과정에서 발생하는 주변국간의 직접적인 접촉을 가급적 막고자 한 것이 아닐까. 예를 들면 조선에서는 일본측에서 보내온 중국인 표류민을 인수하여 중국에 송환해 줄 경우, 조선조정에서는「人臣無私交」의 원칙을 위배했다고 하여 명으로부터 질책을 당할까를 우려하여 이들을 송환할 것인가, 말 것인가를 놓고 논란을 거듭한 결과, 결국은 일본으로 다시 돌려보낸 사례가 있다.41) 따라서 이러한 현상을 감안한다면 중국에서는 주변국간에 사적인 통교를 허용치 않았던 것이고, 그것이 필요한 경우는 오히려 중국을 경유하는 방식을 장려했다고 보아진다. 가령『明會典』에는「조선이 人口를 송환할 경우 은 100량·錦 4단·紵絲 12表裏를 사여하여 장려하는 칙문을 보낸다」는 기록과「외국인 표류민에게 땔감·식량·옷감 등을 준다」는 기록이 있다. 여기서 人口가 중국인을 의미하는지, 또는 유구인을 의미하는지 알 수 없지만, 명이 天下一家의 이념을 표방했던 점을 감안하면 표류민의 경우 자국인

---

40)『중종실록』권70, 26년 4월 무오.
41)『세종실록』권98, 24년 12월 경인조에는,「좌찬성 하연과 예조판서 김종서가 아뢰기를, "지금 중국 사람이 倭人과 더불어 배를 타고 왔는데, 지금 만약 上國에 보낸다면, 上國에서는 반드시 倭國과 交通한 정상을 알게될 것이니, 후환이 있지 않겠습니까…"하니, 임금이 말하기를, "太宗때에도 또한 이와 같은 사람이 있었는데, 대신들이 모두 돌려보내지 말기를 청하였으나, 태종께서 특명하여 돌려보내게 하였으니, 지금 비록 돌려보내지 않더라도, 후일에 자주 이와같은 사람이 있게되면, 上國에서 반드시 알게 될 것이다. 나는 돌려 보내기로 뜻을 결정하고자 하니, 의정부와 더불어 다시 논의하여 아뢰라."하였다. 마침내 對馬島로 돌려보냈다.」

과 외국인을 달리 구분했던 것 같지는 않다.42) 결국 이러한 배경에는 명의
안보문제와 결부하여 동아시아 국제질서를 명 중심으로 유지해가려는 의도
가 있었다고 생각된다.

이후 조선과 유구관계는 더 이상 직접적인 접촉은 기록에 나타나지 않는
다. 조선과 유구사이에 咨文형식의 외교문서를 주고받는 관계가 지속되는 것
은 『歷代宝案』의 1638년(표1의 69번)까지이다. 즉 조·유관계의 기록은 『朝
鮮王朝實錄』에는 1546년 2월-유구에 표착한 제주인 朴孫 등 12인 동지사편
에 북경을 우회하여 송환된 일(표1의 51번), 1589년 8월-진도에 표착한 유
구 상인 30인을 동지사편에 북경에 보낸 일(표1의 52번), 1596년 8월-동지
사편에 1589년 표착유구상인 송환에 대한 감사자문에 대한 회답자문 내용
(표1의 53번), 1607년 2월-유구국 中山王의 세자 尚寧이 자문을 보내고 예
물을 보내 온 일(표1의 57번), 1607년 3월-유구국 중산왕에게 후의에 답하
고 이웃사이에 영원히 우호를 맺을 것을 다짐한 일(표1의 58번), 1607년 12
월-유구국왕이 조경사신을 통하여 자문을 보내 온 일(표1의 59번) 등 6건이
기록되어 있다. 그리고 『歷代宝案』에는 1597년부터 1638년까지 12건이 기
록되어 있는데, 조선에서 유구에 보낸 자문이 7건, 유구에서 조선에 보낸
자문이 5건이 수록되어 있다.

이상의 내용을 통해서 볼 때, 이 시기의 조·유관계는 확실히 이전의 시기
와는 다른 특징을 가지고 있다. 북경을 우회하는 양국 사절간의 접촉은 비
록 양국 모두 타국의 땅에서 이루어진 접촉이지만, 모두 국가의 공식사절로
서 국왕의 서계와 예물을 교환하였다는 점에 있어 공식적인 외교관계라고
볼 수밖에 없다. 당시 주고받은 문서는 모두 咨文으로 기록되어 있다. 그것
은 북경을 통하는 경우 양국의 접촉이 명과 무관하게 이루어질 수는 없었
을 것이고, 그 결과 명의 官制에 따를 수밖에 없었을 것이다. 따라서 자연히

---

42) 楊秀芝, 『朝鮮·琉球關係研究-朝鮮前期를 中心으로-』, 한국정신문화연구원 한국학대
　　학원, 1994, 126쪽.

國書의 서식보다는 관청과 관청간의 자문형식을 취할 수밖에 없었을 것이다.43)

더구나 이 시기에 왕래한 문서 중 임란후의 기록들은 양국이 모두 국난을 의식해서 인지, 유난히 명의 책봉국임과 우호교린을 강조하는 내용이 많다. 예를 들면, 1607년 12월에 유구국왕이 조경사신을 통해 답한 자문의 내용중에는,

> 폐방이 근년에 명나라로부터 官服을 내려받고 왕작을 습봉하도록 하는 은혜를 받아, 비로소 귀국과 함께 형제나라로서의 떳떳함을 맺을 수 있게 되었으며, 같이 울타리 구실을 하는 나라로서 중임을 맡은 신하가 되었습니다. 그리고 또 천하가 태평하여 파도가 일지 않아 항해하는 배가 편안한 은혜를 입어 국가는 태평하고 백성은 편안하니 賊會가 의기를 상실하여 감히 다시는 사마귀처럼 무모하게 중원을 엿보지는 못할 것입니다. 돌이켜보면 명나라의 위엄스런 명령과 신령한 밝음으로 그들을 굴복시켜 편안하도록 할 수 있을 것이며, 우방이 화목하면 복은 저절로 이룰 것입니다. 지금부터 영원토록 맹약을 맺어 귀국은 형이 되고 폐방은 아우가 되어, 형제가 명나라를 부모처럼 우러러 섬기며 즐겁고 화목하게 빙문하기를 청합니다. 하늘과 땅이 다하도록 함께하기를 바라면서 이렇게 자문으로 답합니다.44)

라는 내용으로 명의 책봉과 형제국으로서 우호교린을 강조하고 있다. 또한 유구에서는 광해군의 즉위와 책봉을 축하하고, 조선에서는 島津의 유구 침입을 위로한 것에 대한 감사와 교린을 다짐하는 자문(1610년부터 21년사이의 문서, 표1의 60번, 62번)을 교환하였는데, 그 내용도 모두 우호교린을 다짐하고 있다. 즉 양국 모두 임란이후 새로운 국난위기에 접하게 되면서, 교린국으로서 일본에 대한 공동방어라는 입장이 강조된 것이라고 여겨진다.

---

43) 양국간에 주고 받은 문서의 격식에 관하여는 다음 장 「『歷代宝案』을 통해 본 조선과 유구관계」 참조.
44) 『광해군일기』 권23, 즉위년 12월 무진.

5. 표류민 송환체제

1636년 청이 북경에 입성을 하고, 조선은 병자호란의 결과 과거 명에 한 것처럼 조공사를 보내고 청으로부터 책봉을 받았다. 그리고 유구의 경우는 1651년 명으로부터 받은 勅印을 반납하고, 1663년부터 청의 책봉을 받게 된다. 그러나 양국이 모두 책봉을 받은 시기에도 조·유간에는 조선전기와 같은 국가 대 국가의 직접적인 접촉은 한 번도 이루어지지 않았다. 다만 간 헐적으로 발생하는 표류민의 송환이 양국사이에 이루어지고 있는데, 유구에 표착한 조선 표착 사례 20건 중 1662년~69년의 3차례를 제외하고, 이후 (1698~1856)의 17차례가 모두 福建을 경유하여 육로로 조선에 송환되고 있으며, 한편 유구표착 조선인의 경우도 9차례(1794~1861) 중 1861년을 제외하고는 역시 福建을 경유한 육로로 유구에 송환되고 있다.[45]

그렇다면 이 시기에 조·유 양국이 똑같이 청의 책봉을 받았고, 또 양국사이에 표류민의 송환이 이루어지면서도, 공식적인 교류가 이루어지지 않은 이유가 어디 있을까. 이에 대해 李薰은 『同文彙考』의 사료를 인용하여, 「유구에 표착한 조선인이 청의 福建-北京을 경유하여 조선에 송환되고 그에 따른 외교문서의 교환이 청과의 사이에서 이루어진 것은, 명의 멸망이후 조선과 유구와는 '私交之禮'가 없어졌기 때문이다」[46]라고 하였다. 따라서 이 사료에 의하면 조선과 유구의 외교관계는 「私交之禮」의 단절때문이라는 것을 알 수 있다. 여기서 「私交」란 곧 책봉국가간의 우호교린을 말한다. 그러나 청대에 와서도 양국은 모두 청의 책봉을 받은 책봉체제하의 나라들이었다. 그렇다면 같은 책봉이라도 明代에는 책봉국간의 교린을 하였고, 淸代에는 책봉국이었지만 교린을 하지 않았다는 말이 된다.

그렇다면 그 이유는 어디에 있을까. 이 문제의 해답은 그리 간단한 문제

---

45) 이훈, 앞의 논문 일람표 참조.
46) 이훈, 앞의 논문, 131쪽.

는 아니다. 당시 명·청 교체, 막부과 유구, 조선과 막부관계 등 동아시아의
국제정세를 생각할 때, 조선의 대외정책의 변화에서 그 이유를 찾아야 할
것이다.

이에 대하여 荒野泰典은 표민송환절차에 청을 경유하는 것은 유구로부터
막부에 요청된 것인데, 그 이유는 1644년 명·청 교체 이후 막부·살마번·유
구가 각각의 입장에서 유구와 일본의 관계를 은폐하려고 했기 때문이라고
설명하였다. 즉 막부는 외교, 국방의 이유에서 琉·日關係를 청에게 은폐하
여 유구를 대외적으로 독자적인 왕국으로 보이게 하려했고, 유구 자신도 일
본의 복속을 극복하기 위한 정치적인 목적에서 「琉球王國」의 자립화를 위
해 청을 통한 표민송환체제를 확립하였다고 했다.[47]

그러나 한편 조선의 경우에서 보면, 당시 조선은 청의 침입을 받아 힘에
의한 사대관계를 강요받게 되어, 과거 명과의 관계처럼 책봉관계를 맺게 되
지만 내면적으로는 자국문화에 비중을 두면서 스스로를 중화문명의 계승자
라는 「朝鮮中華主義」에 의하여 자존의식을 강화하여 갔다. 그리고 막부에
대하여도 종래 명의 책봉을 전제로 한 중화적 교린체제를 포기하는 대신,
청을 견제하고 대비하기 위한 새로운 탈중화의 독립적인 교린체제를 수립
하였다.[48] 따라서 이 시기가 되면 유구가 청의 책봉을 받았다하더라도 조
선으로서는 청으로부터의 책봉에 그다지 의미를 두지 않게 되며, 또한 유구
가 이미 막부에 복속되어 있었다는 사실을 알고 있었기 때문에 명시대와
같은 책봉국간의 「國王 對 國王」의 교린이 실질적으로 불가능했을 것이다.
뿐만 아니라 유구와의 교린이 현실적으로 조선의 대 중국관계나 대 일본관
계에 아무런 의미를 갖지 못할 때, 더 이상 유구와의 외교관계를 지속할 필
요성도 없어지게 되는 것이다. 결국 이러한 국제환경과 조선의 대외정책이

---

47) 荒野泰典, 『近世日本と東アジア』, 東京大學出版會, 1988, 136쪽.
48) 손승철, 『조선후기 한일관계사연구』 제4장 1절, 1636년 丙子通信使와 脫中華의 交隣
    體制, 1994, 200쪽.

유구와의 공식적인 외교관계를 단절시키는 가장 큰 원인이 되었다고 생각
한다.

6. 맺음말

이상의 논의를 통하여 조선시대 조·유관계사의 구조와 성격을 정리하면
다음과 같은 잠정적인 결론에 도달할 수 있다고 본다.

첫째, 조·유관계사의 시기구분을 논할 때, 종래에는 교린체제를 중시하여
유구와의 북경교류가 끝나는 1636년을 하한선으로 설정하였으나, 그 이후
양국의 표류민 송환체제를 염두에 둔다면 조선에 표착한 유구인이 마지막
으로 송환되는 1868년까지를 하한선으로 잡아야 한다.

둘째, 조·유 관계의 시기구분은 크게 조선전기 직접 교린 체제, 조선중기
간접 교린 체제, 조선후기 표류민송환체제기로 구분할 수 있다.

셋째, 조유관계의 구조는 전기와 중기의 직접 교린 및 간접 교린 시기는
명의 책봉을 전제로 한 적례적 교린 관계의 틀 속에서 진행되었고, 후기에
도 양국이 청의 책봉을 받았지만, 변질된 교린관계 속에서 표류민송환체제
만 남게 되었다.

넷째, 조·유 관계의 성격은 조선은 유구국을 明의 冊封을 받은 修好交隣
의 대상국으로 인정하고 있었다는 점이다. 즉 일본보다는 小國이지만, 幕府
를 제외한 다른 倭의 세력이나 野人과는 본질적으로 다른, 명을 중심으로
한 東아시아 外交秩序속에 포함된 國王外交의 대상이 되는 敵禮의 交隣國으
로 생각하고 있었다. 물론 여기서 敵禮라는 말이 곧 對等을 의미하지 않음
은 당연하다.49)

---

49) 이에 대하여는 손승철, 앞의 책, 제2장 1절의 2. '對等關係의 교린'에서 상세히 논술
   하였다.

다섯째, 직접 교린기에는 외교와 무역이 수반되었지만, 중기에는 정치·외교·군사적인 의미가 중시되었고, 후기에는 표류민송환이라는 비정기적인 관계만이 조·유 관계를 지속하는 요인으로 남게 된다는 점이다.

이상에서 조선시대 조·유 관계의 구조와 특질에 대하여 기존의 연구를 바탕으로 정리를 해 보았다. 그러나 「조·유관계사현황표」에서 시사하는 바와 마찬가지로 조선시대 조·유관계사의 규명에는 아직도 해결해야 할 많은 문제점들이 산재되어 있다.

(이 글은 1995년 대우재단 인문과학분야 공동연구인『조선과 유구』의 일부분을 수록한 것이다)

제2장
『歷代宝案』을 통해 본 조선과 유구

1. 머리말

전근대 동아시아 국제사회에서 조선과 통교관계를 맺었던 나라는 중국 (명·청), 여진, 일본, 유구 등이었다.[1] 그리고 조선은 이들과의 관계를 기본 적으로 「事大交隣」이라는 외교정책에 의하여 전개해갔다. 따라서 조선의 국제관계사를 총체적으로 구성하려는 경우 이들과의 관계가 종합적으로 다 루어지지 않으면 안된다는 것은 자명한 사실이다. 그러나 주지하다시피 그 동안 이들 관계에 대한 개별적인 연구가 그렇게 균형있게 이루어지지는 않 았다. 특히 유구관계는 다른 연구에 비하여 아주 소홀하여 왔음이 사실이 다.[2] 그 결과 현시점에서는 조선의 대외관계사를 종합적으로 체계화하는 일도 간단치가 않다.

조선의 대외관계사분야에서 朝·琉關係史연구가 부진한 데에는 여러 가지 이유가 있을 것이다. 그 원인에 관하여는 이미 부분적으로 제시한 바 있지

---

1) 이중 女眞을 국가로 보는 견해에 관해서는 문제가 있지만, 편의상 통교의 대상국으 로 분리한다. 그리고 조선과 통교를 했던 나라들은 이들 외에도 소위 남만국으로 불리우던 暹羅斛國·爪哇國·久邊國 등이 『朝鮮王朝實錄』에 보인다.

2) 조선과 유구와의 관계를 다룬 최근의 연구성과는, 孫承喆, 「朝鮮前期 對琉球 交隣體 制의 구조와 성격」, 『西巖趙恒來教授華甲紀念 韓國史學論叢』, 1992, 楊秀芝, 『朝鮮·琉 球關係 研究-조선전기를 중심으로-』, 한국정신문화연구원 한국학대학원, 1994, 李元 淳, 「朝鮮前期 朝鮮廷臣의 琉球認識」, 裵鍾茂總長 退任紀念史學論叢, 1994, 河宇鳳, 「朝 鮮前期의 對琉球關係」, 『國史館論叢』 제59집, 1994 등이 있다. 그 외의 유구에 관한 연구업적들은 이들 논문에 거의 다 소개가 되어 있다.

만, 아마 제일 장애가 되었던 것이 「植民史觀」과 「史料問題」가 아닐까 생각
한다.

즉 대외관계사 연구도 그 동안 「植民史觀」에 의해 접근방식이 잘못되어
있었다는 점이다. 예를 들면 조선시대 한일관계사의 경우만 보더라도, 조선
과 일본의 관계가 對等하였다는 점을 강조하기 위하여 형식적인 관계였던
조선국왕과 막부장군과의 관계(國書의 대등형식)를 지나치게 부각시켰고,
반면 실제적인 관계였던 대마와의 관계를 羈縻의 측면보다는 교역의 관계
로 설명하여 조·일 관계의 실상을 대등관계로만 모호하게 얼버무렸다. 뿐
만 아니라 17세기 초반까지만 해도 동아시아 국제사회에서 엄연한 독립국
가로서 조선과 독자적으로 교린관계를 유지하던 유구와의 관계를 「國家 對
國家」의 국제관계보다는 단순한 교류나 접촉의 차원에서 다룸으로써 양국
외교의 역사적 실상을 소홀히 취급하였다.

다음 「史料問題」에 대하여 보면, 국제관계사를 연구할 경우 기본적으로
양국의 사료가 모두 이용되어야 하나, 이제까지는 주로 『朝鮮王朝實錄』이
나 『海東諸國紀』가 이용되어 왔을 뿐, 유구사료인 『歷代宝案』의 내용이 보
다 철저히 분석되지 않았다는 점이다. 물론 『歷代宝案』이 전연 소개되지 않
았던 것은 아니다. 그러나 이미 발표된 조·유관계사에 관한 연구논문들에
서 『歷代宝案』의 내용이 만족할만큼 충분히 반영되었다고는 생각하지 않는
다. 즉 『歷代宝案』에는 다른 사료에서는 볼 수 없는 조선·유구간에 왕복한
문서들이 18건(2건이 중복)이나 수록되어 있는데 이 문서들에 대한 정밀한
분석이 이루어져 있지 않다.

이 글은 이러한 두 가지 문제의식 속에서 『歷代宝案』에 수록된 조·유 왕
복문서를 분석하여 조·유 관계의 역사적 실상에 접근해 보려는 목적을 가
지고 있다. 나아가 이러한 작업이 조·유관계사의 이해는 물론 「朝鮮外交史」
및 「東아시아海域史」의 구성에도 일조가 되었으면 한다.

2. 『歷代宝案』의 편찬

『歷代宝案』은 유구국 第一尙氏王朝의 2대왕인 尙巴志代(1424년)부터 명치유신 직전인 1867년까지 444년간에 걸친 유구와 제외국간의 왕복문서를 총 집대성한 사료집이다.[3]

주지하는 바와 같이 1372년 명의 책봉을 받았던 유구는 이후 명치유신에 의하여 일본에 완전히 흡수될 때까지 중국(명·청)의 책봉체제에 편입되어 있었던 나라였다. 그래서 유구는 명·청은 물론 그 책봉체제안에 있던 많은 피책봉국가들과 활발한 교류를 전개할 수 있었고, 그 결과 많은 양의 외교문서를 남기고 있다. 『歷代宝案』에는 유구와 명·청간의 왕복문서를 비롯하여, 책봉체제하의 교린국이었던 朝鮮 및 暹羅·滿刺加 등 동남아시아 제국과의 통상·무역을 위한 왕복문서가 수록되어 있다. 이러한 문서들은 중국 및 책봉체제간의 왕복문서였기때문에 당시 동아시아·동남아시아의 공용문자였던 한문으로 작성되었고, 문서양식도 기본적으로는 중국을 모방하였다.

『歷代宝案』은 제1집, 제2집, 제3집, 별집 등 총 4집 256권으로 편찬되어 있다. 각각의 권수와 수록연대는 제1집이 49권(1424~1697), 제2집이 200권(1697~1858), 제3집이 13권(1859~1867), 별집 4권으로 구성되어 있다. 그리고 사료의 방대한 양에서 보듯이 그 편찬과정은 그렇게 간단하지가 않다.

---

3) 이후 朝·琉關係의 이해를 위하여 琉球國王 世系圖를 소개하면 다음과 같다.
* 察度王時代(1350~1405) : 察度(1350~1395)-武寧(1396~1405)
* 尙思紹王統時代(第一尙氏王朝, 1406~1469) : 尙思紹(1406~1421)-尙巴志(1422~1439) - 尙忠(1440~1444)-尙思達(1440~1449)-尙金福(1450~1453)-尙泰久(1451~1460)-尙德(1461~1469)
* 尙圓土統時代(第二尙氏王朝, 1470~1879) : 尙圓(1470~1476)-尙宣威(1477, 6개월)-尙眞(1477~1526)-尙淸(1527~1555)-尙元(1556~1572)-尙永(1573~1588)-尙寧(1589~1620)-尙豊(1621~1640)-尙賢(1641~1647)-尙質(1648~1668)-尙貞(1669~17099)-尙益(1710~1712)-尙敬(1713~1751)-尙穆(1752~1794)-尙溫(1795~1801)-尙成(1802~1803)-尙灝(1804~1827)-尙育(1828~1847)-尙泰(1848~1879)

즉『歷代宝案』은 어느 한 시기에 한꺼번에 편찬된 것이 아니라 각 집별로
각기 다른 편찬과정을 지니고 있다.4)

제1집의 경우, 서문에서 그 편찬과정을 소상히 밝히고 있는데, 내용을 정
리하여 보면, 1697년(강희 36)에 당시 오랫동안 久米村의 天妃宮에 보관되
어 있던 외교문서를 攝政·三司官의 명에 의하여 蔡鐸 등이 중수하여 2부의
초록을 작성한 후, 1부는 首里王城에, 1부는 天妃宮에 보관하였다고 한다.

유구의 외교문서를 전담하였던 久米村의 유래는 다음과 같다. 명태조는
유구를 책봉한 뒤, 항해용 선박과 함께 福建지방의 閩人 36성을 유구로 이
주시켜 유구의 조공왕래에 도움을 주도록 하였는데, 이들은 유구의 那覇근
처에 있는 唐營(속칭 久米村)에 집단 거주하면서 독자적인 漢人主管(總理司)
의 행정체제를 갖추고, 한자문화권의 나라들과의 외교·통상업무를 전담하
였다. 그리하여 유구국 對外使行의 正使는 일반적으로 유구의 왕족이었지
만, 나머지 副使·通事·船長 등은 모두 久米村 사람들이었던 것이다. 이들
구미촌 사람들은 이와 같이 유구의 외교·통상업무에 참여하면서 그 공로에
따라 通事로부터 都通事·正議大夫·中議大夫 심지어는 紫金大夫에까지 승진
하였다. 이들은 외모가 유구사람과는 별로 차이가 없었지만, 상투를 머리
가운데 틀고, 관복을 품계에 따라 달리 입었다 한다.5) 어쨌든 이들은 유구
사회의 특수집단으로서 유구의 대외관계를 전담하고 있었다. 조선사료인
『海東諸國紀』에서도 이들에 관하여 기록하고 있는데, 예를 들면 「중국사람
으로 와서 거주하는 자가 3천여 가구인데, 별도로 城을 쌓아서 살게 하였다」
던가, 「長史 2員과 正議大夫 2員이 用事者인데, 이들은 모두 중국에서 와서
거주하는 사람으로서 이 벼슬을 시켰다」6)라고 되어 있다.

---

4) 『歷代宝案』의 편찬경위에 관하여는 「<解題> 歷代宝案について」(『那覇市史』 資料篇
   第一卷四 歷代宝案第一集抄)에 상세히 기술되어 있으며, 필자도 「歷代宝案」의 편찬
   경위에 관하여는 이 논고에 의존하여 서술하였다.
5) 楊秀芝, 앞의 논문, 25~27쪽.
6) 『해동제국기』 琉球國紀.

이와 같이 유구는 명의 책봉을 받은 후부터 명태조의 지시에 의하여 복건지방에서 이주해 온, 閩人 36姓의 도움을 받아 동아시아 여러 나라와 국제관계를 맺고 있었고, 그에 필요한 외교문서는 모두 이들 구미촌 사람들에 의해 작성되었던 것이다. 구미촌 사람들이 초창기부터 어떠한 형태로 외교문서를 작성하고, 또 그것을 보관하여 왔는지에 대해서는 알려진 바가 없다. 그러나 1697년 『歷代宝案』을 중수하였던 蔡鐸의 연보에 의하면 「康熙 16년(1677)에 국명을 받아 보안을 수정하여, 戊午(1678) 4월에 이르러 완성하였」고 되어있어 이미 20년 전에 1차로 일정하게 정리한 것을 이때 다시 편집하였던 것이고, 그러한 의미에서 중수라는 표현을 썼다고 보아야 할 것이다.

따라서 1697년에 편찬된 제1집은 처음부터 왕복문서의 원본을 가지고 편집·정리한 것은 아니고, 구미촌에 보관되고 있던 문서의 사본을 1677년 1차로 정리하였고, 이것을 다시 1697년에 와서 중수하여 『歷代宝案』으로 편찬하였던 것이며, 2부의 抄本을 작성하여 각기 다른 장소에 보관하였던 것이다. 뒤에 상술할 것이지만 조선과의 왕복 문서는 모두 제1집에만 수록되어 있다.

그후 1726년에 이르러 1697년 이후의 문서에 대하여 다시 續集 편찬의 명령이 하달되었다. 제2집의 편찬이다. 제2집의 목록 앞에 있는 「督抄宝案記」에는 이 과정을 다음과 같이 기록하고 있다. 즉 「雍正 4년(1726) 2월 24일, 紫金大夫 程順則, 長史 蔡用弼, 程允升이 명을 받아, 康熙 36년(1697)부터 雍正 5년(1727)에 이르는 宝案의 2집을 抄成하였다. 모두 16책을 작성하였는데 1책은 목록이다」. 이 기록에 의하면 이때의 편찬은 제1집에 이어서 추가하지 않고, 따로 「督抄宝案記」를 첨부하여 제2집이라고 했으므로, 결국 앞의 『歷代宝案』과는 별도로 편찬했던 것이고, 제2집이라고 명기하였으므로 앞서 편찬한 것이 제1집이라는 것도 알 수 있게 된다.

그러나 제2집은 책수로는 16책이지만, 권수로는 200권에 이르고 있고, 수록연대도 1697년부터 1858년까지의 내용을 담고 있어서, 당초의 계획이 대폭 변경된 것을 알 수 있다. 즉 제2집의 목차 부분을 보면, 처음에는 1727년까지를 제2집으로 편찬하였는데, 그후 속집을 보강하여 1819년까지를 하나의 목록으로 작성하였고, 그후에도 1858년까지를 계속 작성하여 이것을 전부 제2집으로 편집하였다.

제3집은 1859년부터 1867년까지 13권으로 편찬되어 있다. 그러나 목록도 없고, 제3집이란 명칭도 없다. 다만 현존하는 7개의 『歷代宝案』중 대만대학에 소장되어 있는 것에만 제3집으로 되어 있다. 따라서 제3집이란 명칭도 편의상의 명칭이라고 보아야 할 것이다.

이상의 3집 외에 別集 4권이 있다. 그런데 그 내용을 보면 1719년에 도래한 冠船의 적재품 목록으로 「唐人持來品貨物錄」, 「咨集 歷代宝案 文組方」, 1844~47년간의 英·佛船 渡來에 관한 유구와 福建布政使 등과의 왕복문서, 1846~1855년간 異國船 渡來에 대한 왕복문서로 되어 있다. 따라서 별집에 수록된 문서는 모두 시기적으로 제2집의 범위이지만, 시간적으로 연결되는 것도 아니어서 당초부터 별도로 편찬하였다고 보기는 어렵고, 제2집의 편찬때 누락되었던 것을 후에 별집으로 편찬한 것으로 생각된다.

이상에 서술한 바와 같이 『歷代宝案』은 1697년 제1집을 편찬한 이래 1867년에 이르기까지 제2집과 3집, 별집을 편찬하였고, 이것을 제1집과 마찬가지로 2부를 抄成하여 首里王城과 久米村 天妃宮에 보관하였다. 그후 1879년, 소위 「琉球處分」때 왕성에 보관되어 있던 『歷代宝案』은 東京 明治政府의 내무성에 이관하여 보관되었는데, 1923년 關東대지진 때에 소실되었다. 한편 天妃宮의 『歷代宝案』은 유구처분 후 한동안 소재불명이다가, 1931년에 久米村의 古家에 소장되어 있음이 판명되었다. 그후 이것을 1933년 縣立圖書館으로 옮겨 별도의 사본을 작성하여 연구자들도 이용하게 되었다. 그러나 이 원본도 1945년 태평양전쟁때 없어지고 말았다.7)

---

7) 앞의 「<解題> 歷代宝案について」의 5~7쪽에 의하면, 1945년 태평양전쟁때 美軍이

그러나 다행스럽게도 縣立圖書館에 보관되어 있던 天妃宮本의 『歷代宝案』
은 소실되기 전에 청사진으로 복사본도 만들어졌고, 또 필사본으로 모사되기
도 하여 현재 7질이 각처에 소장되어 있다.8)

3. 文書樣式의 분석

1) 文書의 특징

『歷代宝案』에 수록된 조선과 유구간의 왕복문서는 모두 18건이다. 그러
나 2건(문서번호11, 12)은 같은 내용으로 중복되어 있어 실제로는 17건이
다. 그리고 이 문서들은 시기적으로 1431년부터 1638년 사이에 주고받은
문서들로서 제1집의 시기에 해당되어 모두가 제1집에 수록되어 있으며, 권
39, 권40, 권41에 집중되어 있다.

물론 여기에 열거하는 문서가 조·유간에 주고받은 왕복문서의 전부가 아
님은 물론이다. 이제까지의 연구성과에 의하면 조선시대 조·유간에 왕래한
사행의 횟수는 정확히는 알 수는 없지만, 대략 50회 내외로 파악되고 있
다.9) 따라서 『歷代宝案』에 수록되어 있는 왕복문서는 실제의 삼분의 일정

琉球(오끼나와)에 상륙하면서, 이 자료가 소실되었다고 하면서도 당시 미군이 가지
고 갔을 가능성도 배제하지 않고 있다.

8) 현재 청사진본은 鎌倉本(沖繩縣立藝術大學 소장), 東恩納本(沖繩縣立圖書館 소장) 등
2질이나 결본이 많다. 필사본으로는 那霸市立圖書館本, 東恩納筆寫本(沖繩縣立圖書館
소장), 台灣本(台灣大學 소장), 東大史料編纂所本(東大史料編纂所 소장), 鄭良弼本(故
橫山重 소장) 등 5질이 남아 있으며, 필사 및 소장 경위에 관하여는 앞의 「<解題>
歷代宝案에 대하여」의 4~6쪽에 상세하다. 필자는 東京大學 소장의 필사본과 楊秀芝
논문의 「台灣本」 복사본, 그리고 李元淳교수를 통하여 입수한 『琉球市史』의 資料篇
(활자본)을 기본자료로 이용하였다.

9) 조선시대 조·유간의 사절왕래횟수에 관하여는 연구자마다 견해를 달리하고 있다.
예를 들면 田中健夫는 1389~1500년까지 37회(「琉球に關する朝鮮史料の性格」『中世

도가 된다고 볼 수 있다. 그러나 『歷代宝案』에 수록된 문서들은 『朝鮮王朝實錄』이나 『海東諸國紀』와는 달리 문서의 全文이 수록되어 있어 양국관계의 실상을 파악하는데 더없이 소중한 사료임은 더 이상 강조할 필요가 없다.

『歷代宝案』에 수록된 이상의 조·유 왕복문서들은 대체적으로 다음과 같은 특징을 가지고 있다.

첫째, 조·유간의 사절왕래는 거의가 조선전기에 집중되어 있는데, 『歷代宝案』에 수록된 문서는 5건(문서 1, 2, 3, 4, 5)에 지나지 않는다는 사실이다. 즉 조선전기 조·유간에 사절이 왕래한 횟수는 50여 회에 달하는데, 단 5건만이 수록되어 있다는 사실이다. 따라서 조선전기의 경우는 약 90%이상의 문서들이 없어졌다는 말이 된다. 그러나 임란이후 북경을 통한 접촉은 1597년부터 1638년까지 15회에 달하나 그중 12회의 문서가 수록되어 있다.

둘째, 17건의 문서 중 조선에서 유구에 보낸 것이 9건, 유구에서 조선에 보낸 것이 8건에 이르러 각기 절반정도를 차지하고 있다. 그리고 이들 문서들은 시기적으로 이어지고 있고, 내용도 연결된다. 따라서 같은 내용에 대한 상호간의 입장을 밝힐 수 있다는 점에서 사료적 가치 또한 매우 높다고 볼 수 있다.

對外關係史』, 東京大出版會, 1975, 291쪽), 孫承喆은 1392~1589년까지 49회(「朝·琉交隣體制의 구조와 성격」『朝鮮時代 韓日關係史硏究』, 지성의 샘, 1994, 97쪽), 河宇鳳은 1392~1636년까지 57회(앞의 논문), 有井智德은 1392~1544년까지 조선의 유구 사신 접대 71회, 유구로 부터 遣使 31회(「李朝實錄の日本關係史料の硏究」『靑丘學術論叢』 제3집, 韓國文化振興財團, 1993, 328쪽) 등 일정하지가 않다. 그 이유는 사행의 기록이 자세하지 않고, 또한 對馬島나 博多상인의 僞使도 중첩되어 있어서 유구 사행으로 분류하기도 어렵고, 경우에 따라서는 琉球國王使인지 아닌지도 구분이 되지 않기 때문이다.

〈표 1〉 조·유 왕복문서 일람표

번호	연 대	행 선	형식	서 두	출 전
1	1431. 6.19	조←유	咨	琉球國中山王尙巴志爲禮義事	권 40-10
2	1431. 12	조→유	書	朝鮮國王李陶奉復 琉球國王殿下	권 39-2
3	1461. 7. 7	조→유	書	朝鮮國王李柔奉復 琉球國王殿下	권 39-3
4	1467. 8.19	조→유	書	朝鮮國王李柔奉復 琉球國王殿下	권 39-6
5	1470. 4. 1	조←유	書咨	琉球國王尙德奉復 朝鮮國王殿下	권 41-17
6	1597. 8. 6	조→유	咨	朝鮮國王爲敦隣好酬厚恩事	권 39-18
7	1601. 8. 7	조→유	咨	朝鮮國王爲歷修聘問以答厚恩事	권 39-19
8	1606. 8.13	조→유	咨	朝鮮國王爲申酬厚儀事	권 39-20
9	1610~12	조←유	咨	琉球國中山王尙 爲敦隣好事	권 41-20
10	1621. 8	조←유	咨	琉球國中山王世子尙豊爲敦情禮篤交隣事	권 41-21
11	1623.10.16	조←유	咨	琉球國中山王世子尙 爲敦情禮篤交隣事	권 41-22
12	1623.10.16	조←유	咨	琉球國中山王世子尙 爲敦情禮篤交隣事	권 41-23
13	1626.12.23	조→유	移文	朝鮮國吏曹判書 爲驗領禮物事	권 39-21
14	1628. 7.11	조→유	咨	朝鮮國王爲敦情禮篤交隣事	권 39-22
15	1631. 3	조←유	咨	琉球國中山王世子尙 爲敦情禮篤交隣事	권 41-24
16	1634. 7.22	조→유	咨	朝鮮國王爲敦情禮篤交隣事	권 31-23
17	1636.	조←유	咨	琉球國王爲敦情禮篤交隣事	권 41-25
18	1638.	조←유	咨	琉球國中山王尙 爲敦情禮篤交隣事	권 41-26

셋째, 왕복문서들의 양식이 書와 咨로 되어 있으며 그 형식이 일정치 않다는 점이다. 그러나 대체적으로 구분하여 보면 조선에서 유구에 보낸 문서는 조선전기는 書였으나 후기에는 咨로 바뀌었고, 유구에서는 문서 5를 제외하고는 전·후기 모두 咨의 형식을 취하고 있다. 문서의 형식에 관하여는 뒤에서 상술한다.

넷째, 문서의 내용이 대부분 양국간에 우호 교린을 돈독히 할 것을 상호간에 요청하는 것으로 되어 있다는 점이다. 물론 문서에 따라서는 무역의 요청, 표류민 송환 등에 대한 내용도 있으나, 상호간에 遺使를 통한 문서의 교환은 양국간에 우호교린을 돈독히 하고자 하는 목적임을 분명히 하고 있다.

다섯째, 대부분의 문서 끝부분에 別幅이 첨부되어 있어서 당시 양국간에 주고받은 물품의 목록을 소상히 알 수 있다는 점이다. 즉 당시 양국간에 주고받은 물품의 품목과 수량을 통하여 조선과 유구의 무역구조를 가늠할 수 있으며 나아가 동아시아 무역권의 경로를 추측할 수 있다.

여섯째, 17건의 문서 중 12건(문서 6-18)이 양국이 국난을 맞이하는 시기에 중국(명)의 북경을 우회하여 주고받은 문서들이다. 즉 조선의 경우는 이 시기가 임진왜란과 병자호란에 해당되는 시기이고, 유구도 1609년 살마번의 침입을 받아 정복을 당하는 시기였다. 이점에서 이 문서들은 당시의 동아시아 국제정세와 양국의 외교자세를 이해하는데 아주 귀중한 사료이다.

이외에도 문제의 시각에 따라서는 여러 가지 다른 특징을 추출해 낼 수 있을 것이나, 본고에서는 주로 왕복문서가 가지고 있는 이상의 특징들을 중심으로 조·유 관계의 추이를 검토해 보고자 한다. 특히 왕복문서의 양식은 두 나라 관계의 구조와 성격을 규정하는데 매우 많은 시사점을 제공하여 준다.

2) 書式과 咨式

앞의 표에서 볼 수 있는 바와 같이, 조·유간의 왕복문서 양식은 書와 咨, 그리고 書咨겸용, 移文 등 네 가지 형식을 취하고 있다. 즉 17건의 왕복문서 중 書가 3건(문서-2, 3, 4), 書咨 겸용 1건(문서 5), 移文이 1건(문서 13), 咨가 12건이다. 그런데 書는 조선전기에 조선에서 유구에 보낸 문서 3건 뿐이고, 조선후기 조선에서 유구에 보낸 문서나 유구에서 조선에 보낸 문서는 전·후기를 막론하고 모두 咨(문서 5 제외)였다.

외교문서의 양식인 書와 咨의 구별에 관하여는 이미 高橋公明에 의한 연구가 있어 그 상세한 차이를 알 수 있다.10) 그에 의하면 書란 明의 徐師曾

---

10) 高橋公明, 「外交文書 「書·咨」について」 『年報 中世史研究』 제7호, 1982. 이외에도 國

이 편찬한 『文體明弁』의 기록을 인용하여 볼 때, 중국에서 일반적으로 친구간에 주고받는 편지를 말한다고 했다. 그리고 이것이 국가간의 문서양식에 적용되어 서로 臣從關係가 아닌 경우에 흔히 사용되었으며, 특히 중국의 책봉을 받은 나라들간에 일반화되어 있던 문서형식임을 『善隣國寶記』의 사료들을 통하여 입증하였다. 결국 이러한 논리에서 본다면 書의 형식을 취한 國書는 대등한 국가간에 「國王 對 國王」관계에서 일반적으로 썼던 문서의 양식임을 알 수 있다.

한편 咨의 경우를 보면, 17건의 문서중 문서 12건으로 제일 많은 양식을 취하고 있다. 즉 조선 전·후기를 막론하고 문서 2, 3, 4, 5와 13을 빼놓고는 모두 咨이며, 특히 임란후의 왕복문서는 모두 咨의 양식을 보여준다.

본래 咨란 명의 관료제에서 쓰여지던 공식의 문서양식이다.[11] 즉 당시 관청간에 쓰여지던 문서의 양식에는 咨呈·呈·平咨·照會·劄付 등이 있었는데, 咨呈과 呈은 하급관청에서 상급관청으로, 照會, 劄付는 상급관청에서 하급관청으로 보내는 문서에서 쓰여진 양식이다. 그리고 平咨란 대등한 관청간에 사용하던 문서양식으로 특히 2품 이상의 대등한 관청끼리만 사용하였다. 이것은 명에서뿐만 아니라 조선에서도 그러했다.[12] 나아가 咨는 책봉을 받은 국왕과 명의 관청 사이의 외교문서로도 사용하였다. 조선의 경우 咨를 주고받은 관청은 명의 禮部와 遼東都指揮使司(모두 정2품)였고, 유구도 마찬가지로 禮部와 福建布政使司(종2품)이었다. 이를 볼 때 명에 咨를 보내는 경우 국왕은 개인이 아니라 명의 정2품 관청을 상대하는 관청의 의미를 가지게 된다. 이 경우 조선과 유구 사이에는 「朝鮮國王」과 「琉球國中山王」 또는 「琉球國中山王尙某」로 썼다.

書의 양식에 관하여는 柳在春, 「朝鮮後期 朝·日國書 硏究」 『韓日關係史硏究』, 창간호 1993에 조선후기 체계화된 국서양식과 그 예를 소상히 소개하고 있다.

11) 高橋公明, 앞의 논문, 83~84쪽.

12) 조선의 대명관계 기본법전인 『訓讀吏文』 「吏文輯覽」 권2의 註에 「咨 二品以上 行同品 衛門之文 又上項各衛門 各與堂上官行」로 되어 있다.

따라서 이러한 논리로 본다면, 조선과 유구간에 왕복한 咨는 모두 책봉국 국왕간에 주고받는 문서가 아니라, 유구의 정2품 유구국 중산왕의 관청이 조선의 정2품 조선국왕의 관청13)에게 보내는 平咨의 咨에 해당한다고 볼 수 있다. 즉 유구와의 왕복 외교문서가 書냐 咨냐에 따라서 이같은 성격의 차이를 발견할 수 있는 것이다.

3) 조선의 國書

조선전기 조선에서 유구에 보낸 외교문서는 書였고, 임란 후에는 모두 咨의 양식을 가지고 있다. 이에 반해 유구에서 조선에 보낸 외교문서는 전·후기를 막론하고 문서 5를 제외하고는 모두 咨였다. 즉 유구의 경우는 조선전기에는 처음부터 咨의 양식을 취하고 있었다. 그러나 유구에서 조선에 보낸 문서가 처음부터 咨式은 아니었다. 예를 들면 『歷代宝案』에는 수록되어 있지 않지만, 『高麗史』와 『朝鮮王朝實錄』에 의하면 고려말 1389년(창왕 원년)과 조선초 1392년(태조 원년)에 琉球國 中山王 察度가 보낸 문서는 表였고, 또 1394년(태조 3)에 中山王 察度는 箋, 그리고 1397년(태종 6)에는 書, 1400년(정종 2)에는 다시 箋을 조선에 보내왔다. 그리고 1409년(태종 9)에 中山王 思紹는 咨, 1410년(태종 10)에도 咨를 보내왔고, 1418년(세종 원년)에 유구국왕 2남은 書를 보내오는 등 문서의 양식이 매우 복잡하였다. 이에 대하여 『海東諸國紀』에서도 「그 書를 혹은 箋, 혹은 咨, 혹은 書라 하여 격식과 예가 하나가 아니었고, 그 칭호와 성명도 또한 일정치 않았다」14)고 기록하고 있다. 이 점을 통하여 볼 때, 적어도 咨로 정형화될 때까지는 어떤

---

13) 그런데 유구에서 조선에 보내 온 문서에는 「琉球國中山王尙某」라고 하여 문제가 없으나 조선측을 「朝鮮國王」이라 하지 않고, 「朝鮮國」이라고만 했다. 따라서 이것이 문제가 되어 咨文으로 볼 것이냐, 또는 國書로 볼 것이냐가 문제가 되었다. 그리고 당시 官廳을 公廳이라고 했다. 뒤의 주) 17 참조.

14) 『海東諸國紀』 琉球國紀, 「其書惑箋惑咨惑致書 格例不一 其稱號姓名亦不定」

원칙이 있었다고 보기는 어렵다. 그러나 이 시기 유구의 대조선 외교문서
의 형식이 왜 이렇게 일정하지 않았는가에 대하여는 아직 명확한 해석이
나와있지 않다.[15]

이에 반해 조선에서 유구에 보낸 문서의 양식은 어떠했을까. 조선의 경우,
유구에 보낸 외교문서의 서식은 처음부터 정형화되어 있었던 것 같다. 즉 고
려말 1389년(창왕 원년)에 典客令 金允厚를 보빙사로 유구에 파견할 때의 외
교문서가 書의 양식을 갖추었다.[16] 그 이후 조선에 들어와 유구에 보낸 문서
들이 어떠한 형식을 갖추었는가는 알 수 없는데, 1431년(세종 13)에 조선 조
정에서는 유구에 보낼 문서의 양식에 관한 논의가 이루어 졌다. 즉

> 上(세종)이 좌우에 이르기를, "지금 琉球國王이 본국에 咨를 보내왔는데,
> 만약 司에서 書契로 작성하여 답하면 禮에 어긋날 것이고, 咨로써 답하면 隣
> 國간의 交通의 예가 아닐 것이니 어떻게 하면 좋겠는가. 만약 書契로 답하여
> 그들이 비록 노한다해도 대소강약으로 따지면 두려워할 것은 없다. 그러나
> 유구국은 中國과 交通을 하고 있고, 또 爵命(册封)을 받았으므로, 倭人과 비
> 할 바가 아니다. 중국에서는 반드시 우리 나라가 修答한 문서를 볼 것이니

---

15) 이점에 관하여 연구자의 해석은 여러가지다. 예를 들면, 張存武(「中國與明淸時代的
朝琉關係」『第2屆國際漢學會議論文集, 中央硏究院, 1989, 331쪽)는 『高麗史』의 奉表稱
臣 기록이 15세기에 편찬된 것이기 때문에 잘못되었다고 했고, 楊秀芝(『朝鮮·琉球
關係硏究』, 한국정신문화연구원 한국학대학원 박사학위논문, 1994, 91쪽)는 당시
유구의 외교 문서 작성자들이 表·箋의 양식을 정확히 구분을 하지 못하여 명에게
보낸 양식을 그대로 보냈다고 했고, 河宇鳳(「朝鮮前期의 對琉球關係」『國史館論叢』
제59집, 1994, 163쪽)은 表-箋-咨文-書契로 바뀌지는 양식이 유구의 조선통교의 성
격이 처음에는 조공국이었으나 점차 향상되어 성종대부터 대등국간의 통교로 바뀌
었다고 하였다. 그러나 이 주장들은 모두 설득력이 약하다. 특히 河宇鳳씨는 유구
의 대조선 외교문서의 양식이 表-箋-咨文-書契로 단계적으로 바뀌어지는 것으로 설
명하였지만, 『歷代宝案』에 수록된 문서에는 書契의 형식을 갖춘 외교문서는 초기의
3件에 지나지 않는다.

16) 이 문서는 「高麗權署國事王昌端肅復書 琉球國中山王殿下」로 되어 있어 그 양식이 書
式임을 알 수 있다.

禮에 합당하지 않으면 안 된다. 비록 書契로 답한다하더라도 圖書를 쓸 수
없을 것이 아닌가. 옛 사람들이 말하기를 그들이 비록 禮가 없다고 하지만,
내가 無禮함으로 그들을 대할 수는 없다. 古文을 상고하여 답하는 것이 마
땅하다"하니, 孟思誠도 古文을 상고하여 답하는 것이 마땅하다고 하였고, 申
商은 말하기를, "유구는 小國으로 衣裳의 제도도 없고, 禮義도 없는 나라입
니다. 지금 咨文에 右咨 朝鮮國이라고 했는데, 이는 반드시 公廳을 가리키는
것입니다. 臣의 생각으로는 書契로서 답하는 것이 해가 없을 듯합니다"하였
다. (그러자) 상이 이르기를, "咨의 안쪽 첫면에 이름을 썼고, 咨라고 쓴 아
래에 署가 있으니, 이것은 역시 咨文의 例는 아니다. 그러므로 나를 가리키
는 것이지, 公廳을 가리키는 것은 아니다. 내가 다시 생각해보겠다."17)

고 하였다. 즉 당시 조선에서는 유구로부터의 외교문서들이 일정한 격식
을 갖추지 않았기 때문에, 그에 대한 답서의 양식을 어떻게 정할 것인가에
대해 의견이 분분하였다. 그리하여 조정에서는 답서형식을 놓고 논의를 하
게 되었고, 그 결과 세종은 유구국에 보내는 답서의 양식을 書契나 咨文보
다는 책봉국 국왕간에 주고받는 왕복문서의 기본형식인 國書의 양식을 취
하여 교린정책의 원칙인 敵禮國 대우를 하였던 것이다. 이러한 논의를 거쳐
유구국에 보낸 답서가 바로 『歷代宝案』에 수록된 문서 2의 국서이다.

그러면 書式의 경우를 문서 2의 내용을 통하여 보자.18)

---

17) 『世宗實錄』 권54, 13년 11월 병자.
18) 이 문서를 번역하여 보면 다음과 같다.
　　朝鮮國王 李陶는 琉球國王殿下에게 奉復합니다. 우리 나라는 貴邦과 대대로 信睦하
　　였으나, 바닷길이 멀어서 아주 여러 해 멀어지게 되었습니다. 그런데 이제 先君의
　　친분을 계속할 것을 생각하고, 사신을 보내어 내빙하고, 또 예물을 보내 주시어 교
　　통왕래의 뜻을 나타내시었습니다. 寡人도 아주 깊은 기쁨과 감사를 드립니다. 바라
　　옵건데 이 마음을 굳게 하여 영원히 끊기지 않는다면 어찌 아름다움이 아니겠습니
　　까. 변변치 못한 토산물로 작은 정성을 표하오니, 간절히 바라옵건데 받아 주시옵
　　소서. 추운 겨울에 일기도 불순하오니 保重하시기 바랍니다. 不宣. 宣德(1431) 6년
　　12월 일 朝鮮國王李陶 別幅 黑細麻布 15匹 白細布 15匹 滿花席 15張 虎皮 5領 人蔘
　　100斤 松子 200斤.

朝鮮國王李陶 奉復
琉球國王殿下我國與貴邦世敦信睦綠海道遼敻以致多年疎
曠今
王思維先君之好專使來聘仍
惠禮既更
示以交通往來之義寡人深用喜謝庶堅
此心以永終譽
豈不美哉不口土宜聊表微誠切希
領納冬寒口
順將保重不宣
宣德六年拾二月 日
朝鮮國李陶
別幅
黑細麻布一十五匹
白細苧布一十五匹
滿花席一十五張
虎皮五領
人參一百斤
松子二佰斤

그런데 이 書는 몇 가지 특징을 가지고 있다. 즉 첫째, 문서를 보내는 사람과 받는 사람이 나란히 명시되며, 朝鮮國王 李陶가 琉球國王殿下에게 奉復한다는 문구로 되어 있다. 둘째, 일반적으로 국서는 본문의 시작하는 말과 끝나는 말이 있는데, 조·유 왕복문서에서는 정형화되어 있지 않다. 셋째, 연월일을 표기할 때 양국이 모두 明의 연호를 쓰고 있다. 넷째, 別幅을 붙이고 있어 전형적인 國書의 형식을 취하였다.

따라서 우리는 이 문서의 특징을 통하여, 당시 조선의 대유구 정책의 일면을 새삼 확인할 수가 있다. 즉 조선에서는 이미 알려진 바와 같이 표면적으로는 유구를 「國王 對 國王」간의 대등한 관계의 敵禮 交隣國으로 상대하

였다는 점. 그리고 두 나라의 관계는 기본적으로 명의 책봉체제를 전제로
하고 있었다는 점 등이다. 그리고 조선에서는 이 같은 외교원칙에 의해 이
후 대 유구관계를 전개하고 있음을 알 수 있다.

물론 앞서도 언급하였지만, 이 문서가 완전한 국서의 형식은 아니다. 즉
완전한 국서의 양식일 경우, 조선후기 일본과의 경우이지만,

> 안에 쓰는 법칙은 三帖의 한가운데 二行부터 「朝鮮國王(한자 띄고)姓諱
> (한자 띄고)奉書」라 쓰고, 四帖 한가운데에 平行으로 「日本國大君(한자 띄고)
> 殿下」라고 쓴다(朝자는 日자와 가지런히 쓰고, 書자는 下자와 가지런히 쓴
> 다). 五帖의 平行에서 시작하여 사연을 云云하고, 끝에 不備라고 쓴다. 平行
> 으로 모년월일이라 쓰고, 末帖 한가운데 二行에서 부터 「朝鮮國王(한자 띄고)
> 姓諱」를 쓰되, 연월일과 가지런히 쓴다.[19]

로 되어 있으므로, 완전한 형식의 국서양식이라고는 볼 수 없다. 하지만
이 문서를 책봉국 국왕간에 주고받는 國書式이라고 해도 큰 문제는 없다고
본다.

4) 咨式 왕복문서

조선전기 조선에서 유구에 보낸 문서가 書임에 반하여, 유구에서 조선에
보낸 문서는 1431년은 咨였고 1470년은 書·咨 겸식이었다. 그리고 임란 후
에는 양국의 왕복문서가 문서 13의 移文을 제외하고는 모두 咨였다. 문서
13의 移文은 다른 문서와는 다르게 1626년 聖節使로 북경에 갔던 이조판서
金尙憲이 당시 유구사신 正議大夫 蔡延에게서 유구국왕이 보내는 咨文과 禮
物을 수령했다는 일종의 확인서였으므로 그다지 문제가 되지 않는다.

그렇다면 여기서 잠깐 유구가 조선이외의 다른 나라들에 보낸 외교문서

---

19) 『交隣志』 國書式.

는 어떠했는지를 살펴보자. 『歷代宝案』에 수록된 다른 나라에 보낸 문서를 보면, 한 두번의 예를 제외하고는 거의가 咨文의 형식이다.

예를 들어 권 40의 문서들은 발신자는 거의가 「琉球國中山王」 또는 「琉球國中山王尙某」로 쓰여져 있어 책봉관계에서 쓰여지는 咨文의 형식이고, 書式 외교문서의 표현인 「琉球國王」은 爪哇國 앞으로 보낸 2통의 문서에서 만 보인다. 따라서 대부분의 문서는 거의가 관청간에 또는 관료의 사이에서 쓰고 있는 자문의 성격을 가진 「琉球國中山王」으로 쓰고 있다. 또 수신자도 앞의 세종대에 논쟁이 되었듯이 書式 외교문서에서 사용하는 「朝鮮國王」이 라 하지 않고, 다만 「朝鮮國」이라고만 했고, 단 한번 「暹羅國王」이라고 했 다. 이로 볼 때, 유구가 외국으로 보내는 외교문서는 중국을 제외하고는 한 두 번의 예외는 있지만 거의가 咨式 문서를 썼던 것이다.

그런데 이 문서 5는 書·咨式의 문서로 작성되어 있다. 다시 말해 시작은 서식으로 하고 있으면서 끝부분은 자식을 취하였다. 이점에 대하여 高橋公 明은 1431년(세종 13) 조선 조정에서의 논쟁을 예로 들면서, 교린관계임에 도 咨를 쓰고 있는 유구의 자세가 주변제국에 이해될 수 없었기 때문에 그 결과 유구도 書式의 외교문서를 쓰게끔 되었다고 했다.[20] 그러나 실제로 이 후에도 조선에 대해서 보낸 문서는 書式이 아니라 모두 咨式이었다.

그러면 문제의 문서 5를 보자.[21]

---

20) 高橋公明, 「外交文書 書·咨에 대하여」 『中世史研究』 제7호, 1982, 89쪽.
21) 이 문서를 해석하여 보면 다음과 같다.
　　유구국왕 상덕은 조선국왕전하에게 봉복합니다.
　　근자에 은혜를 입어 기쁘기 그지없으며, 또한 賢王의 起居하심에 더욱 건안하시옵 기를 바라오며, 또 기원합니다. 우리 나라와 귀국은 江漢보다도 멀리 떨어져 있지 마는 聘獻의 예는 끊이지 않고 계속하여 왔으므로 비록 떨어져 있으나 가깝기가 이 와 같습니다. 日本國 商舶에 의하여 보내주신 서신 및 예의를 이미 받아서 마음에 새겼습니다. 이에 그 돌아가는 편에 新右衛門尉平義重를 보내어 변변찮은 선물을 바칩니다. 따로 別幅을 작성하여 적으나마 후한 선물에 보답하고저 합니다. 기쁘게 받으시면 다행이옵니다. 바라옵건데는 順序保嗇하옵소서. 右咨 朝鮮國. 成化 6년

```
    琉球國王尚德    奉復
  朝鮮國王殿下    此蒙頒惠敢不排嘉且審
  賢王起居益康甚慰傾企雖敝邦與
  貴國隔江漢之遠而聘獻之禮未嘗惑輟非
  王之不鄙於孤能如是乎近因日本國商舶致
    書信幷禮儀俱已收受銘刻於心茲因其歸
    順遣新右衛門尉平義重聊致土儀另申別
    幅少酬厚貺之万一笑留惟幸更希
    順序保嗇
      右咨
      朝鮮國
    成化陸年肆月初一日
      別幅
  (이 부분은 생략함)
```

그런데 여기서 또 따져 보아야 할 문제가 있다. 그것은 다름 아닌 당시 조선에 왕래한 倭人 僞使의 문제이다. 바로 문서 5가 僞使시대에 조선에 온 사절이기 때문에 1470년 4월 초1일자로 작성된 이 문서를 휴대한 사절이 과연 어떤 사절이었던가를 알 수 없다. 왜냐하면 『朝鮮王朝實錄』에 의하면 당시 유구로부터 사절이 온 것은 1470년(성종 원, 尚圓 원) 6월 유구국 等閟意가 仁叟和尙 등 6인을 보내어 토물을 바쳤다는 기록22)과 1471년(성종 2, 尚圓 2) 11월 유구국왕 尚德이 僧 自端西堂을 보내 왔다는 기록23)이 있다. 그러므로 문서 5는 시기적으로 1470년 6월의 사신이어야 하나, 1470년의 기록은 내용으로 보아서 문서 5에 나오는 「新右衛門尉平義重」라는 인물과

(1470) 4월 1일.

22) 『성종실록』 권6, 원년 6월 병자. 「琉球國中平田大島平州守等閟意 遣仁叟和尙等六人來 獻土宜」

23) 『성종실록』 권13, 2년 11월 경자.

일치하지 않는다. 그리고 1471년 11월의 기록에는 平佐衛門尉信重이라는 인물이 나오므로 이것도 이름이 다르므로 양 기록을 통해서 볼 때, 그 진위 여부가 의심이 된다. 한편 또 다른 기록에 의하면 1500년(연산군 6) 11월에 유구국에서 사신이 왔는데, 그들의 말에 의하면 40년만에 유구사람이 온 것 이라고 했다.24) 그렇다면 1460년 이후의 사신은 모두 僞使라는 말이 되는 셈이다. 물론 1471년 11월의 사신은 자신들이 琉球國王 尙德으로부터 위 임받은 사절임을 밝히고 있지만, 1470년 6월의 사신은 琉球國王使도 아니 었다.

결국 이상의 사료를 통하여는 문서 5의 사절이 정말로 조선에 왔었는가 도 확인할 수가 없다. 따라서 문서 5의 진위여부도 문제가 된다. 그러나 만 약 이 사절이 僞使라면 이 문서가 『歷代宝案』에 수록될 리가 없을 터인즉 이점도 설명하기 어렵다. 따라서 현재로선 이 문서가 어떻게 이러한 양식을 갖추게 되었는가도 설명하기 어렵다. 그러나 이 문제에 관하여 高橋公明은 유구가 咨를 쓸 수 있는 자격을 중요시하였기 때문에, 咨式 외교문서를 썼 던 것이고, 이것이 조선 세종대의 경우처럼 교린국간에 문제가 되자 書式 외교문서를 쓰게 되었지만, 咨를 쓸 수 있는 자격을 과시하기 위하여 문서 의 후반부분에는 여전히 咨의 양식을 썼을 것이라는 추측을 하고 있다. 그 리고 조선에서는 이에 대하여 일관하여 서식 외교문서로 응했다고 하였 다.25) 그러나 앞에서 언급하였듯이 『歷代宝案』에 남아있는 임란 이후 조선 문서는 모두 咨式으로 남아 있다.

이 咨式 문서의 양식은 書式과 비교하여 여러 가지 차이가 난다. 우선 발 신자가 단순히 朝鮮國王으로만 되어 있고, 곧바로 본문으로 들어간다. 그리 고 본문의 끝 부분에는 回咨를 청하고 있으며, 別幅을 본문에 포함시켜 작

---

24) 『연산군일기』 권39, 6년 11월 임술. 「昔我國人來此後四十年 我亦來此耳 考謄錄則彼國 使臣之來在辛巳年」
25) 高橋公明, 앞의 논문, 90쪽.

성하였고, 그 명칭도 計開라 하였다. 또한 右咨 琉球國을 명시하여 유구국에 咨文하는 것임을 분명히 하였다. 그리고 끝 부분에는 작은 글씨로 문서의 제목을 다시 적었고, 또 咨라고 써 넣었다. 물론 당시 원본이 남아 있지 않기 때문에 이것이 원본 그대로 인지, 아니면 편찬자의 편의대로 첨삭이 가해졌는지는 알 수 없지만 특이한 자문의 형식이다.

그러면 임란 후 조선에서 유구에 보낸 咨式문서에 대하여 살펴보자. 그 예로 문서 7의 중요한 부분을 제시해 보자.

朝鮮國王爲歷修聘問以答厚恩事查照
先該万曆貳拾捌年貳月初參日有敝邦
賀
至陪臣韓得遠回自
京師齎到
貴國咨文壹角前事節該差長史鄭道使
····   ···· 回咨請
照驗施行須至咨者
計開
(예물목록은 생략함.)
····
　　右　　咨
　　琉 球 國
万曆貳拾玖年捌月初漆日
歷修聘問以答厚恩事
　　咨

그렇다면 조선에서는 왜 임란전과는 다르게 咨式문서를 유구에 보냈을까. 이 문제도 역시 설명하기 어렵지만, 이 시기의 조·유 관계가 조선전기와는 달라졌다는 것이 하나의 이유가 되지 않을까 생각한다. 즉 조선과 유

구의 관계가 1530년부터는 北京을 통하여 우회된다는 사실이다. 물론 1530
년의 북경 우회는 표류민의 송환이어서 정식의 외교교섭으로 볼 수는 없지
만, 이것이 계기가 되어 이후 몇 차례의 표류민 송환을 모두 북경을 통하여
우회하고 있으며, 1638년 양국관계가 단절될 때까지 계속되고 있다. 따라서
북경을 통하는 경우 명과 무관하게 이루어 질 수는 없었을 것이고, 명의 官
制에 보다 충실히 할 수밖에 없지 않았을까. 더구나 이 시기에 왕래한 문서
에는 양국의 국난을 의식해서인지 유난히 명의 책봉국임과 교린을 강조하
는 내용이 많다. 그렇다면 문서의 격식도 자연 중국 관청간의 자문형식이
기준이 될 것이고, 이 경우 양국은 자연스럽게 책봉국에서 명의 예부에 보
내는 문서의 양식인 咨式을 취했던 것이 아닐까. 그러나 이러한 추측도 어
디까지나 가정일 뿐 정확한 근거는 없다.

4. 文書內容의 분석

다음으로 『歷代宝案』에 수록되어 있는 문서의 내용과 별폭의 검토를 통하
여 조선시대 조·유 관계의 역사적 추이와 그 특징에 관하여 생각하여 보자.

문서의 내용을 통하여 알 수 있듯이, 양국 왕복문서에서 가장 강조되었
던 것은 역시 우호교린이었다. 즉 17건 문서의 대부분이 기본적으로 우호교
린을 서두로 시작하고 있으며, 그것이 先代부터 시작된 것으로 영원히 이루
어져야 한다고 강조하였다. 더구나 임란 이후 양국이 모두 국난의 위기에
접하게 되자 서로가 명의 책봉국임을 강조하였고, 상호간에는 정보의 교환
을 활발히 해가면서 우호교린 할 것을 다짐하고 있다. 이는 문서의 구체적
인 내용을 검토하면 더욱 확실해 지는데, 양국의 기본입장은 당시의 동아시
아 정세와 관련하여 일본에 대한 공동방어라는 측면이 고려되고 있음을 알
수 있다.

먼저 문서의 내용을 요약하여 도표화 해보면 다음과 같다.

<표 2> 조·유 왕복문서 내용일람표

번호	연 대	행 선	내 용 요 약
1	1431. 6. 19	조←유	先代부터의 양국왕래를 강조하면서 화호의 맹약을 다짐. 對馬州 客商에게 위임하여 遣使함. 무역의 요청.
2	1431. 12.	조→유	우호교린을 위한 遣使에 대한 회답국서. 헌상물 답례.
3	1461. 7. 7	조→유	표류민송환에 대한 답례, 예물헌상에 대한 답례.
4	1467. 8. 19	조→유	遣使에 대한 답례, 書籍·酒 등 헌상물에 대한 답례.
5	1470. 4. 1	조←유	일본국 商舶에 의한 견사 답례, 예물에 대한 답례.
6	1597. 8. 6	조←유	1590년 유구국표류민을 북경을 통하여 송환해 준것에 대해 1595년 유구에서 견사해준 것에 대한 답례. 책봉국으로서의 교린을 다짐.
7	1601. 8. 7	조→유	豊臣秀吉 사망 통보에 대한 감사. 표류민 송환에 대한 당위성. 敵情에 대한 통보요청. 책봉국으로서의 우의강조.
8	1606. 8. 13	조→유	豊臣秀吉 사망 통보에 대한 감사. 표류민 송환에 대한 당위성 책봉국간의 우호교린 다짐.
9	1610~12	조←유	光海君 즉위와 책봉에 대한 축하. 島津의 유구침입 위로에 대한 감사. 교린을 다짐.
10	1621. 8.	조←유	尚豊의 왕위세습 통보. 1612년 표류민 송환에 대한 감사. 島津침입 10년후 進貢회복 통보. 책봉국간의 우호교린 다짐.
11	1623. 10. 16	조←유	先代를 이어 우호교린 다짐.
12	1623. 10. 16	조←유	위의 문서와 같음.
13	1626. 12. 23	조→유	유구의 자문 및 예에 대한 확인.
14	1628. 7. 11	조→유	유구의 표류민 송환과 교린을 다짐하는 자문에 대한 답례.
15	1631. 3.	조→유	1628년의 견사에 대한 답례. 東宮경하. 우호교린 다짐.
16	1634. 7. 22	조→유	東宮 경하에 대한 답례. 책봉국간의 교린 다짐.
17	1636.	조←유	1634년, 1636년 자문에 대한 답례. 형제의 우의 다짐.
18	1638.	조←유	1636년 자문에 대한 답례. 우호교린 다짐.

예를 들면 문서 7은 1601년 8월 조선에서 유구에 보낸 자문인데, 이 자문에서 조선은 1600년 2월 賀正使 韓得遠편에 유구로부터 豊臣秀吉의 사망과 天朝(명)에서 그 잔당을 아주 몰아내려고 한다는 자문을 받았다는 사실을

적고 있다. 그리고는 조선과 유구는 명의 隣封이므로 서로 성의를 다해서 정을 나누어야 한다고 하면서, 이후에도 敵情이 있으면 완급을 가리지 말고 천조에 보고하여 조선에 알려지도록 해 달라고 청하고 있다. 따라서 이 내용으로 볼 때, 당시 조선과 유구는 일본에 대한 공동의 적대의식과 연대감을 갖고 있었다는 사실을 확인할 수 있다.

이러한 관계는 1609년 유구가 살마번에 의하여 일본에 정복당한 후에도 한동안 지속되어 감을 볼 수 있다. 즉 문서 10의 내용 중에는 살마번의 침략후 10여년간 단절되었던 양국관계를 회고하면서,

(전략)…그런데 倭奴(島津)가 荒邸(유구)를 유린하였으나, 聖諭를 받아 10년이 되어 物力이 充羨하게 되자 다시 進貢하게 되었습니다. 그래서 오랫동안 연락이 끊기고 音信이 소원하게 되었습니다만, 이제 다시 貢期가 되어 呑를 갖추어 보복하오니 영원히 교린을 맺을 것을 바라옵니다.26)

고 하였다. 물론 이 시기가 되면 유구는 이미 막부의 지배를 받는 시기이어서 자신의 입장을 어느 정도 반영할 수 있었는가도 문제가 되지만, 문맥이나 사용한 용어 등을 보아서는 북경을 우회한 조선과의 접촉에 관하여 막부가 관여했을 가능성은 희박하다. 그리고 양국은 이러한 입장의 왕복문서를 이후에도 7차례(1623, 1626, 1628, 1631, 1634, 1636, 1638)나 주고받았다. 그러나 『歷代宝案』에서 1638년 이후에 조선과 유구가 외교문서를 주고받은 자료를 더 이상 찾을 수 없다. 따라서 조선과 유구의 공식적인 외교관계는 1638년을 마지막으로 단절되었다고 생각할 수밖에 없다. 그러나 조선측의 사료에는 문서 17(1636년)과 문서 18(1638년)의 기록이 나오지 않는다. 그렇지만 문서 18에,

---

26) 「…(前略)…倭奴踩躙荒邸奉蒙 聖諭寬宥拾年物力充羨然後進貢因此久口 絡繹致是疎闕信音札失重疊情可怜厚 玆者應屆貢期理合備呑報復永結交隣…」

> 崇禎 9년(1636) 6월에 該國에서 差遣한 王舅 吳鶴齡, 正議大夫 蔡堅 등을
> 보내어 책봉에 감사하고, 돌아오는 길에 都門에서 귀국의 예조참판 洪命亨
> 을 만나, 조선국왕의 자문을 받아 왔습니다. 그 내용은 崇禎 7년(1634) 7월
> 21일 보내주신 자문으로……27)

라는 내용이 있는 것으로 보아, 적어도 1636년 6월까지는 양국이 북경을
통하여 공식적으로 외교적인 접촉을 하였던 것으로 파악할 수 있다. 물론
조선에서도 명에 사신을 파견할 수 있었던 것이 1636년까지 였고, 그해 말
청의 침입을 받고, 청에 항복한 이후는 청의 심양으로 사신을 파견할 수밖
에 없었으므로 더 이상 북경에서 유구사신을 만날 수도 없었을 것이다.

그후 1644년 명이 멸망하고, 청이 북경에 입성한 후, 조선에서는 다시 북
경으로 사신을 파견하였지만 그곳에서 유구와의 접촉이 어느 정도 전개되
었는가는 알 수 없다. 물론 유구에서도 德川幕府에 복속된 이후에도 청의
책봉을 받아 계속적으로 進貢을 하였고, 또 조선과는 여러 차례에 걸쳐 상
호간에 표류민 송환이 이루어졌기 때문에 북경에서 양국사절이 만난다는
것이 그리 어렵지는 않았을 것이다. 그러나 그럼에도 불구하고 이후 양국간
에는 아무런 문서도 주고받지 않았다.

그 이유에 관해서는 이미 제3편 제1장 朝·琉 交隣體制의 구조와 특징 5.
표류민송환체제에서 언급한 바와 같이, 동아시아 국제질서의 변동에 따른
「책봉」의 의미변화와 조선의 대외정책이 유구와의 공식적인 외교관계를 단
절시키는 가장 큰 원인이 되었다고 생각한다.

또한 앞서도 부분적으로 언급하였지만, 『歷代宝案』의 내용중에는 우호교
린 다음으로 많이 언급되는 것이 표류민 송환에 대한 감사와 예물의 증답
이다. 기록에 의하면 고려말 유구관계의 시작도 유구로부터의 조선인 쇄환
에서 시작되지만, 초기에는 주로 표류민보다는 왜구에 의하여 피랍된 피로

---

27) 「…崇禎九年六月內據該國差遣王舅吳鶴齡 正議大夫蔡遣等赴 闕叩謝 册封事竣迴還始自
都門會得 貴口禮曹參判洪命亨交收領到 朝鮮國王咨…」

인이 많았다. 그러다가 1437년부터는 피로인에서 표류민으로 바뀌게 된다. 그리고 그후 유구로부터의 견사는 상당수가 피로인의 송환을 명분으로 하여 조선에 왕래하게 된다. 『歷代宝案』의 문서중 표류인의 송환을 언급한 문서도 6건이나 되는데, 조선에서 유구에 보낸 문서 9건중 5건이 조선표류민 송환에 대한 답서며, 유구에서도 조선에 보낸 것이 1건이다. 따라서 종래 조·유관계 연구들은 거의가 유구로부터의 견사는 무역을 위한 명분으로 표류민을 송환하였다고 했다. 물론 무역의 문제는 문서 1에서 보듯이, 유구에서는 견사를 하면서 구체적으로 무역을 청하는 경우도 있었다.

그러면 다음으로 『歷代宝案』에 기록된 양국간의 증답 물품을 중심으로 이 문제를 생각하여 보자.

먼저 표에 의하여 유구에서 조선에 보내 온 물품을 보면, 증답물품 역시 전기와 후기에 상당한 차이가 있음을 발견할 수 있다. 물론 여기에 제시된 『歷代宝案』의 문서가 1431년과 1470년에 한정된 것이기 때문에 단정지어 말할 수는 없더라도 조선전기의 경우는 이제까지 알려진 바와 같이 남방산 물품이 많았고, 또한 무역을 목적으로 내왕했다고 할만큼 다량의 물품이 보내졌다. 예를 들면, 1431년 염료인 蘇木 2,000근에 礬 100근을 보내 오면서 공식적으로 무역을 요청하는 문구를 삽입하였다. 1470년의 경우도 蘇木, 胡椒, 象牙, 水牛角, 番錫 등과 앵무새, 흰비둘기, 인도술 등 희귀물품을 보내 왔다. 뿐만 아니라 이때의 자문의 내용 중에는 1431년의 경우 대마도 客商, 1470년의 경우는 일본 商舶에 위임하여 물품을 증답한다는 문구가 삽입되어 있어 유구사절의 왕래가 무역을 목적으로 한다는 것을 분명히 확인할 수가 있다.

〈표 3〉 유구에서 조선으로 보낸 증답 물품 목록

문서	연 대	물 품 내 역
1	1431. 6	蘇木 2000근, 礬 100근.
5	1470. 4	闊綿布 2필, 色線花布 2필, 粧花膝欄 2필, 棋子花異色手巾 2조, 彩色糸手巾 2조, 綿布染花手巾 2조, 御磚褙 長錦 2필, 織金孔雀青段 2필, 黑骨摺扇 20파, 犀角(코뿔소뿔) 6개, 象牙四條100근, 水牛角 20개, 孔雀尾翎 300근, 玻瓈瓶 2쌍, 白地青花盤 20개, 白地青花碗 20개, 青盤 20개, 大青碗 50개, 小青碗 100개, 束香 50근, 降貝香 100근, 檀香 50근, 木香 20근, 丁香 20근, 肉荳蔲 20근, 蓽撥 20근, 烏木 100근, 蘇木 200근, 胡椒 200근, 番錫 200근, 大腰刀 2파, 鸚鵡 1쌍, 鴝鵒 1쌍, 白鴿 1쌍, 天竺酒 1병.
7	1600. 2	土夏布 20근, 芭蕉布 20근, 排草 20근.(문서 7에 수록)
8	1604. 2	線絹 20단, 黃石絹 10단, 花紋絹 10단, 土扇 200파.(문서 8에 수록)
9	1610~12	목록이 빠져 있음.
10	1621. 8(?)	목록이 빠져 있음.
11	1632.10	목록이 빠져 있음.
12	1623.10	11번 문서와 같음.
13	1626.12	細嫩練光土蕉布 20단, 細嫩生地土蕉布 20단, 五色紗 20단, 五色糸布 20단, 天藍色線絹 20단, 土扇 200파, 建扇 200파, 紅綠花緞 2단, 蕉布 10단, 氈條 4장, 肇慶硯 2면, 徽墨 20정, 胡筆 20지, 壇香 1000지, 土扇 100파.
15	1631. 3	목록이 빠져 있음.
16	1632. 7	白地紡糸花綢 20단, 白地花綾 20단, 細嫩闊幅琉球葛布 20단, 細嫩小幅葛布 20단, 胡州筆 40관, 徽州大板墨 20홀, 徽州龍紋墨 8갑, 棕竹骨扇 100파.(문서 16에 수록)
17	1636.	白地紡糸花綢 20단, 白地花綾 20단, 細嫩闊幅琉球葛布 20단, 細嫩小幅葛布 20단, 胡州筆 40관, 徽州大板墨 20홀, 徽州龍紋墨 8갑, 杭州金扇 100파.
18	1638.	목록이 빠져 있음.

그러나 임란이후는 그 양상이 달라진다. 즉 이제까지 물품의 대종을 이루었던 蘇木, 胡椒, 香 등의 남방산 물품이 전혀 등장하지 않고, 반면 布나 絹·紗, 墨과 筆 등 중국산이나 토산물 등 무역보다는 답례예물의 성격을 지닌 물품이 대부분이다. 물론 이러한 현상은 포르투갈, 스페인, 화란 등 서구 세력에 의해 유구의 남해무역이 중단된 데에 기인한다.[28] 따라서 그럼에도

---

28) 楊秀芝, 앞의 논문, 131쪽.

불구하고 이 시기에 교류가 빈번했던 이유가 어디에 있을까를 한번 검토해
볼 필요가 있다. 이점은 역시 앞서도 언급하였지만, 직교시기에는 무역이
목적이었지만, 우회의 시기 이후는 동아시아 국제사회에서 양국이 처해있
던 외교와 국방상의 문제 때문이 아니었나 생각한다.

또한 1530년대 이후 표류민의 송환이 북경을 우회하는데 그 이유는 어디
에 있는지, 그리고 1636년 조선과 유구 사이에 공식적인 외교관계가 단절된
이후, 두 나라의 관계가 어떻게 되어가는지 아직 연구된 바는 없지만, 다만
표류민의 송환과정의 접촉을 통하여 볼 때, 유구에서는 외교와 무역관계
가 단절되었음에도 불구하고 1856년까지도 여전히 조선표류민을 송환하
여 주었으며, 조선에서도 1861년까지 계속적으로 유구표류민을 송환하여
주었다.29)

따라서 이러한 관점에서 본다면, 조·유관계사의 연구도 종래 무역관계만
을 중시하는 시각에서 벗어나 시기적으로도 1636년에 한정시키지 말고, 19
세기중엽 표류민 송환이 지속되던 시기까지도 포괄하여야 하고, 또 양국관
계를 단순히 남방산물자 교류라는 시각에서 벗어나 「東아시아의 海域史」의
일부분으로 정치·외교·무역 등 다양하게 접근되어야 하겠다.

한편 조선에서 유구에 보내는 물품은 어떠했을까.

이 표에 의하면 조선에서 유구에 보내진 물품의 대종은 麻·布 등 직물류,
虎豹皮·人蔘 등 조선의 특산물이 많았고, 佛經 등 각종 서적과 종이도 있었
다. 물론 이러한 물품들이 유구에서 직접 소용이 된 물품이었는가, 아니면
유구가 남방산 물품을 중계무역 하듯이 그러한 목적에서 필요했던가는 알
수 없지만, 불경 등 각종 서적이 수입되는 것을 보면 당시 일본에서 이러한
물품을 많이 필요로 했던 사실과 무관하지 않다고 본다.

---

29) 이훈, 앞의 논문, 140~141쪽.

〈표 4〉조선에서 유구로 보낸 물품 목록

문서	연대	물 품 내 역
2	1431.12	黑細麻布 15필, 白細麻布 15필, 滿花席 15장, 虎皮 5領, 人蔘 100斤, 松子 200근.
3	1461. 7	목록이 빠져 있음.
4	1467. 8	綿布 10,000필, 綿紬 2,000필, 紅細苧布 10필, 白細苧布 40필, 黑細麻布 40필, 白細綿紬 30필, 人蔘 150근, 虎皮 10장, 豹皮 10장, 滿花席 15장, 滿花方席 15장, 鞍子 2면, 豹心皮獺皮辺鹿皮裏座子 2事, 厚紙 10권, 册紙 100권, 油紙 15장, 屛風 1좌, 簇子 2對, 石燈盞 4事, 油煙墨 100丁, 紫石硯 10면, 朱紅匣, 錫硯滴具, 黃毛有心筆 100지, 黃毛無心筆 100지, 白疊扇 200파, 靑玉短珠 1串, 刁子 4파, 毛鞭 10파, 松子 600근, 燒酒 30甁, 淸密 30斗, 蠟燭 100지, 法華經 2부, 大悲心經 2부, 永嘉集 2부, 成道記 2부, 四敎儀 2부, 圓覺經 2부, 飜譯名義 2부, 楞枷經疏 2부, 阿彌陀經疏 2부, 維摩經宗要 2부, 觀無量壽經義記 2부, 道德經 2부, 金剛經五家解 2부, 楞嚴義海 2부, 法數 2부, 涵虛堂貝覺經 2부, 金剛經冶父宗鏡 2부, 楞嚴會解 2부, 高峯和尙禪要 2부, 眞實珠集 2부, 楞伽經 2부, 碧巖綠 2부, 水陸文 2부, 維摩詰經 2부, 法鏡論 2부, 眞草千字文 2부, 証道歌 2부, 心經 2부 紫芝歌 2부, 八景詩 2부, 浣花流水詩 2부, 東西銘 2부, 赤碧賦 2부, 趙學士蘭亭記 2부, 王羲之蘭亭記 2부.
6	1597. 8	白苧布 20필, 白綿紬 20필, 人蔘 20근.
7	1601. 8	白苧布 10필, 白綿紬 20필, 人蔘 20근, 霜華紙 20권, 花硯 2면, 黃毛筆 50기, 油煤墨口 10정.
8	1606. 8	白細苧布 20필, 白細綿紬 20필, 人蔘 10근, 虎皮 3장, 豹皮 3장, 粘陸張厚油紙 5부, 霜華紙 20권, 花硯 2면, 黃毛筆 50지, 油媒墨 50정.
14	1628. 7	白苧布 10필, 白綿紬 10필, 黑麻布 20필, 人蔘 3근, 彩花席 10장, 霜華紙 10권, 黃毛筆 30지, 油煤墨 30정, 花硯 2면, 白疊扇 50파, 粘六張厚油紙 2부, 粘四張厚油紙 2부.
16	1634. 7	白苧布 20필, 白綿紬 20필, 黑麻布 20필, 人蔘 5근, 彩花席 10장, 霜華紙 20권, 黃毛筆 50지, 油煤墨 50정, 花硯 3면, 白疊扇 40파, 油扇 100파, 粘 6장, 油紙 3부, 粘四張厚油紙 3부.

　한편 유구에서 조선에 보냈던 물품이 조선 전·후기가 달랐던데 비하여 조선에서 유구에 보내졌던 물품은 그렇게 큰 변화를 보이지 않는다. 이러한 현상도 조·유 관계의 하나의 특징으로 파악할 수 있겠다. 앞으로 이러한 문제와 관련하여 당시 동아시아 무역구조에 대한 좀더 세밀한 연구가 요구된다.

5. 맺음말

이상에서 유구의 대외관계 사료집인 『歷代宝案』에 수록되어 있는 조·유간의 왕복문서를 통하여 양국관계사의 한 단면을 살펴보았다. 앞서 지적한 바와 같이 조선시대 대외관계사를 총체적으로 구성할 경우 유구와의 관계가 중요한 비중을 차지함에도 불구하고 이제까지 그 연구가 소홀했던 것은 사실이다. 특히 조·유관계사의 기본사료인 『歷代宝案』에 관해서도 그렇게 철저히 분석된 바가 없었다.

이 글은 『歷代宝案』에 수록된 조·유간의 왕복문서를 문서양식과 내용의 분석이라는 두 가지 측면에서 고찰한 것이다. 그 결과 다음과 같은 사실을 정리해 볼 수 있겠다.

첫째, 조·유간의 왕복문서를 비교해 볼 때, 양국이 직접 통교했던 시기와 북경을 우회하는 시기가 사뭇 다름을 발견할 수 있다. 즉 조선전기 양국이 직교하는 시기에 조선의 경우는 書式을 보냈고, 유구의 경우는 箋, 表, 書, 咨 등 여러 형태를 띠었으나, 16세기 후반부터의 우회의 시기에는 양국 모두 咨式으로 정형화되었다. 그리고 우회한 시기에 명이 양국관계에 간섭을 하였다는 근거는 없지만 그 영향하에서의 양국관계는 어쩔 수 없이 咨文 형식을 띨 수밖에 없지 않았을까 한다.

둘째, 양국관계의 기본목적이 우호교린이었지만, 직교의 시기와 우회의 시기에 차이가 있다. 즉 문서의 내용을 검토할 때, 직교의 시기에는 표류민 송환이나 무역이 많이 언급되지만, 우회의 시기에는 양국간의 국내사정 및 일본에 대한 정보교환, 책봉국간의 우호교린을 다짐한다는 측면에 있어 일본에 대한 공동대처의 의미를 가지고 있었다.

셋째, 직교의 시기에는 남방산물품의 중계무역 현상이 현저히 드러나지만, 우회의 시기에는 남방산 물자의 품목이 거의 자취를 감춘다는 점에서, 조·유 관계의 양상이 달라진다는 점이다.

끝으로 앞으로 조·유관계사의 연구영역을 확대하기 위한 몇 가지 제안을 하면서 결론에 대신하고자 한다.

첫째, 조·유 관계사의 연구영역과 시기설정의 문제이다. 즉 종래의 연구는 대부분이 조·유 관계사의 영역을 유구를 통한 남방산 물자교류의 측면에서 강조하여 왔는데, 적어도『歷代宝案』의 사료를 통하여 볼 때, 조·유관계는 경제적인 측면보다는 오히려 정치·외교적인 측면이 더 중요시되지 않았던가 하는 점이다. 또한 시기설정에 있어서도 종래에는 유구와의 북경교류가 끝나는 1636년을 하한선으로 설정하였으나, 그 이후 양국의 표류민 송환을 염두에 둔다면 조선인 유구 표류사건이 발생하는 1868년까지를 하한선으로 늘려 잡아야 한다.

둘째, 조·유관계사의 시기구분 문제이다. 즉 앞의 문제제기와 관련하여 종래의 연구는 대부분이 조류관계사의 시기구분을 직접교류의 시기, 위사의 시기, 북경을 우회한 시기 등으로 구분하였으나,『歷代宝案』을 중심으로 생각한다면, 직접교류의 시기, 북경을 우회한 시기, 그리고 청을 통한 표류민송환의 시기로 구분하여야 하지 않을까 생각한다.

왜냐하면 흔히 1609년 유구가 薩摩藩에 침략을 받아 막부의 지배를 받으면서 유구의 대외관계를 막부가 전횡하였던 것으로 파악하고 있지만, 적어도 1638년(문서 18)까지도 유구는 조선에 대하여 외교관계를 독자적으로 계속하려 했기 때문이다. 따라서 청대에 표류민송환을 계기로 이루어진 양국관계도 넓게는 조선시대 조·유관계사에 포함시켜야 한다. 왜냐하면 일본의 입장에서 보면, 유구는 1609년부터 일본이겠지만,『歷代宝案』을 통해서 보더라도 유구는 적어도 1867년까지는 동아시아 국제관계사에 있어서 청의 책봉국으로서 동아시아 여러 나라와 국제관계를 지속하였기 때문이다.

제3장
朝鮮·琉球關係 史料에 대하여

1. 머리말

琉球는 14세기 후반, 동아시아 국제무대에 등장한 이래 활발한 해외활동으로 동남아시아와 조선과의 중계무역을 주도해왔다. 그리고 조선이 상정했던 외교질서인 交隣體制안에서 조선시대 전기간에 걸쳐 정치·경제·외교·문화·표류민송환 등 다양한 관계를 다방면에 걸쳐 계속하였다. 그러나 현재 조선·유구관계사 연구는 매우 일천한 단계이며, 관계사료의 파악도 개인수준에 머무르고 있는 실정이다.

이 글은 아직 초보 단계에 있는 「朝鮮·琉球 關係史」 연구를 위한 사료발굴 및 소개를 목적으로 작성한다. 발췌의 대상이 된 사료는 다음과 같다.

한국 : 『高麗史』『朝鮮王朝實錄』『備邊司謄錄』『承政院日記』『通文館志』『增正交隣志』『春官志』『經國大典』『續大典』『大典通編』『大典會通』『邊例集要』『漂人領來謄錄』『同文彙考』『燕行錄選集』『海東諸國紀』『對馬島宗家文書』 등 17종.

유구 : 『歷代宝案』『琉球王國評定所文書』『首里城 大鐘銘文』 등 3종.

일본 : 『古事類苑』『通航一覽』『折たく柴の記』『五事略』『善隣國寶記』『江雲隨筆』『中外經緯傳』『增補 華夷通商考』『球陽』『日明勘合貿易史料』 등 10종.

중국 : 『淸代中琉關係檔案選編』『淸代中琉關係檔案續編』 등 2종.

대만 : 『起居注册』『軍機處檔』『宮中檔』 등 3종.

이상 총 34종에 수록되어 있는 사료를 개별적인 내용을 중심으로 소개하
여 보면 다음과 같다.

2. 한국사료

(1)『高麗史』

총 2건이 列傳과 世家에 수록되어 있다. 그 내용은 1389년 8월에 유구국
사신이 와서 고려 조정에 대해 稱臣했다는 것과 그에 대해 고려 조정이 金
允厚 일행을 유구에 파견했다는 것과 유구국에서 바친 蘇木과 胡椒를 昌王
이 여러 궁중에서 사용하고자 하였으나 判內府寺事 柳伯濡가 그에 대해 반
대하였다는 기사가 있다.

(2)『朝鮮王朝實錄』

『朝鮮王朝實錄』에는 1392년부터 1840년까지 총 437건의 유구관계 사료
가 수록되어 있다. 또한 사료의 내용을 보아도 조·유관계의 모든 부분을 망
라하고 있어서 양국관계를 파악하는데 가장 중요하고 기초적인 사료라고
할 수 있다. 유구관계사료의 내용을 종류별과 연대별로 분류해보면 다음 표
와 같다.

〈표 1〉 유구 관계 사료 일람표

종류 \ 왕대	유구사신옴	조선사신감	조회	접대	위사관련	피로인	표류민 유구	표류민 조선	무역	유구사정	일본관련	중국관련	불경청구	기타	계
태조(1392~1398)	4		2			2								1	9
정종(1398~1400)	1														1
태종(1400~1418)	2	1				3						1		2	9
세종(1418~1450)	5	2	6	2	3	2	6	1	2	1	3	1		14	48
문종(1450~1452)		1												3	4
단종(1452~1455)	1			2	1			1		1					6
세조(1455~1468)	15	8	13	8	2	2	2	1	2		7		4	6	70
예종(1468~1469)														1	1
성종(1469~1494)	13	1	33				3	5			7	3	5	16	86
연산(1494~1506)	2		2	1			4		1		1	2	1	3	17
중종(1506~1544)	3		1	2			18	11	1		2	16		4	58
명종(1545~1567)								1		1	2	1			5
선조(1567~1608)							3				18	17		5	43
광해(1608~1623)							7				3	4		8	22
인조(1623~1649)							3				1	1		4	9
효종(1649~1659)											1				1
현종(1659~1674)								6							6
숙종(1674~1720)								2			1	3		1	7
영조(1724~1776)								1							1
정조(1776~1800)							10					14		3	27
순조(1800~1834)								6							6
헌종(1834~1849)														1	1
총 계	46	3	18	51	16	10	59	28	10	5	46	63	10	72	437

이상의 표를 통하여 『朝鮮王朝實錄』에 수록된 유구관계 사료의 특징을 정리하여 보면 다음과 같다.

㉮ 조선과 유구사이에 국가간의 공식적인 교류는 주로 조선전기에 이루어지고 있으며, 후기에는 표류민 송환이나 중국 또는 일본에 관련된

사료가 대부분이다.

㉯ 조·유간의 사신왕래는 주로 유구에서 조선에 온 사신이 대부분이고, 조선에서는 단지 2번만 사신이 파견되었다.

㉰ 유구에서 조선에 온 사신들은 거의 상경하여 조선국왕을 알현했으며, 조선에서는 이들을 상국의 입장에서 후한 접대를 행했다.

㉱ 조선측의 유구사신에 대한 우대는 위사의 발생을 초래했고, 이들은 경제적인 이익이나 불경청구를 목적으로 왕래했다.

㉲ 조선초기 조·유관계는 피로인 쇄환을 명분으로 시작되며, 중·후기에는 양국의 표류민 송환의 명분으로 바뀌어 진다.

㉳ 양국교류의 경제적인 측면을 보면 유구에게 절대적으로 유리한 무역이며, 조선은 유구를 통하여 동남아산 물자를 수입하고, 유구는 동남아산 물자의 중계역할을 행했다.

㉴ 조선은 사신이나 표류민을 통하여 유구사정에 깊은 관심을 가지고 있었으며, 유구의 정황이나 지도를 정확히 파악하고 있었다.

㉵ 조선과 유구의 교류가 제일 빈번했던 시기는 15세기 중반부터 1세기간이며, 조선중기인 양란을 전후해서는 일본의 정세를 자세히 알려오고 있으며, 조선후기에는 주로 중국을 통해서 교류가 이루어지고 있다.

㉶ 조선은 유구 이외에도 동남아의 久邊國이나 爪蛙國과도 여러 차례에 걸쳐 교류를 행하고 있다.

이상에서 조·유관계사료에 나타난 특징을 간단히 정리를 했지만, 이외에도 보는 시각에 따라 다른 여러 가지 특징을 추출해 낼 수 있음은 물론이다.

(3) 『備邊司謄錄』

총 13건의 유구관계 기록이 수록되어 있다. 주로 표류인에 관한 사료로
『朝鮮王朝實錄』에 없는 사료도 있으며, 사건 자체는 기록되어 있으나 내용
에 다소 차이가 난다. 『備邊司謄錄』에 수록되어 있는 사료의 일람표를 제시
해 보면 다음과 같다.

〈표 2〉 유구관계 일람표

번호	서기	왕년월일	기 사 내 용	왕조실록유무
1	1717	숙종 43. 1. 3	표류민송환에 대하여 유구에 사례할 것을 건의함.	○
2	1741	영조 17. 11. 6	표류민송환에 자문을 보내어 사은표문할 것을 건의함.	×
3	1741	영조 17. 11. 23	제주인 김철중 등 18명과 나주인 1명이 유구에 표류했다가 북경을 통해 돌아옴.	×
4	1781	정조 5. 2. 15	전라도 영암인 이재성 등 12명이 유구에 표류하였다가 북경을 통해 돌아옴.	×
5	1794	정조 18. 10. 18	유구표류인 상경과 송환에 관한 일.	○
6	1794	정조 18. 10. 21	전라감사 이서구의 장계에 유구언어를 배울 것을 건의함.	×
7	1794	정조 18. 10. 22	표류유구인에 대한 문답사항.	○
8	1794	정조 18. 10. 22	표류유구인의 송환과 호송에 관한 일.	×
9	1794	정조 18. 10. 24	표류유구인의 송환에 관한 일.	×
10	1794	정조 18. 11. 5	표류유구인 호송에 관한 충청감사의 장계.	×
11	1820	순조 20. 7. 2	제주목사가 유구표류인 5인이 표착함을 치계함.	○
12	1832	순조 32. 10. 11	제주도 표류유구인 송환에 관한 일.	×
13	1832	순조 32. 10. 13	제주도 표류유구인 송환에 관한 일.	×

(4) 『承政院日記』

총 8건으로 양국간에 발생한 漂流民의 처리에 관한 내용이 대부분이다.
그 내용은 대체로 『조선왕조실록』의 기사와 동일하며 왕조실록과 똑같이
기록된 사료가 있는 반면, 내용은 있지만 다른 사료도 있다. 『承政院日記』
의 유구관계사료 일람표를 작성해 보면 다음과 같다.

〈표 3〉 유구관계 일람표

번호	서기	왕년월일	기 사 내 용	왕조실록유무
1	1774	숙종 43. 1. 2	표류민 송환에 대하여 유구에 사례할 것을 건의함.	O
2	1794	정조 18. 10. 21	표류한 유구인에 관해 전라도 관찰사가 치계함.	O
3	1794	정조 18. 10. 21	전라우수사가 보낸 유구표류인 장계에 판부사의 이름이 틀려서 되돌려 보냄.	×
4	1794	정조 18. 10. 22	동지사편에 유구표류인을 돌려보내는 일을 논함.	×
5	1794	정조 18. 10. 22	서울에 가까이 온 유구표류인을 잘 접대하라고 함.	O
6	1794	정조 18. 10. 23	표류유구인의 접대에 관하여 승지와 관찰사가 보고함.	O
7	1794	정조 18. 10. 24	홍의호가 유구표류인의 일을 아룀.	×
8	1832	순조 32. 10. 11	제주 대정현에 표착한 유구인 2명을 육로로 호송하는 일을 논의함.	×

(5) 『通文館志』

권5 交隣條 <接待日本人舊定事例>에 보인다. 이 사료는 유구인에 대한 접대를 일본인접대와 같은 예로 한다는 내용으로 되어 있다.

(6) 『增正交隣志』

<接待日本人舊定事例>에 보이는데, 여기에는 琉球人國에 대한 접대를 일본인과 같은 예로 한다는 내용이 있다.

(7) 『春官志』

권3 來聘과 通信의 두 부분으로 구성되어 있다. 「來聘」부분에는 1397년(태조 6)과 1477년(성종 8)의 유구국 사신 내빙 사실을 적고 있다. 「通信」부분에는 1530년(중종 25), 1600년(선조 33), 1606년(선조 39) 등 세 차례에 걸쳐 북경을 통한 양국간 교류의 사례를 기록하고 있다.

(8) 『經國大典』『續大典』『大典通編』『大典會通』

『經國大典』중에서 琉球와 관련된 기사는 禮典의 「待使客條」에 보이는데, 琉球國王에 대한 접대의 경우 별도로 규정을 두지 않고 日本國王에 대한 규정을 준용하는 것으로 되어 있다. 이러한 체제는 『續大典』·『大典通編』·『大典會通』 등 그 이후의 法典에도 그대로 적용되고 있다.

(9) 『邊例集要』

『邊例集要』上, 권3 漂差에는 1627년부터 1824년까지 일본에 표착한 조선인을 송환해 온 사례가 약 270건 정도 수록되어 있는데, 이 가운데 유구에 관한 것은 3건(1662년, 1663년, 1669년)에 불과하며, 모두 유구에 표착한 조선인의 송환에 관한 기록이다.

유구는 1609년 이후 정치적으로 일본의 薩摩藩에 복속되어 있었으므로, 이 시기 유구에 표착한 조선인은 일본에 표착한 조선인으로 취급되어 대마번 사자에 의해 송환되었다. 따라서 『邊例集要』에 수록되어 있는 3건의 유구 관계 기사는 유구에 표착한 조선인 송환에 관한 것임에도 불구하고 일본관계기사로 취급되고 있다. 구체적으로는 『邊例集要』 권3 「漂差」와 그 부록인 「漂民」에 각각 3건씩 아주 간단하게 실려 있는데, 「漂民」의 기사는 앞의 「漂差」와 연결된 문건으로서 동일 사건을 「漂民」 중심으로 엮은 것에 불과하다.

내용상의 특징으로는 기본적으로 조선에 송환된 이후 동래부의 장계와 禮曹·備邊司의 回啓, 조선내에서의 漂差倭 및 漂民 취급에 관한 내용을 기록한 것이지만, 그 내용이 아주 단편적이기 때문에 반드시 동시대의 다른 자료와의 대조를 요한다.

(10) 『漂人領來謄錄』

조선시대 禮曹 典客司에서는 대일본관계 업무를 추진하는 과정에서 작성한 문서들을 謄寫하여 묶어 두었는데, 『漂人領來謄錄』은 이중에서 일본에 표착한 조선인이 송환되어 온 사례에 관한 기록만을 엮어 놓은 책이다. 그 가운데 유구에 표착한 조선인의 송환 사례가 3건(1662·1663·1669년)이 수록되어 있다.

『漂人領來謄錄』은 기본적으로 대마번 사자가 데리고 온 조선인 표류민의 신병이 조선측에 넘겨진 이후 조선내에서의 표차왜 및 표민의 취급에 관한 기록이다. 따라서 여기에 수록된 문서들은 조선 안에서 이들의 취급 절차와 동일한 순서로 엮여져 있으며, 유구에 표착했다가 대마번 사자에 의해 송환된 경우도 예외가 아니다.

우선 조선의 표선 및 표류민의 취급 절차는 다음과 같다. 대마번의 사자가 조선의 표선 및 표류민을 데리고 부산 근처의 해역에 그 모습을 드러내면, 이를 가장 먼저 목격한 부산진의 烽軍·哨探長은 그 배들의 모양과 척수가 어떠하다는 것을 부산첨사에게 보고한다. 동래부에서는 이 보고를 바탕으로 배들을 왜관으로 인도하여 동래부나 부산진의 통역(훈도·별차)을 왜관에 들여보내 표류 경위를 조사하게 하며, 경상감사를 거쳐 문정서 및 대마번 사자가 가지고 온 외교문서와 별폭, 路引 등을 謄寫하여 예조로 올려보냈다. 그러면 중앙 조정에서는 이러한 보고를 바탕으로 대마번 사자와 표민에 대한 조치를 취하였다.

『漂人領來謄錄』의 유구 관계 기사 역시 이와 같은 절차에 따라 수록되어 있다고 볼 수 있으며, 동래부의 장계를 비롯해서 표민의 취급 과정에서 발생한 여러 종류의 문건을 한데 엮어 놓은 일괄문서로서의 성격을 지니고 있다.

특히, 동래부 장계 속에 들어 있는 표류민에 대한 捧招(招辭, 또는 問情書)에는 표류민들의 거주지·성명·나이·신분 등을 비롯하여 항해를 시작한 시기·목적과 표류 과정, 그들이 탄 배의 주인이나 소속 관서, 유구에서의 표착지, 유구 및 일본내에서의 경유지, 그리고 그곳에서 받은 접대 등이 기록되어 있다. 따라서 이를 통해서는 당시 조선인의 해상활동의 실태는 물론, 유구와 일본과의 정치·외교적 관계도 알 수 있다.

(11) 『同文彙考』

『同文彙考』의 편제를 보면 事大文書는 原編·別編·補編에, 그리고 交隣文書는 附編에 수록되어 있다. 그러나 유구관계 사료는 교린국으로 취급하고 있었음에도 불구하고 附編의 교린문서 속에 따로 분류하지 않고, 對淸文書(事大文書)나 對日文書(交隣文書) 안에 수록되어 있다.

즉 유구가 1609년 일본의 薩摩에 복속된 후, 1698년까지는 유구에 표착한 조선인이라 하더라도 일본에 표착한 외국인과 마찬가지로 취급되어 막부 주도 표민 송환 절차에 따라 조선으로 송환되었다. 때문에 이 시기 조선과 유구 양국에 표착한 표민의 송환에 관한 유구관계 문서는 대 일본 외교문서가 수록된 <附編>의 「漂風」편에 수록되어 있다. 그러나 1698년 이후 淸의 展海令을 계기로 유구가 중국인과 조선인을 일본을 거치지 않고 직접 淸(福建)으로 보내 송환하는 절차를 거치게 되면서부터는 유구에 표착한 조선인 송환에 관한 문서를 淸과 주고 받았다. 따라서 1698년 이후 유구에 표착한 조선인의 송환이나, 조선에 표착한 유구인의 상호 송환에 관한 문서는 각각 대청문서의 <原編, 「漂民」我國人>, <原編 續, 「漂民」上國人>에 들어 있다.

〈표 4〉 조선인 유구표착 일람표

순번	표착	송환	표착지	출신지, 인원	송환방법	출전	실록유무
1	1661	1662	유구	전라 무안, 남여, 18인	薩摩-對馬	부편, 권29	×
2	1662	1663	유구	전라 해남, 김려휘 등 28인	薩摩-對馬	부편, 권29	×
3	1669	1669	永良部島	전라 해남 21명	薩摩-對馬	부편, 권29	×
4	1697	1698	古米山	전라 영암, 안민남 등 8인	福建-北京	원편, 권66	×
5	1714	1716	安田浦	전라 진도, 김서 등 9인	福建-北京	원편, 권66	○
6	1726	1728	烏岐奴	전라, 제주, 손응성 등 9인	福建-北京	원편, 권66	×
7	1733	1735	慶良間島	경상, 서후정 등 남여 12인	福建-北京	원편, 권66	×
8	1739	1740	德之島	전라 영암, 강세찬 등 20인	福建-北京	원편, 권67	×
9	1779	1780	大島	전라 영암, 이재성 등 12인	福建-北京	원편, 권69	×
10	1794	1795	山北지방	전라 강진, 안태정 등 10명	福建-北京	원편, 속	×
11	1795	1796	유구	황해 장연, 장삼돌 등 7인	福建-北京	원편, 속	×
12	1796	1797	大島	전라 강진(?), 이창빈 등 10인	福建-北京	원편, 속	×
13	1802	1804	大島	전라 흑산도, 문순덕외 4인	福建-北京	원편, 속	×
14	1814	1816	太平山	전라, 천일득 등 7인	福建-北京	원편, 속	×
15	1825	1826	大島笠利郡	전라 해남, 황승건 등 5인	福建-北京	원편, 속	×
16	1827	1829	勝連津堅泊	전라 해남, 김광현 등 12인	福建-北京	원편, 속	×
17	1831	1833	伊江島	전라, 제주, 고성상 등 26인	福建-北京	원편, 속	×
18	1832	1834	八重山	전라 전주, 이인수 등 12인	福建-北京	원편, 속	×
19	1833	1837	八重山	전라 해남, 손익복 등 9인	福建-北京	원편, 속	×

〈표 5〉 유구인 조선표착 일람표

순번	표착	송환	표착지	출신지, 인원	송환방법	출전	실록유무
1	1794	1794	제주 대정현	유구 八重山島 11인	福建 경유	원편, 속	○
2	1820	1820	제주 정의현	유구 5인	福建 경유	원편, 속	○
3	1821	1821	제주	유구 大島 5인	福建 경유	원편, 속	○
4	1827	1828	老島	유구 3인	福建 경유	원편, 속	○
5	1831	1831	제주 대정현	유구 那覇 3인	福建 경유	원편, 속	○
6	1832	1832	제주 대정현	유구 那覇 4인	福建 경유	원편, 속	○
7	1860	1860	제주 대정현	유구 那覇 6인	福建 경유	원편, 속	○

(12) 『燕行錄選集』

조선후기 조선사절의 청나라 견문록인 『연행록선집』에 수록되어 있는 유구관계 사료의 목록은 다음과 같다.

〈표 6〉 유구관계사료 일람표

순번	사 료 명	저 자	내 용
1	錦南先生漂海錄	崔 溥	1488.4.6 및 17일 유구사람 陳善, 蔡賽 등이 玉河館에 가서 음식과 선물을 주고 갔다. 陳善의 아버지가 20년 전에 조선표류민을 송환한 적이 있다.
2	荷谷先生朝天記中	許 筬	1574.8.28 鴻臚寺 張主簿와 함께 술을 마셨다. 張主簿는 유구국 통사라서 유구국 사정을 물었다.
3	東岳集卷二朝天錄	李安訥	1601.8.26 유구국사신 蔡奎에게 八言律詩 一首를 봉증한다.
4	燕行記事下	李 坤	1778.1.9 조선진공사와 유구국사신이 朝賀하지 못했기 때문에 10월에 皇帝 祈穀壇에 제사지낸 다음에 天顔을 뵈도록 하라는 主客司의 公文.
5	〃	〃	1778.1.10 조선사신은 임의로 出遊할 수 있지만 유구사신은 正陽門 밖까지 못 나간다.
6	〃	〃	1778.2.8 皇帝가 天壇에 행차시 조선, 유구사신들은 午門에 祗送하도록 한다.
7	燕行記事下·聞見雜記下	〃	유구국의 年貢物 내용.
8	心田稿 燕薊記程	朴思浩	1828.12.27 禮部에서 유구사신이 祗迎參宴하고, 조선사신이 天顔을 뵐 때 制止하지 말라는 特旨를 보내 왔음.
9	心田稿 留館雜錄	〃	太和殿에서 황제에게 朝賀할 때 유구사신이 조선의 뒤에 있다.
10	〃	〃	옛날 유구왕자가 탐라사람에 의해 강탈·살해당한 일이 있어서 탐라사람이 유구에 표착할 때 他道出身이라고 해야 화를 면할 수 있다고 한다.
11	留館錄上	金景善	1832.12.23 유구국사신이 제주도 표류민 26名을 禮部를 통해서 送還하였다. 琉球館記를 첨부.
12	〃	〃	1832.12.25 ① 皇帝가 鰣鰉魚를 조선, 유구에게 半씩 나누어 주었다. ② 濟州漂人間答記
13	〃	〃	1832.12.26 조선, 유구사신 등이 鴻臚寺에서 儀禮연습.

14	〃	〃	1832.12.30 保和殿宴會에서 유구사신을 조선사신보다 우선 上殿시켰기 때문에 예부시랑이 중책을 받았다.
15	燕轅直指 卷四, 留館錄中	〃	1833.1.1 朝賀할 때 유구사신이 엄숙하지 못한 모습에 슬픔을 느꼈다.
16	〃	〃	1833.1.4 皇帝가 紫光閣宴會에서 조선, 유구사신들에게 하사품을 次等하게 주고, 몇일전 保和殿에서 조선, 유구 班序착오에 대한 책임자 처벌의 시정문서를 내렸다.
17	〃	〃	1833.1.12 皇帝圓明園御制詩에 대한 조선, 유구 正副使의 和答詩.
18	〃	〃	1833.1.28 午門에서 冬至正朝方物에 대한 回賜品을 조선, 유구국왕을 비롯하여 사신, 통사 등 각각 차등이 있게 주다.
19	〃	〃	1833.2.1 禮部에서 下馬宴.
20	夢經堂日史 編二	徐慶淳	1855.11.27 조선사신이 會同館에 머물면서 서쪽에 있는 유구관으로 방문하려고 하지만 타국사관에 갈 경우 禮部에 咨文을 보내야 된다고 했다.
21	夢經堂日史 編三	徐慶淳	1855.12.1 皇帝가 景山으로 祈雪行次할 때 조선, 유구사신이 祗迎으로 같이 자리에 있다. 유구사신의 용모,의복, 성씨가 기재되어 있다.

　　연행록선집에 수록되어 있는 유구관계사료는 다음과 같은 특징을 갖는다.
　　첫째, 명과 청대에 조선과 유구 양국 사신들간의 접촉에 관한 내용이다. 『燕行錄』에서 발췌한 사료를 보면 명대에는 주변국가 사신간의 접촉이 비교적 자유로웠던 반면, 청대에는 그렇지 못하였던 것으로 드러난다. 예를 들면 崔溥의 『漂海錄』이 이러한 점을 잘 보여준다.
　　둘째, 유구는 조선인 표류인의 구제와 송환에 매우 적극적이었다는 점이다. 예를 들면 1832년(純祖 32, 淸 宣宗 12) 『燕轅直指』의 濟州漂人問答記를 보면 유구에 표류한 조선인이 8개월 동안 특별한 시기에는 물론, 평일에도 유구에서 매일 세끼의 식사를 제공받았고, 9월부터 유구사행과 같이 중국의 남쪽으로부터 북상하면서 3개월 동안 많은 중국의 명승지를 구경했다는 내용을 담고 있다. 문답기의 末尾에서 著者 金景善이 이처럼 마음껏 구경했다는 것은 과장같기는 하나 제주도 표류인은 후한 대접을 탐내 일부러 표류

(故漂)한 자들이라고까지 평했다.

셋째, 조선과 유구의 사신에 대한 중국측의 예우에 차이가 있었는데, 유구사신보다는 조선사신을 우대하고 있다. 예를 들면『心田稿』의「留館雜錄」,『燕轅直指』의「鴻臚寺演儀記」에는 禮部侍郎이 그 순위를 소홀히 하면 문책을 받았으며, 조선 사신에게도 과오를 시정한 문서를 보낼 정도로 신중하였다.

넷째, 중국이나 조선, 유구 모두 왜구의 동향에 대해 민감하였다는 점 등을 특징으로 지적할 수 있는데, 연구자의 관점에 따라 다양한 평가가 가능하다.

(13)『海東諸國紀』

海東諸國이란 곧 일본본국·구주·대마·일기의 두 섬과 유구국까지를 총칭한 것으로, 이 책의 내용은 이들 諸國의 지세를 지도로 기술하고, 국정을 논한 후, 조선과의 교빙연혁과 사신접대의 절목 등을 기록하였다.

琉球國紀는 國王代序, 國都, 國俗, 道路里數의 4항목으로 되어있다.

「國王代序」에는 국왕이 세습임을 알리고, 조선과의 왕래가 1390년 중산왕 찰도의 내조로부터 시작되었다고 적고 있다. 그후 해마다 사신을 보냈다고 하면서, 특히 1409년부터 1471년까지 9차례의 사신은 국왕명을 구체적으로 적고 있다. 사행은 자기나라 사람이나 혹 일본사람을 대신 보낸다고 했으며, 書를 箋 혹은 咨文 혹은 書狀으로 하여 격식이 일정치 않음을 밝혔다.

「國都」에는 유구국이 36개의 섬으로 이루어 졌으며, 남북이 길고 동서가 짤막한 지형을 소개하였다. 그리고 유황이 특산물이며 중국에 사신을 보낸다고 했으며, 유구국왕 이외에도 梁回·李金玉·等悶意가 사자를 보낸다고 했다.

「國俗」에는 유구가 해상무역으로 업을 삼으며, 중국·남만·일본·조선과 교역하며, 한해에 두 번 수확을 하고, 남녀의복이 일본과 대동소이하다고 했다. 또한 정치체제를 간단히 소개하였다. 「道路里數」에는 부산포에서 유구국도에까지 이르는 거리를 적었는데 우리나라 이수로 총 5,430리라고 했다.

「琉球國」에는 14개 항목에 걸쳐서, 유구의 지형·농업·정치제도·풍속·중국인거주·조서·장례습관·형벌·제사 등 심지어는 소유구국의 食人習慣을 기록하고 있다.

「語音飜譯」에는 169개에 달하는 일상적인 유구어의 발음과 그 뜻을 열거하여, 당시 유구어의 구성에 대하여 짐작할 수 있다. 중국어와 일본어가 혼용되어 있음을 알 수 있다.

(14) 『對馬島宗家文書』(국사편찬위원회 소장본)

가) 書契類

書契란 전근대 조선이 日本과 琉球 등 交隣國과 교제할 때 주고받은 書簡식 외교문서로 조선에서는 禮曹 承文院에서 작성하였다. 현재 국사편찬위원회에 소장되어 있으며 對馬島宗家關聯文書로 취급되고 있는 대일 외교문서 書契 9,442점(이중 원본은 9,326점) 가운데는 유구와 관련된 예조의 서계가 2건이 전하며, 국사편찬위원회에 등록된 번호에 따르면 다음과 같다.

> No. 1026(1662년 禮曹參議 趙胤錫 답서)
> No. 1077(1663년 禮曹參議 洪處尹 답서)

시기적으로 17세기 유구에 표착한 조선인의 송환시 예조에서 작성한 이 서계는 내용상으로는 각각 전라도 무안 남녀 18명의 송환과 전라도 주민 김려휘 일행의 송환에 대한 것으로 표류민을 송환해 온 대마번에 대해 감사하다는 취지를 담은 답서이다. 수신인은 모두 「日本國對馬州太守 閣下」로 되어 있는데, 이 시기 유구 관계 외교문서가 이렇게 일본(대마번)을 상대로 작성된 것은 17세기 이후 유구가 일본의 薩摩藩에 정치적으로 복속된 것과 관계가 있다. 즉 1609년 유구가 薩摩에 복속된 이후로는 유구에 표착한 조선인이라 하더라도 일본에 표착한 것과 마찬가지로 취급되어 薩摩를 거쳐 막부의 직할도시인 長崎로 옮겨져 조사가 끝난 후에야 대마번에 신병이 인계되었다. 따라서 유구에 표착한 조선인은 「琉球-薩摩-長崎」의 송환경로를 통해 對馬藩 사자가 조선으로 송환해 왔으며, 조선인의 송환에 관한 외교문서(서계)도 조선과 대마번 사이에서 교환되게 되었던 것이다. 이는 서계의 기재 양식을 통해서도 알 수 있도록 되어 있다.

나) 記錄類

현재 국사편찬위원회 소장 대마도종가문서중 記錄類는 6,592책이 전하고 있다. 이 가운데 유구와 관련된 기록은 4책에 불과하며, 내용상으로는 모두 조선인과 유구인이 항해하다가 만난 해류나 강풍, 파도 때문에 상대국에 漂着한 사건과 관련된 것들이다.

국사편찬위원회 소장 대마도 종가문서안에 전하는 유구 관계 기록 4책은 다음과 같다.

    ㉠ No. 2789
      「寬文元年同八年朝鮮人薩州幷琉球へ漂着對州へ送-來候節, 朝鮮都之樣子御尋被遊候付申上候書付之寫」
    ㉡ No. 2877
      「文久元年辛酉年より同二壬戌年至薩州山川浦船貳拾三端帆貳拾四人乘外ニ薩州樣御家來三人便乞一人琉球人三人都合參拾壹人乘一艘且薩州樣御手船拾端帆拾壹人乘一艘同御手船拾端帆九人乘一艘朝鮮江漂着長崎江被差送候記錄」(表御書札方)
    ㉢ No. 2878
      「文久元辛酉年越後國之者拾壹人外ニ便乞長州之者壹人長崎之者壹人都合拾三人乘艘漂流記錄書狀控添同年薩州之者貳拾九人內琉球人三人乘同所之者拾壹人乘同所之者九人乘都合三艘漂流記錄書狀控添元治元甲子年薩州之者貳十人乘壹艘漂流記錄書狀控添但內壹人於朝鮮國病死」(朝鮮方)
    ㉣ No. 6567

「寬永拾一年より元祿六年迄朝鮮人日本幷琉球江漂流記日本人大淸幷朝鮮
江漂流記」<(朱)諸記錄一番>

위의 네 사료는 모두 조선인과 유구인의 漂着사고와 관련된 것들이다.

㉠의 기록은 1661·1668년에 작성된 書付(覺)로, 1661년의 기록은 1661년
(寬文 1, 현종 2, 신축) 8월 13일 유구에 표착한 조선 전라도 무안의 어민 남
녀 18명이 귀국을 위해 薩摩-長崎를 거쳐 1662년 6월 대마도에 이르렀을 때
작성된 기록이다. 대마도에 이르러 송환을 기다리던 조선인 표류민들은 6월
11일 대마번주의 城에 불려 갔는데, 이 때 번주의 부름을 받고 성에 들어온
以酊庵의 輪番僧(憲長老)이 번주의 동석하에 표류민을 만나 보고 조선국 수
도 및 청과의 관계 등에 관해 질문·문답한 바를 기록으로 작성한 것이다. 뒷
부분의 1668년(寬文 8, 현종 9, 무신) 기사는 유구에 표착한 조선인이 위와
같은 경로를 통해 대마도에 이르렀을 때 역시 제21대 도주 宗義眞이 조선 지
도를 놓고 조선 사정을 문의한 것을 기록한 것이다. 위의 기록 내용은 1661·
1668년에 작성된 書付(覺)를 1669년에 필사한 것으로 보이나 어느 부서에서
작성했는지는 불분명하며, 원본의 크기는 15×22cm(가로×세로)이다.

㉡의 기록은 1861년(文久 1, 철종 12) 10월 일본 薩摩船 3척이 제주 大靜
縣에 표착해서 1862년 송환될 때까지의 과정을 대마번의 表御書札方에서
작성한 것이다. 내용은 부산 倭館의 館守가 薩摩 선박의 조선 표착 사실을
대마번(대마도)에 알리는 것에서 시작하여, 대마번이 이를 받아 에도(江戶
藩邸)와 막부·長崎奉行所·薩摩와 연락을 주고 받으며 표착선을 薩摩藩에 인
계하기까지의 과정이 들어있다. 따라서 위의 기록을 통해서는 기본적으로
근세 일본의 막번 체제 안에서 막부 주도하에 이루어지는 송환 절차의 실
태를 알 수 있으며, 이밖에 薩摩 선박에 타고 있던 琉球人의 취급·처리까지
도 알 수 있는 귀중한 사료라고 할 수 있겠다. 원본의 크기는 19.5×26cm(가
로×세로)이다.

ⓒ의 기록은 1861년(文久 1, 철종 12) 제주 대정현에 표착한 越後州(현재 新潟縣)의 표선(표민 13인 명 가운데 長州人 1명· 長崎人 1명은 편승자)과, 薩摩州 표선 3척(그중 29인승 배 1척에는 유구인 3명 탑승), 그리고 1864년 에 표착한 薩摩州 표선 1척의 송환에 관해 대마번의 朝鮮方에서 작성한 기 록이다. 이 기록 역시 薩摩船에 타고 있던 琉球人이 조선과 일본, 그리고 薩 摩藩 사이에서 어떻게 취급되었는가를 알 수 있는 자료로서 근세 일본에 있 어서 막부 주도 송환체제의 실태를 알 수 있는 자료라고 할 수 있겠다. 원 본의 크기는 19×26cm(가로×세로)이다.

ⓓ의 기록은 1634년(寬永 11, 인조 12)부터 1693년(元祿 6, 숙종 19)까지 약 60년간에 걸쳐 조선인이 일본 및 琉球로 표착했다가 송환된 사례와 일 본인으로 淸과 조선에 송환된 사례, 그리고 조선에 표착했다가 일본으로 도 망간 중국인과 남만인을 조선을 경유하여 송환한 사례들이 간단히 수록되 어 있다. 위의 기록은 현재 대마도의 어느 부서에서 작성했는지 현재로서는 알 수 없으나 <每日記> 등의 다른 기록들을 참고 자료로 삼아 표류·표착 기사들만을 분류·정리하여 검색의 편의를 도모한 책인 것 같다. 위 책의 표 지에 <朱書 1番>이라고 기재되어 있는 것으로 보아 연속해서 작성되던 기 록의 일부가 남아 있는 것으로 추측된다.

내용상의 특징으로는 일본 내에서 막부 중심의 송환체제나 경로, 나아가 서는 조선·일본·중국·유구 등 동아시아에서의 송환절차를 알 수 있다. 원 본의 크기는 20×27cm(가로×세로)이다.

3. 유구사료

(1) 『歷代宝案』

『歷代宝案』은 유구가 주변국과 교환한 역대외교문서를 집대성한 것이다. 수록 범위는 1424년부터 1867년까지 444년간에 걸쳐 있으며, 내용은 進貢·慶賀·冊封要請·謝恩·유학생 파견 등에 관한 유구의 대 중국관계문서와 유구와 朝鮮·暹羅·安南·爪哇·蘇門答臘·滿剌加·팔램방·巡達·佛太泥·프랑스·영국 등 11개국과의 무역 왕래 서신도 수록되어 있다.

〈표 7〉 조·유왕복문서 일람표

번호	연 대	행 선	형 식	서 두	출 전
1	1431. 6. 19	조←유	咨	琉球國中山王尙巴志爲禮義事	권40-10
2	1431.12.	조→유	書	朝鮮國王李陶奉復 琉球國王殿下	권39-2
3	1461. 7. 7	조→유	書	朝鮮國王李王柔奉復 琉球國王殿下	권39-3
4	1467. 8. 19	조→유	書	朝鮮國王李王柔奉復 琉球國王殿下	권39-6
5	1470. 4. 1	조←유	書咨	琉球國王尙德奉復 朝鮮國王殿下	권41-17
6	1597. 8. 6	조→유	咨	朝鮮國王爲敦隣好酬厚恩事	권39-18
7	1601. 8. 7	조→유	咨	朝鮮國王爲歷修聘問以答厚恩事	권39-19
8	1606. 8. 13	조→유	咨	朝鮮國王爲申酬厚儀事	권39-20
9	1610~12	조←유	咨	琉球國中山王尙 爲敦隣好事	권41-20
10	1621. 8.	조←유	咨	琉球國中山王世子尙豊爲敦情禮篤交隣事	권41-21
11	1623.10.16	조←유	咨	琉球國中山王世子尙 爲敦情禮篤交隣事	권41-22
12	1623.10.16	조←유	咨	琉球國中山王世子尙 爲敦情禮篤交隣事	권41-23
13	1626.12.23	조→유	移文	朝鮮國吏曹判書 爲驗領禮物事	권39-21
14	1628. 7.11	조→유	咨	朝鮮國王爲敦情禮篤交隣事	권39-22
15	1631. 3.	조←유	咨	琉球國中山王世子尙 爲敦情禮篤交隣事	권41-24
16	1634. 7.22	조→유	咨	朝鮮國王爲敦情禮篤交隣事	권31-23
17	1636.	조←유	咨	琉球國爲敦情禮篤交隣事	권41-25
18	1638.	조←유	咨	琉球國中山王尙 爲敦情禮篤交隣事	권41-26

조선과의 관련자료는 권39의 彝回咨와 권41의 移彝咨에 집중되어 있다. 彝回咨는 타국(가령 朝鮮國王)에서 琉球國王에게 보내는 咨文이며, 移彝咨는 琉球國王이 타국(朝鮮國王)에 보내는 咨文이다. 이중 朝鮮·琉球관계에 해당하는 문서는 19통인데, 1통은 日本僧 道安이 유구에 보낸 것이기 때문에 조선과 유구사이에 왕래한 문서는 실제로 18통이다.

(2) 『琉球王國評定所文書』

琉球에는 王府의 首里城내 北殿에는 정사·외교·경제·종교·문화에 관한 국책을 평의하여 결정을 내리던 최고의결기관으로서 評定所가 있었다. 그리고 평정소에서 논의된 내용은 三司官을 통해 국왕에게 보고·시행되었으며, 이 과정에서 평의 결정에 관한 내용이 기록·보존되었다. 따라서 유구의 평정소문서는 琉球王府의 유구 통치에 관한 가장 기본적인 사료라고 할 수 있다.

1879년 明治정부는 「琉球處分」을 단행하면서 방대한 양의 평정소문서를 內務省 창고로 이관하였는데, 이들 문서는 1923년 관동대지진 때 불타 없어지고 말아 현재 원본이 남아있지 않다. 그러나 내무성에서는 다행히도 『琉球評定所文書』에 일련번호를 붙여 「舊琉球藩評定所書類目錄」이라는 목록을 작성하여 內務省總務局文書課에서 보관해 둔 것이 있었으며, 1903년에는 東京帝國大學 文科大學 史料編纂掛에서도 이 목록을 필사함과 동시에 일부 문서에 대해서는 필사를 해 두었다. 그 결과 현재 목록의 사본이 東京大學 史料編纂所에 전하고 있으며, 일부 필사본이 東京大學 法學部 法制史料室에 남아 있다. 그리고 1986년에는 사본의 일부(21건)가 東京 警視廳에 보관되어 있는 것도 밝혀졌다.

일본 내무성이 작성한 「舊琉球藩評定所文書目錄」에는 번호가 1,911호 (『沖繩縣史料』는 1,952점)까지 있고, 책수로 따지면 2,000책에 이른다. 그러나 이들 가운데 필사되어 남아 있는 것은 東京大學에 196건, 그리고 警視廳

에 전하는 21건으로 합계 217건에 지나지 않으며, 전체 『琉球評定所文書』
의 약 1/10에 지나지 않는다.

그런데 이 「舊琉球藩評定所文書目錄」가운데는 조선후기에 日本·中國·朝
鮮·歐美 등지의 선박이 항해 도중 琉球諸島에 표착 기록이 52건이 있다. 이
중 중국선 22건, 조선선 10건, 일본선 5건, 유구선 2건, 취급규정 3건이 있다.

조선선 표착관계 기록 10건 가운데 標題와 내용이 완전한 형태로 남아
있는 것은 3건으로 다음과 같다.

> ㉠ 320号 「朝鮮人拾壹人慶良間島漂着馬艦船を以唐江送越候日記
> (雍正 11~12年)」
> ㉡ 800号 「朝鮮人十人國頭間切安田村江漂着ニ付送屆 候日記
> (乾隆 59年)」
> ㉢ 1554号 「鳥島よ里送來候漂着朝鮮人界抱日記(咸豊 6年)」

그런데 위의 기록 3건은 1987년 沖繩縣敎育委員會에서 간행한 <『沖繩縣
史料』5, 전근대 표착관계 기록>에도 수록되어 있으며, 사료에 붙은 320호·
800호·1554호 등의 번호는 <舊琉球藩評定所文書目錄>의 번호와 일치한다.

구체적으로 ㉠은 1733년(영조 9, 享保 18)에 경상도 사람 서후정 등 12명
이 유구에 慶良間島(게라마지마)에 표착했다가 이듬해인 1734년 송환되기
까지의 기록이며, ㉡은 1794년(정조 18, 寬政 6) 유구의 산북 지방에 표착한
전라도 강진 사람 안태정 10명이 그 이듬해 송환되기까지의 기록이다. 그리
고 ㉢은 1856년(철종 7, 安政 3) 유구의 鳥島(토리시마)에 표착한 전라도 강
진 사람 김응채 등 6명이 1859년에 귀국할 때까지의 기록이다.

이들 『琉球王國評定所文書』의 특징으로는 우선 각 사례마다 문서량이 방
대하다는 것이다. 조선인들이 유구에 표착했을 때 작성한 표류 경위 진술서
를 비롯하여, 송환할 때까지 표민과 표선을 취급하는 과정에서 首里 王府의
評定所에 제출한 문서와 하달 각서, 그리고 조선인이 송환될 때까지 그들에

게 지급한 쌀 등의 식량과 일용 잡물의 내역이 아주 자세하게 수록되어 있다. 이밖에도 임산부가 출산을 하거나 환자가 발생할 경우에도 치료해 주었으며, 표선의 수리에 드는 비용도 지급하였는데, 이 모든 비용은 琉球에서 無償으로 지급되었다. 한편 『琉球王國評定所文書』 가운데 조선인 취급에 관한 각서를 보면 조선 선박이 파손되어 상륙하여 체제하는 것이 부득이한 경우, 村里에서 멀리 떨어진 곳에 임시 가옥을 만들고 주위에 담을 치는 한편 감시인을 두어 조선인들을 지키게 하였다. 이는 유구인이 조선인 표민과 접촉하는 것을 막음으로써 유구가 일본의 薩摩에 정치적으로 복속되어 있다는 것을 숨기려는 의도였던 것 같다.

따라서 조선선의 유구 표착 관계 기록 세건은 기본적으로 유구에 표착한 조선인이 異國에서 어떻게 취급되었으며, 어떤 루트를 거쳐서 송환되고 있는지를 가장 구체적으로 알 수 있는 사료라고 할 수 있으며, 동시에 에도시대 幕藩체제 하에서 前近代 琉球 首里 王府의 행정이 어떻게 전개되었는지를 구체적으로 알 수 있는 귀중한 사료이기도 하다.

그러나 앞서 언급했듯이 『琉球王國評定所文書』의 원본은 전하지 않는다. 즉 <『沖繩縣史料』 전근대 5, 표착관계기록>이나 『琉球王國評定所文書』에 수록되어 있는 사료들은 모두 일본의 동경대사료편찬소나 경시청에 남아 있는 필사본 중에서 일부를 뽑아 활자화한 것들이다.

한편 『琉球王國評定所文書』는 1997년 6월 현재 沖繩縣浦添市敎育委員會에서 12권을 간행하였으나, 계속해서 간행할 예정이므로 위의 세 건 이외에 나머지 7건의 표착관계 기록도 앞으로 간행될 책 속에 수록될 가능성이 있으므로 계속해서 관심을 가지고 보아야 할 것이다.

(3) 首里城 正殿의 大鐘銘文

유구왕 尙泰久가 1458년 제작. 당시 유구왕국의 해외진출의 氣槪와 국제적인 중계무역에 의한 번영을 과시하는 내용이다. 내용 중에는, 유구는 南

海의 適地에 있어, 三韓(조선)의 빼어난 점을 모두 취하고, 明과 일본에 대해서는 상호 의존하고 있다고 기록되어 있다. 明과 일본에 앞서 조선에 대하여 서술하고 있는 점, 明과 일본에 대해서는 각각 '輔車', '脣齒'의 관계로 표현하고 있는데 반해, 조선에 대해서는 유구가 그 '秀'를 '鐘'(鍾)한 나라로 평가하고 있는 점이 주목된다. 이는 당시 유구의 조선에 대한 인식이 어떠했는가를 보여주는 자료라 할 수 있다. 현재 이 大鐘은 沖繩縣 縣立博物館에 所藏되어 있다.

4. 일본사료

현재 파악된 일본사료 가운데, 조선과 유구 관계 사료는 그리 많지 않으며, 주로 일본인에 의해 간접적인 견문을 기록한 단편적인 사료가 대부분이다. 이들 사료를 유형별로 구분하여 보면, 우선 임진왜란을 전후한 시기 일본의 조선·유구 인식에 관한 것이 있다(1, 2, 3, 8, 15, 31, 33). 江戶時代의 사료로서는 조선·유구에 대한 무역통제(6, 7, 23, 28), 조선과 유구의 사절(12, 17, 18, 19, 20, 21, 22, 29), 유구에 표류된 조선인의 송환에 관한 것(25, 26, 27) 등이 중심을 이루고 있다. 그 외에 鎌倉時代 조선·유구에 관한 것(34), 室町時代 조선·유구를 비롯한 대외인식에 관련된 것이 있다(4, 5, 37). 나아가서는 유구인의 얼굴이 조선인과 흡사하다는 인식이나(14, 35), 古代 유구의 일부 섬이 신라의 영토로 誤記되어 있었다는 사료(9, 10)는 주목된다. 사료 36은 유구측의 사료이고, 특히 사료 37과 38은 15세기 중반 북경에서의 조·유관계의 한 단면을 보여주는 자료라 할 수 있다.

(1) 『古事類苑』

1) 「外交部—朝鮮」<朝鮮征伐記>: 1583년 豊臣秀吉이 明의 對日사절 파견을

유구에 의뢰하는 서한. '三韓'과 유구가 일본에 복속되어 있다고 주장.

2) 「外交部—明」<羅山文集 12 外國書>: 1610년 德川家康의 家臣 本多正純이 明의 福建省 총독에게 對明 무역왕래를 요청하는 서한. 조선이 入貢하고 있으며 유구가 신하라 칭했다고 주장.

3) 「外交部—明」<南浦文集 中>: 1606년 島津氏가 유구에 온 册封使에게 對明무역을 희망하는 뜻을 적은 서한. 임진왜란때 조선에서 잡아온 중국인 茅國科를 송환했다고 기술.

4) 「外交部—明」<伊勢貞助雜記>: 室町時代에 중국·유구·조선에 대해 勘合무역을 행했다고 기술.

5) 「外交部—明」<壬申入明記>: 1512년 明에 파견된 일본의 조공사절이 가지고 간 무역품에 대한 明의 가격설정에 불만을 품고 올린 서한. 일본을 조선·유구와 견주는 것에 대해 비판.

6) 「產業部—貿易 上」<華夷通商考 4>: 조선·유구 이외의 외국 선박이 長崎에 입항하는 계절을 기록.

7) 「產業部—貿易 下」<折たく柴の記 下>: 18세기 초기 長崎貿易의 문제점을 열거. 대마도를 통한 조선, 薩摩藩을 통한 유구와의 무역량을 통제해야 한다고 주장.

8) 「地部—琉球」<國朝舊章錄 8>: 유구의 역사 개괄. 豊臣秀吉의 조선침략에 즈음하여 유구가 사절을 파견하여 내조했다고 기록.

9) 「地部—琉球」<中山聘使略>: 유구의 國號에 대한 고증. 옛날 신라에 속했던 섬 '우루마(うるま)'를 유구로 착각하여 왔다고 기술.

10) 「地部—琉球」<琉球入貢紀略>: 신라의 섬 '우루마(うるま)'를 유구로 보는 기존의 설에 대하여 비판.

11) 「地部—琉球」<琉球國事略>: 유구를 大琉球와 小琉球로 구분하고, 後者에 대한 조선측 사료 기록을 소개하며 비판.

12) 「地部—琉球」<島津家覺書>: 1610년 島津氏가 유구왕을 대동하고 將

軍을 알현하기 위하여 출발하자, 幕府는 유구왕의 往路上에서의 접대를 1607년 조선사절에 대한 접대에 준하라고 명령.

13) 「地部―琉球」<南島志>: 유구의 지리를 설명하는 가운데 조선으로부터의 거리를 추정.

14) 「地部―琉球」<華夷通商考 下>: 유구의 '人物'은 조선과 닮았고 유구언어는 중국과 다르다고 설명.

(2) 『通航一覽』

15) 「球國部 1」<平均始末>: 임진왜란 직전 龜井玆矩가 유구를 점령하려하자, 豊臣秀吉이 조선침략에 차질을 우려하여 이를 저지.

16) 「琉球國部 2」<琉球屬和錄>: 島津氏의 유구침략에 대하여 유구왕의 급보를 받은 明은, 임진왜란과 같은 규모의 일본의 중국침략으로 우려하고 조선군의 보고를 기대.

17) 「琉球國部 3」<中山王來朝>: 1610년 島津氏가 유구왕을 대동하고 將軍을 알현하기 위하여 출발하자, 幕府의 重臣 本多正純은 유구왕의 往路上에서의 접대를 1607년 조선의 '勅使'에 행했던 접대에 준하라고 명령.

18) 「琉球國部 3」<貞享松平大隅守書上>: 1610년 島津氏가 유구왕을 대동하고 將軍을 알현하기 위하여 출발하자, 幕府는 유구왕의 往路上에서의 접대를 1607년 조선사절에 대한 접대에 준하라고 명령.

19) 「琉球國部 11」<白石私記>: 1714년 유구사절로부터 유구왕의 서한을 받은 幕府가 한문투의 서한에 이의를 제기하고, 서한의 특정 용어에 대하여 문제점을 지적하며 조선의 경우를 예로 듦.

20) 「琉球國部 14」<大成令續集>: 1748년 유구사절의 江戶도착에 즈음하여 幕府가 그 行路지역에 내린 법령을 통하여, 조선사절의 접대시처럼 주의할 것, 京橋에서의 竹商街는 조선사절이 왔을 때처럼은 못하

더라도 깨끗하게 정리해 놓을 것을 명령.

21) 「琉球國部 15」<大成令續集>: 1752년 유구사절의 에도 도착에 즈음하여 幕府가 그 行路지역에 내린 법령을 통하여, 京橋에서의 竹商街는 조선사절이 왔을 때 처럼은 못하더라도 깨끗하게 정리해 놓을 것을 명령.

22) 「琉球國部 16」<大成令續集>: 1764년 에도에 올 유구사절에 내리는 銀子의 분량은 금년 봄에 왔던 조선사절에 지급한 그것에 준할 것.

23) 「琉球國部 21」<名山藏手簡附錄>: 조선과 유구에 매년 다량의 일본 銀이 유출되고 있음.

24) 「琉球國部 23」<琉客譚記>: 유구의 중국에의 朝貢 규모와 行路를 상술하는 가운데, 淸나라 황제가 북경에서 조선·유구 등의 4개국 사절을 동시에 인견한다고 기록.

25) 「琉球國部 24」<大島筆記>: 유구에 표류한 중국과 조선의 배는 해당의 본국에 송환함.

26) 「琉球國部 24」<長崎覺書>: 1735년 조선의 배가 유구에 표착했으므로 이를 송환케 함.

27) 「琉球國部 24」<公事餘筆>: 1736년 島津氏가 長崎奉行에게 보낸 서한. 작년에 유구에 표착한 조선인 남자 18명, 여자 10인에 대해 그 송환 문제를 질의함.

(3) 『折たく柴の記』

28) 「折たく柴の記」卷中: 『新井白石全集』 3. 180~120쪽. 일본의 국가재정을 위해 조선·유구 등의 나리로 유출되는 金銀을 통제하자는 의견을 제시.

29) 「折たく柴の記」卷下: 『新井白石全集』 3. 156~158쪽. 1714년 유구사절로부터 유구왕의 서한을 받은 幕府가, 한문투의 서한에 이의를 제

기하고, 서한의 특정 용어에 대하여 문제점을 지적하며 조선의 경우를 예로 들고 있음.

(4) 『五事略』

30) 「五事略」 下—琉球國事略: 『新井白石全集』 3. 658~659쪽. 조선의 역사서엔 小琉球에 대해 서술하기를, '유구의 동남방에 위치하며 海路로 7~8일 거리에 있고, 君長이 없고 체격이 건장하며 衣裳을 착용하지 않으며, 사람이 죽으면 친족이 모여 그 고기를 먹고 해골은 물 마시는 그릇으로 사용한다.'고 기록되어 있으나 믿을 수 없음.

31) 「五事略」 下—琉球國事略: 『新井白石全集』 3. 660쪽. 1593년 豊臣秀吉은 유구에게 군사 1만 명의 3년치 식량을 조선에 운송하라고 요구했었다. 明의 유구왕 尚寧 책봉은 당시 임진왜란중이어서 연기되어 1606년에 행하였다 함.

(5) 『善隣國寶記』

32) 「善隣國寶記」: 『改定 史籍集覽 21』 54~55쪽. 1460년 조선 世祖가 일본에 보낸 국서. 작년에 일본에 파견한 통신사가 도중 해상에서 조난당했음을 통보하고 그 수색을 의뢰하면서, 만약 유구국 영내에 표류하여 살아있다면 일본측이 송환해 줄 것을 또한 요청.

(6) 『江雲隨筆』

33) 『江雲隨筆』: 田中健夫編 『善隣國寶記·新訂 續善隣國寶記』(東京 集英社, 1995) 360쪽. 유구왕이 豊臣秀吉에게 보낸 1589년의 국서에서, 일본의 國威가 고려·南蠻에까지 떨치고 있다고 서술.

(7) 『中外經緯傳』

34) 『中外經緯傳 3』: 『改定史籍集覽 11』 78~79쪽. 『吾妻鏡』에 기록된 1213
년 일본의 고려 침략 記事에 대하여 文治年間(1185~1189)에 있었던
유구 渡航의 사실 착오한 것이라고 분석.

(8) 『增補 華夷通商考』

35) 『增補 華夷通商考 3—琉球』: 『日本經濟大典 4』 322~323쪽. 유구의 인
물은 조선과 닮았으나 별종이며 그 언어는 중국과 통하지 않는다고 함.

(9) 『球陽』

36) 「球陽」 4 尙寧王條, 附: 본 사료는 일본의 島津氏에게 복속된 유구의
현상을 중국에 대해 은폐하기 위해 작위적으로 기록한 것. 내용은,
유구는 토지가 척박하고 産物이 적어 일찍이 조선·일본 등과 외교관
계를 맺어 서로 왕래하였다. 萬曆年間(1573~1619)에 薩摩藩의 침입을
받았으나 유구의 중국에 대한 사대정책의 성실함을 보고 철수했다.
이후 조선·일본 등과의 외교왕래가 단절되었다는 내용.

(10) 기타

37) 「策彦和尙初渡集」: 湯谷稔編 『日明勘合貿易史料』(東京 國書刊行會,
1983) 509~511쪽. 1538년 明에 파견되었던 일본 조공사절의 記行日
記. 1540년 3월 2일, 일본의 조공사절이 북경에 들어갔을 때 조선·유
구 등의 사절이 會同館에 체류 중임을 기록.

38) 「日下一木集」: 湯谷稔編 『日明勘合貿易史料』(東京 國書刊行會, 1983)
382~388쪽. 1520년 明에 파견되었던 조공사절의 見聞·詩文集. 유구
사절이 明에 왔을 때 중국인이 묻기를, '正德年間(1506~1521)에 일

본에서 조공사절로 파견한 東樵란 승려는 아마도 조선인을 고용하여 데리고 온 것이 아닌가? 어찌하여 그 문자와 氣脈이 중국과 닮았는가?'라고 하였다 한다.

5. 중국사료

현재 중국측 문헌 중에서 조사된 조·유 관계 사료는 15편에 지나지 않는다. 여기에 소개하는 사료는 주로 청대의 『軍機處檔』, 『宮中檔』, 『起居注冊』에 수록된 것들이다. 원래 이들 사료는 중국대륙에 보관되어 오다가 1949년 國共分離로 인해 일부는 중국에, 다른 일부는 대만의 故宮博物院에 소장되게 되었다.

(1) 中國第一歷史檔案館 所藏史料

중국대륙에서는 최근 10년 동안 유구왕국의 대외관계에 관한 연구가 유행함에 따라 중·유관계사료집인 『淸代中琉關係檔案選編』과 『淸代中琉關係檔案續編』이 출판되었다. 이것은 中國第一歷史檔案館에 소장되어 있는 宮中檔의 朱批奏摺과 軍機處檔의 錄副奏摺에 있는 유구관계사료를 모아 편찬한 것으로, 이중 조류관계에 관한 사료가 9건 수록되어 있다. 奏摺이란 청대의 대신들이 각 지방에서 발생한 대사건에 대한 조치를 상세히 기록하여 황제에게 올린 보고서를 말한다.

이중 5건은 조선에 표착한 유구인에 관한 奏摺이고, 4건은 유구에 표착한 조선인의 처리를 다룬 奏摺이다.

이들 주접을 통해 보면, 조선에 표착한 유구인은 鳳凰城까지 보낸 뒤 盛京將軍이 직접 朝鮮陪臣을 통해 이들의 표착경유를 묻기도 하였지만, 언어소통은 커녕 글도 통하지 못한 때가 대부분이었다. 이들은 지닌 물품이나 돈이 별로 없기 때문에 조선측에서 公銀을 사용하여 음식과 의복 및 숙소를 공급해 주었다. 그리고 육로의 역을 통해 이들을 중국으로 호송케 하였다. 盛京將軍은 이에 대한 처리를 皇帝에게 상주하는 奏摺을 올리고 예부에 보고하였으며, 直省의 각 督撫에게도 복건까지 잘 보살펴 호송하라는 자문을 보내야 했다.

나머지 4건은 유구에 표착한 조선인의 송환에 관한 것이다. 조선에서의 육로송환과 달리 바다 길은 풍랑이 심한 까닭에 유구의 조선난민 송환문제는 결코 쉬운 일이 아니었다. 4건의 奏摺 중 1건은 閩浙總督, 1건은 兩廣總督, 2건이 福建巡撫의 奏摺이다. 유구의 貢船은 통상 福州에 입항해야 한다. 따라서 복건순무가 주접을 올리는 것이 당연했지만, 민절총독이나 양광총독이 주접을 올리는 경우도 있는 이유는 유구공선 자체가 파도를 만나 이들 지역으로 표류하는 경우가 있었기 때문이다.

민절총독의 주접을 보면 당초 복건으로 향하던 유구의 貢船 2척과 중국난민 및 조선난민의 호송선 1척이 풍랑을 만났는데, 이중 1번 공선은 행방불명되고, 2번 공선은 台灣에 표착하였지만 부서졌다. 그리고 난민을 태운 호송선은 루손(呂宋)까지 표착하다가 구조되어 다음해 가서야 중국 샤먼(廈門)에 닿았다. 바로 이러한 사정 때문에 閩浙總督이 이를 황제에게 상주하게 되었던 것이다.

兩廣總督의 奏摺도 마찬가지였다. 유구에서 조선인표류인 6명과 중국표류상인 58명을 복건으로 보내려 했으나 풍랑을 만나 광동의 電白縣 앞 바다에 표착하였다. 조선표류인은 유구에 1차 표착한 다음, 고향으로 돌아가는 길에 다시 2차·3차에 걸쳐 표류하게 되는 일이 흔하였음을 알 수 있다.

복건순무의 奏摺을 통해 볼 때 통상적으로는 이들 표류민들이 일단 중국 땅에 도착하면, 그 지역의 巡撫 혹은 總督이 管下의 지방관들을 회동하여 이들의 신원을 확인한 다음 公銀을 사용하여 鹽, 菜, 口糧, 衣被를 공급하였다. 그리고 文武員幷을 뽑아 이들로 하여금 조선표류인을 陸路를 통해 북경

까지 호송케 하였다. 이들을 북경의 예부에서 조선사신에게 넘겨주기 전에
戶·禮·兵部에 咨를 보내어 사정을 설명하고 협조를 요청하였으며 황제에게
는 奏摺을 올려야 되었다.

한편, 중국조정은 이처럼 인명구조에 힘쓴 유구사행에게도 보상을 하였
다. 우선 배에 실은 화물의 세금을 면제하여 무역하게 하고 都通事, 養贍大
使에게 緋緞, 紗羅를 跟伴, 水梢에게 布疋을 賞으로 주며 菜蔬, 땔감, 식량을
제공하며 배의 수선비용 및 航海도중의 한달 行糧도 공급하였다.

<표 8> 조·유관계사료 일람표

순번	연 도	출신지	생존인원	奏摺出典	기 타
1	1794년 (乾隆 59.12.12)	유구 八重島	米精 등 3명(11)	朱批奏摺 NO. 193 盛京將軍琳寧	( )안의 수는 원래 일행 의 수.
2	1803년 (嘉慶 8. 7.13)	조선 전라도	文順德 등 4명(6)	朱批奏摺 NO. 52 閩浙總督玉德	1차 유구, 2차 呂宋에 표착함.
3	1815년 (嘉慶 20.12.18)	조선 전라도	千一得 등 6명(7)	朱批奏摺 NO. 164 兩度總督蔣攸銛	
4	1821년 (道光 1. 9.25)	유구	米喜皐 등 5명(6)	錄副奏摺 NO. 10 盛軍將軍松筬	
5	1831년 (道光 11.12. 8)	유구	浦嘉 등 3명	朱批奏摺 NO. 115 奇明保	道光 6년 유구 표류민 大成筑登之 등 2명에 관한 기록도 포함.
6	1832년 (道光 12.12.11)	유구 那覇	仲大成 등 2명	朱批奏摺 NO. 126 奕韻	
7	1841년 (道光 21. 9.26)	조선 전라도 흑산	李光嚴 등 8명(11)	錄副奏摺 NO. 201 福建巡撫劉鴻翔	
8	1860년 (咸豊 10.12.16)	유구 那覇	寬仲地 등 6명	錄副奏摺 NO. 60 盛京將軍玉明	일행중 江比嘉라는 자 가 中國에서 病卒.
9	1871년 (同治 10. 1.29)	조선 전라도 해남	李大有 등 6명	朱批奏摺 NO. 45 福建巡撫王凱泰	

(2) 臺灣 國立故宮博物院 所藏史料

臺北 고궁박물원 소장의 조·유관계사료는 『起居注冊』, 『軍機處檔』, 『宮中檔』에서 발췌한 것으로 6건이다. 즉 복주장군(1)·복건순무(2)·민절총독(1)의 주접 및 기거주책의 기록(2), 이상 6건이 모두 유구에서 조선인 표류민의 송환에 관한 것들이다. 이것은 앞의 대륙측 사료와 상호 보완관계에 있다.

가령 난민에 관한 처우는 앞의 대륙측 사료에서 보듯 지방관으로부터 받은 대우 외에도 『起居注冊』의 사료에 2건이 있다. 이를 통해 보면 조선난민은 중국 황제가 行宮에서 접견을 하였으며, 이때 음식, 옷, 모자, 백금 등을 하사하여 후대한 적도 있음을 알 수 있다.

또 하나는 『軍機處檔』의 사료로서 복건순무의 주접으로 앞서 언급한 양광총독의 주접과 관련이 있다. 그 내용은 광동 전백현에 도착한 조선사람을 복건으로 전송하는 과정에 관한 보고이다. 이 양광총독, 복건순무가 올린 두개의 사료는 당시 외국난민에 대한 호송과정에서 도착지마다 주문을 올려야 하는 등 얼마나 신중했는지를 잘 보여준다. 복건순무의 주접에 따르면 兩廣總督의 관할 지역에서 복건에 도착하기 전에 배를 수리하여 식량을 준비하는데 반년의 기간이 걸렸다고 했다. 이들 조선난민은 유구에 표착한 다음에 광동까지, 광동에서 복건까지, 적어도 1년 반 이상의 시간을 유구사람들과 함께 보냈다. 구체적인 사료는 발견되지 않지만, 그간 공동생활을 하고 생사를 함께 해야하는 처지에서 인간적인 우정도 적잖이 돈독하였을 것으로 상상된다.

〈표 9〉 조·유 관계사료 일람표

순번	연 도	출신지	생존인원	출 전	기타
1	1698년 (康熙 37. 3.13)	조선	18명	起居注册	
2	1698년 (康熙 37.10.27)	조선	18명	起居注册	위의 건과 동일사건. 皇帝가 이들에게 털모 자와 白金을 下賜.
3	1752년 (乾隆17. 4. 9)	조선 전라도	金有太 등 7명	軍機處檔 NO. 008298 閩浙總督喀爾吉善	건륭 5년 조선인 康世 贊 등 20명이 유구를 통해 송환한 기록도 포 함되어 있음.
4	1797년 (嘉慶 2. 5.28)	조선 전라 해남	李唱寶 등 10명(15)	宮中檔 NO. 002525 福建巡撫田鳳儀	( )안의 수는 원래 일행의 수.
5	1816년 (嘉慶 21. 윤6. 29)	조선	千一得 등 6명(7)	軍機處檔 NO. 048734 福建巡撫王紹蘭	이 사건도 앞 사료의 3번과 동일 사건임.
6	1834년 (道光 14. 2.18)	조선	李寅秀	軍機處檔 NO. 067388 福州將軍樂善	

한편 『軍機處檔』에는 乾隆 17년 민절총독 喀爾吉善의 주접에 조선난민이 유구를 거치지 않고, 직접 복건에 표착한 일도 있었다. 그러나 이들에 대한 처우는 선례인 乾隆 5년에 유구의 호송선을 타고 중국의 복건에 도착한 조선난민과는 같다고 말했다. 『軍機處檔』의 乾隆 5년에 이 주접이 없어서 이를 보면 군기처당이나 궁중당의 사료도 완전한 것이 아니었음을 알 수 있다.

6. 맺음말

이상에서 한국, 유구, 일본, 중국, 대만 등에 산재해 있는 조선과 유구관계사의 사료를 집성하여 소개했다. 그러나 여기에 소개된 사료가 조·유관계사료의 전부라고는 말할 수 없다. 다만 이제까지 조·유관계사를 연구해

오면서 수집해왔던 자료를 한 자리에 모은 것이므로 아직도 발굴되지 않은 자료들이 더 있을 것으로 생각된다. 이러한 의미에서 앞으로도 새로운 자료가 발굴되기를 기대하면서, 이러한 작업이 조·유관계사의 실상은 물론 한일관계사연구에 초석이 될 것을 기원해본다.

(이 글은 1996년 국사편찬위원회 한국사연구지원 계획에 의하여 진행된 『朝鮮·琉球關係史料集成』해제문의 일부분이며, 민덕기·이훈·정성일·양수지·손승철의 공동연구에 의하여 작성된 것이다.)

찾아보기

손승철孫承喆

성균관대학교 사학과, 동 대학원졸업(문학박사)
일본 동경대학, 북해도대학, 구주대학 연구교수
한일관계사학회 회장
한일역사공동연구위원회 위원, 총간사
강원대학교 사학과 교수
(현) 한국이사부학회 회장
(현) 국사편찬위원회 위원
(현) 동북아역사재단 자문위원
(현) 강원대학교 사학과 명예교수

주요저서
『조선시대 한일관계사연구』(지성의 샘, 1994)
『근세조선의 한일관계연구』(국학자료원, 1999)
『近世の朝鮮と日本-交隣關係の虛と實-』(明石書店, 1998)
『조선통신사-일본에 통하다』(동아시아, 2006)
『한일교류와 상극의 역사』(공저, 경인문화사, 2010)
『조선전기 한일관계, 약탈과 공존』(경인문화사, 2017)
『조선후기 한일관계, 전쟁과 평화』(경인문화사, 2017)
『조선통신사, 타자와의 소통』(경인문화사, 2017)
『독도, 그 역사적 진실』(경인문화사, 2017)
『한일 역사교과서, 왜곡과 인식의 공유』(경인문화사, 2017) 외 다수

자료집
『조선-유구 관계사료집성』(국사편찬위원회, 1997)
『한일관계사료집성』(전32권, 경인문화사, 2004)

조선전기 한일관계, 약탈과 공존

초판 1쇄 인쇄 2017년 9월 7일
초판 1쇄 발행 2017년 9월 15일

지 은 이   손승철

발 행 인   한정희
발 행 처   경인문화사
총 괄 이 사 김환기
편   집   김지선 박수진 한명진 유지혜
마 케 팅   김선규 하재일 유인순
출 판 번 호 406-1973-000003호
주   소   (10881)파주시 회동길 445-1 경인빌딩 B동 4층
전   화   031-955-9300 팩스 031-955-9310
홈 페 이 지 www.kyunginp.co.kr
이 메 일   kyungin@kyunginp.co.kr

ISBN 978-89-499-4283-4 93910
값 25,000원